KB264685

공공부문의 고객지향성 확보를 위한 정책마케팅

공공임대주택사업을 중심으로 한 적용 방향

Customer-Oriented Policy Marketing in the Public Sector

Kim, Se Hoon

학문적 성취가 무척이나 부족한 사람이 글을 쓴다는 것은 얼마나 큰 용기가 필요한 것인지를 새삼 깨닫게 되었다. 무엇인가에 대해 내 자신이 깨닫는 것과 이를 누구에겐가 적절하게 전달하고 이해를 넓혀 나가는 일은 다른 차원의 것이다. 이 책을 완성해 나가는 과정에서 여러 가지 한계를 실감하고, 더 많은 노력의 필요성을 절감하게 되었다.

이러한 고민이 책의 완성도를 얼마나 높여 주었는지는 알 수 없다. 다만 이 책을 읽게 되는 여러 선·후배, 동료들의 평가와 비판이 있을 것이고, 이를 통해 더 큰 발전이 될 수 있기를 기대한다.

국내에서 정책마케팅은 1990년대 후반부터 여러 선배 학자들께서 이론적·실제적 의미를 연구하며 관심을 받기 시작했다. 그러나 당시 뿐만 아니라 현재까지도 왜 정책을 마케팅 해야 하는지, 마케팅을 수행해야 하는 상대방은 누구인지에 대해서는 의견의 일치를 이루지 못하고 있다. 거버넌스와 신공공관리에 관심이 많았던 필자로서는 국민의 인식수준과 참여수단이 확대되어 가는 시기에, 과거와 같은 정부의 강력한 추진력 확보만이 능사가 아니라고 생각한다. 오히려 다양한 이해관계자들이 정책에서 '무엇을', '어떻게' 수행해주길 원하는지를 파악하여 반영하는 노력만이 자발적인 정책수용을 높일 수 있는 대안이 될 것이라 생각했다. 이러한 판단은 필자가 박사학위논문의 주제로 정책마케팅을 연구하고, 이를 보완하여 본서의 저술까지 하게 된 배경이 되었다.

이 책에서는 먼저 정책마케팅의 이론적 특성과 마케팅의 대상이 되는 고객의 의미·유형을 논의하고, 이의 적용 과정으로서 사례를 분석하여 독자의 이해를 높여 보고자 하였다. 또한 그 과정에서 주요 개념들을 조작화하여 실천적인 수단이 될 수 있도록 노력하였다. 그러나 나름의 노력에도 불구하고

이 책이 정책마케팅과 고객지향성을 완전히 설명할 수 있는 연구라고는 자신할 수 없다. 다만 정책마케팅의 관심과 논의를 증대시키고, 이를 역량 있는 연구자들에 의해 더 넓게 사용되는데 일조할 수만 있어도 만족할 것이다.

이 책을 마치며 많은 분들에게 감사의 마음을 표현하고 싶었으나, 서툰 표현이 오히려 고마운 분들의 마음을 옳게 헤아리지 못하는 것이 될까 걱정이 앞선다. 필자를 학문적으로 키워주신 여러 은사님들, 선배님들과 동료·후배들께 고마움을 보답하고 싶다.

존경하는 아버지와 어머니, 사랑하는 아내 지연과 딸 민서에게 이 책을 선사한다.

2006년 11월
김 세 훈

CONTENTS

Customer-Oriented Policy Marketing in the Public Sector

제1부

서 론

행정서비스 공급자로서 정부의 목적은 국민이 필요로 하는 서비스를 제공하는 것인 만큼 국민의 욕구나 수요에 얼마나 민감히 반응하고 대응하는가 하는 것은 매우 중요한 사안이다. 국민 중심이 아니라 정부 중심의 서비스 제공이 이루어진다면 행정이 달성하고자 하는 국민 삶의 질 제고라는 목표는 달성하지 못할 가능성이 높다. 그래서 오늘날의 행정은 국민이 곧 고객이라는 시대적 사명에 부응해야 하고, 이러한 시대적 변화가 요구하는 새로운 가치를 창출해야만 한다(성도경·장철영, 2005: 207).

민간기업에게 고객은, 기업이 생산해낼 상품(서비스)을 선택·소비할 수 있는 권리를 지닌 집단이므로 모든 상품의 생산과 공급을 고객의 필요와 욕구·편리성에 맞추어 제공한다. 그렇다면 공공부문에서 국민이 곧 고객이라는 의미는, 정부가 해결을 모색할 사회문제의 설정이 국민의 필요에 근거해야 하고, 정책결정기준과 대안 마련은 국민의 요구를 정책으로 전환한다는 것을 말한다. 그래서 최근에는 정책의 수혜대상으로만 인식되어지던 국민의 참여를 확보하는 방안에 대한 논의가 중시되어지고 있다.

국민들은 누구나 자신들의 이익을 위하여 정책과정에 참여하고자 하며, 민주적 정치체제에서는 그것이 또한 당연한 것으로 인정되고 있다(김상묵 외, 2004: 861~862). 그러나 아직까지도 행정당국과 국민간의 접근에 대한 장애물을 제거하는 노력이 얼마나 현실적으로 성과를 거두고 있는지는 매우 의문스러운 것이 사실이다. 또한 행정서비스를 향유해야 할 시민을 중심으로 한 것이 아니라, 행정기관이 어떻게 효율적으로 신속하게 정보와 서비스를 전달할 수 있는 체제를 구축하는가의 일방적 전달체제 개선만을 관심에 두고 있는 것이 아닌가의 의문도 제기되고 있다.

실제로 근래에 고객지향적(customer-oriented) 행정이 그 중요성을 인정받으며, 행정주체 본위의 행정과 달리 고객의 선호와 요구에 바탕을 두는 행정(Seidle, 1995: 24)이 추구되는 경향이 있다. 하지만 관련 연구들의 대부분은 지방정부나 일선행정기관 차원에서의 행정서비스 전달체제 개선이라는 제한된 측면에 치우쳐 있어 행정의 민주성 제고라는 궁극적 취지를 소홀히 하고 있다는 지적이 제기되고 있다(Stewart and Clarke, 1987; 박천오, 1999: 232). 그리고 고객지향적 행정서비스의 본질에 대한 충분한 이해가 없는 상태에서, 고객지향적 행정서비스 체제를 구축하려고 하기 때문에 결과적으로 행정서비스의 민주성 등 핵심적인 주요 내용들을 경시하는 경향이 발생하기도 한다. 그래서 현실적으로 정책과정에서 고려되어야 할 고객은 어떻게 정의되어야 하는가, 그리고 그들에 대한 고객지향성이란 무엇인가, 고객지향적 행정은 어떤 방법으로 수행되어져야 하는가는 명확히 정립한 후 논의를 가질 필요가 있다. 이에 기초하여 고객지향성의 요인을 정립하고 정책에 적용하는 방안을 새롭게 모색해 볼 필요도 제기되고 있다.

본 연구의 목적은 국민의 인식과 욕구 수준의 상승으로 정책에 적극적으로 자신의 의지를 반영시키려는 현재의 행정환경에서, 국민의 수요에 민감하게 대응하는 행정체제가 구축되기 위해서 필요한 인식과 제도적 변화의 방향을 탐색해 보는데 있다.

근래에는 신공공관리론의 대두로 고객지향적 서비스와 경쟁을 통한 서비스 질 향상, 기업가적 정부를 통한 민간경영기법의 도입 주장이 행정환경의 전면을 이루고 있다. 그러나 우리나라의 경우에는 아직도 정책의 여러 분야에서 공공서비스의 독점성을 근거로 시혜적 행정에 가까운 행태를 보이기도 한다. 그렇다면 현재와 같이 국민의 욕구 수준과 정책과정에의 참여 열망이 증대된다면 향후에는 정부가 어떻게 대응할 수 있겠는지의 문제가 발생한다. 즉 그동안 공공서비스의 독점성을 이유로 경쟁 환경에 익숙하지 않아 시장의 민간부문보다 전문성과 대응성은 일반적으로 부족하며, 정부엘리트의 정책결정에 익숙한 현재의 정책결정과정에서 어느 순간 갑자기 국민의 욕구와 선호에 적실성 있게 대처해 나가는 정부의 모습을 보여줄 수 있을까의 의문이 있다. 왜냐하면 시장상황에서 경쟁력을 갖는다는 것은 욕구가 발생되거나, 문제가 발생되는 분야에서 누구에게·언제·무엇을·어떻게 제공해야 함을 심도 깊게 이해하며, 이를 활용할 충분한 기법을 준비하고 있다는 것이다. 그러나 아직 우리나라의 행정현실이 그러하다고 보이지는 않다. 그래서 우리나라를 비롯한 다수 국가의 행정학계와 실무분야에서는 고객지향적 서비스의 확립과 이를 구현할 기법을 모색하고 있으며, 특히 경영학과 같이 고객지향적 사고와 적용방법의 연구가 축적한 분야까지 범위를 확대시켜가고 있다. 그 중 고객중심에서 그들의 욕구를 분석하고 이에 부합하는 제품과 서비스를 공급하고자 하는 이념으로 주목 받는 것이 마케팅 이론이다.

우리나라 정부에서도 공공부문에 마케팅의 개념 및 기법의 도입 필요성이 인정되어 1999년도에 중앙공무원교육원에서 「행정서비스마케팅」 과정을 개설하여 행정사무관에서 부이사관에 해당하는 공무원을 대상으로 교육을 실시해 오고 있다. 이처럼 행정서비스마케팅 과정을 공무원에게 교육하게 된 기본취지는, 공공부문과 민간부문의 본격적인 경쟁시대를 맞이하여 우리나라 공직자들이 국민들에게 제공하는 각종 서비스를 생산하는 단계에서부터 고객인 국민들이 정부가 제공하는 서비스를 구매하여 만족스럽게 소비한 후, 다시 정부에게 서비스 제공을 요구하도록 하는 단계에 이르기까지 전 과정에 걸쳐 행정의 효율성과 고객만족을 동시에 추구하려는데 있다.

하지만 아직도 마케팅이 행정학에서 어떻게 발현되어야 하며 어떤 장애요인을 제거하며 고객에게 접근해 나가야 하는지는 구체적인 연구와 실천사례가 없다. 특히 우리나라에서는 마케팅을 정책홍보 강화라는 다소 편협한 시각에서 접근하여 실효성의 범위를 감소시키기도 한다. 이러한 경우는 정부기관에 존재하는 대다수 마케팅팀의 주요업무에 언론관계와 홍보메시지 작성에 국한되는 현실을 보면 알 수 있다.

그래서 본 연구에서는 대국민서비스의 질적 향상을 도모하기 위한 방안으로 마케팅 이론을 정책과정에 적용하여, 실제 고객을 세분화하고 분류되는 고객집단에게 적합한 마케팅믹스 전략이 적용되고 있는지를 검토해보고자 한다. 특히 현재 행정패러다임에서 중요한 시사점을 제공하고 있는 정부혁신론에 의해서도 고객의 가치와 욕구로 중심이 전환되는 과정에 있는 시점임을 상기해 보면, 기존 관료주의적 행정패러다임에 기초한 기능과 권한·조직구조, 행정(정책)과정의 설정에 대한 관심보다는 고객 욕구에의 반응에 적합하기 위해 설계된 마케팅의 원리를 적용하여 공공부문에 적용할 수 있는 시사점을 탐색하는 작업이 더욱 적절할 수 있기 때문이다.

이러한 인식을 바탕으로 한 본 연구의 주된 관점은 다음과 같다.

첫째, 경영학의 마케팅 요인이 정책에 적용될 수 있는 이론적 근거와 논리는 무엇에서 찾을 수 있는가?

둘째, 사례에 있어서 고객집단을 설정한 근거는 고객세분화 기법에 의해 정당화될 수 있는 것인가? 또는 문제가 있다면 무엇인가?

셋째, 정책마케팅이 구현되기 위해서는 어떠한 요인으로 구성되며, 실제 정책과정에서 문제점과 개선의 방향을 도출할 수 있는가?

넷째, 정책마케팅으로의 분석을 통해 나타나는 문제점은 어떠한 방법상의 문제에서 비롯되는가?

다섯째, 문제 발생을 최소화하고 고객의 정확한 욕구에 대응하는 정책마케팅 실현을 위해서는 어떠한 방안을 고려해 보아야 하는가이다.

본 연구는 정책과정상 고객의 개념과 고객지향성의 구성요인, 정책마케팅의 개념과 목표 및 구성요인 등을 살펴보고, 이론적 검토 결과 도출된 연구모형에 근거하여 정책사례를 분석하고자 하였다. 이는 고객지향성을 확보하기 위한 방안으로서 정책마케팅이 가지는 차별성 있는 시사점을 얻기 위한 것이다. 본 연구는 이론적 연구와 사례연구에서 구체적인 범위를 설정하여 수행하였다.

첫 번째, 이론적 연구의 범위는 고객지향성과 정책마케팅을 중심으로 하였다. 고객지향성의 연구에서는 먼저 고객의 특성을 분류하고 각각의 집단별 성격을 규명해 보았다. 몇몇 선행연구에서는 고객의 정의를 제시하고 있는 경우가 있지만, 이를 통해서는 실제 민간기업에서 분류하는 바와 같이 고객의 다양한 가치[1]가 포함될 수 없는 경우가 많기 때문이다. 또한 정책과정에 고객중심주의를 실현하기 위해 먼저 선행되어야 할 과제는 고객을 명확히 분류하고 정의하며, 각각의 정책에 적용될 고객의 범위를 모색할 필요가 있기 때문이다. 이에 본 연구에서는 고객지향성 논의의 기초로 '고객'의 정의를 연구범위에 포함시켰다. 정책마케팅의 연구는 마케팅 믹스(marketing mix)[2]를 주요 연구대상으로 한다. 하지만 마케팅은 민간기업에서 시행하

---

[1] 민간부문에서는 고객의 분류가 '이윤'을 기준으로 했을 경우, 공공부문에 비해 매우 수월한 것이 사실이다. 그러나 민간부문이라 할지라도 당장의 구매자 또는 구매가능자에게만 기업의 가치를 실현시키는 것이 아니고, 직접고객(현재 구매자, 과거 구매자)·간접고객(타인의 구매행동에 영향을 미치는 사람, 예를 들어 어머니·아내와 같은 경우), 현재고객(당장 제품의 소비가 예상되는 사람), 미래고객(특정 미래시점에서 소비가 예상되는 사람, 예를 들어 고교3년생과 같이 1년 이내에 많은 의류구입이 예상되는 사람) 등을 포함해 수많은 고객의 분류와 정의를 확립하고 마케팅 활동에 적용하고 있다.

[2] 마케팅 믹스는 제품판매와 고객만족을 이루기 위해 구성되는 요인의 집합체를 의미한

는 고객의 욕구충족을 통한 가치 극대화 전략이므로, 이러한 관점을 공공부문에서 실현하기 위해서는 민간기업 마케팅의 주요요소는 모두 검토해 볼 필요가 있어 다음의 하위요소로 나누어 검토하여 보았다. 이는 2가지 요소로 구성되는데 목표시장(target markets)선정과 마케팅 믹스(marketing mix)가 그것이다(Doyle, 1991). 여기서 목표시장 선정은 고객의 분류방법[3])을 통해 대상고객집단을 선정한 후 조직의 강점과 약점의 평가, 경쟁력의 개선 등을 수행하는 과정이다. 목표시장에 대한 논의는 타 조직에서 제공하는 동일서비스와의 경쟁력 제고를 통한 시장 선점과 유지에 관한 논의이므로 현재 우리나라 행정업무의 현실과는 괴리가 있는 경우가 많아 본 연구에서는 고객세분화의 수준에 범위를 제한하였다. 이에 따라 본 연구에서는 정책마케팅의 측면을 제품과 유통전략, 가격, 촉진전략 등 마케팅 믹스 전략에 제한하여 수행한다.

두 번째는 사례연구의 범위이다. 정책마케팅의 사례연구를 위해서는 정책목표 달성을 위해 공익을 해하지 않는 범위에서 각종 마케팅 기법을 통해 국민들의 욕구와 편의를 충족시켜 줌으로써, 효율적이고 민주적인 정책집행을 달성할 수 있는 성격의 정책사례 선정이 타당할 것이다. 그래서 본 연구에서 분석하고자 하는 정책사례는 공공임대주택정책을 선정하여 분석하고자 한다. 공공임대주택정책은 기본적으로 저소득층과 서민계층 등 입주자 구성문제와 주변 이해관계자[4]) 등 다양한 고객관계관리의 필요성을 내포하고 있

다. 이것은 4P(제품: product, 가격: price, 유통: place, 촉진: promotion)로 이루어진다(McCarthy, 1960)는 주장이 가장 넓게 사용되며, 현대 마케팅의 대표적 학자인 Kotler(1996)는 7P(제품: product, 가격: price, 유통: place, 촉진: promotion, 사람: people, 물리적 징표: physical evidence, 과정: process)를 주장하기도 한다.

3) 후술하겠지만, 고객의 분류방법에는 인구통계적 방법(연령, 성별, 소득수준, 교육수준 등)과 지역적 특성(도시와 농촌 등), 그리고 심리적 특성(소비자의 관심사항과 기대수준 등), 편익적 특성(제품과 서비스의 제공으로 기대되는 편익수준)이 있다(정철현, 1999: 186).

4) 공공임대주택의 경우에는, 기존에 주변에서 거주하고 있는 민간주택 거주자와 같이 집값 하락, 주변환경 악화 등을 우려하는 주민이 발생될 수 있다.

다. 그래서 고객세분화를 통한 정책개선방향을 도출해 볼 수 있는 사례로 적합한 측면이 있다. 또한 공공임대주택정책은 중앙정부(산하기관)와 지방정부, 민간기업이 다양하게 참여할 수 있는 정책으로, 경쟁력 확보를 통한 고객욕구충족을 달성할 수 있는 마케팅기법 적용이 가능한 분야라는 점도 정책사례 선정의 이유이다.

공공임대주택정책을 분석함에 있어서 시간적 · 대상적 범위는 1989년 영구임대주택 등 「주택 200만호 건설계획 발표」이후 2003년 「서민 · 중산층 주거안정지원대책」까지의 기간 동안 건설된 영구임대주택 · 공공임대주택 · 국민임대주택 등을 대상으로 하였다. 그러나 위의 기간 동안 발생된 각종 대책의 단절성을 고려한다면, 공공임대주택정책에 영향을 주는 요인(독립변수)과 시장에서의 효과(고객의 선택 여부와 만족도 등: 종속변수) 관계가 선후로 명확히 구분되기는 어려운 것이 사실이다. 또한 해당 기간 동안의 정치적 · 경제적 · 사회적 여건 변화를 고려하지 않고는 정확히 결과를 설명하기가 어려운 것도 현실이다. 따라서 그동안의 정책집행에 따른 결과를 명확히 설명하기 위해서는 무수한 변수들을 평가할 필요가 있으나, 본 연구에서는 주택의 공급 및 수요 변화 등 시장적 요인과 정책결정 · 정책집행의 행정적 요인 등 채택 가능한 변수를 선별 · 검토하여 정책적 함의를 모색하고자 한다. 또한 연구를 수행시 문제점이 되는 해당 기간 내 정책의 단절성을 고려하여 종적(시계열적) 연구가 아닌 현 시점에서 나타나고 있는 문제점을 중심으로 횡적 연구를 수행하였다.

제 2 부

이론적 배경

제1장
공공정책의 고객지향성

　지방자치제가 실시된 이후 지방정부는 지역주민의 행정수요에 맞추어 권위주의 행정관행을 탈피하고자 그 동안 자체적으로 구조조정을 실시하는 등 수많은 노력을 경주하여 왔고, 이는 중앙정부 차원에서도 다를 바가 없다. 그러나 아직도 국민들이 정부와 공무원을 신뢰하는 환경이 조성되었다고 볼 수 없다.

　국민들의 불신감은 정부와 공무원이 변화하지 않았기 때문이 아니라 정부와 공무원이 나름대로 변화의 노력을 하였음에도 불구하고 이를 바라보는 국민들의 기대수준이 미치지 못한 데에서 비롯한 것이다. 이것은 결국 국민들은 정부와 공무원이 더 많은 변화를 하도록 기대하고 있을 뿐만 아니라 새로운 행정관리모델로서 고객지향의 행정체제를 모색하기를 요구하고 있다. 그러나 고객지향의 행정체제에 대한 개념정의, 추진방안 등에 대한 혼란이 있다. 즉 고객은 누구이며 고객지향성이 무엇을 의미하는지에 대한 의견도 모호하고 고객지향의 행정체제가 어떤 것인지에 대한 의견이 일치하지 않는다. 고객지향적 행정을 해야 한다는 필요성을 강조하는데서 나아가 고객지향의 행정에 대한 개념 정의뿐만 아니라 고객지향적 행정을 하기 위한 실천적 방안도 요원한 현실이다.

그러므로 이하에서는 고객지향의 행정체제를 정착시키기 위하여 먼저 고객은 누구인지를 분석하고, 고객지향적 행정체제의 이론적 배경과 개념정의, 기본적 속성을 정리하여 고객지향성 확보를 위한 이론적 기반을 제시하고자 한다.

1. 고객지향성의 정의

고객을 정의하여 분류하고자 하는 목적은, 고객지향성 확보를 위한 실천과정에서 누가 행정기관이 제공하는 각각의 서비스에 진정한 대상자가 되어야 하는지를 명료화하고자 함이다. 특히 고객을 정의해야 하는 이유는 민간시장과 같이 하나의 제품이나 서비스를 생산함에 있어서도 고객이 가진 특성과 욕구를 반영할 수 있어야만 고객의 유·무형의 비용지불에 대한 자발성을 이끌어낼 수 있기 때문이다.

고객(customer)이란 용어를 구체적으로 분석해 보면, 다양한 의미로 사용되고 있음을 알 수 있다. 일반적으로 고객이란 용어는 사용자(user), 고객(client), 소비자(consumer), 이해관계자(stakeholder) 등과 유사한 용어로 사용된다(윤영진·김태룡 외, 2002: 166). 이해관계자는 사업에 이익을 지니고 산출에 영향을 미칠 수 있는 사람이나 집단이다. 이들은 기업에 의해 생산된 상품이나 서비스에 영향을 미칠 수 있는 사람일 뿐만 아니라, 사업 그 자체에 영향력이나 권력을 지닌 사람들을 포함한다. 사용자와 소비자의 용어는 고객이란 용어의 대체물로서 너무 협소하다. 반면에 관계자는 매우 폭 넓은 용어이다. 그래서 행정서비스의 생산과 제공에 있어서는, 먼저 고객이 누구인가를 명확히 선별한 후 고객의 욕구와 기대가 무엇인지를 밝히는 순서로 논의가 진행되어야 한다. 하지만 사실상 고객의 선호와 수요에 대한 관료의 대응을 설명한 소비자 모델(consumer model)에서도 구체적으로 누가 고객인지에 관한 보편적 기준을 제시하지는 못하고 있다. 그러나 다음과 같은 이론적 틀에 의해서 대략적인 범위를 가늠해 볼 수 있다.

첫째, 대중민주주의의 이론(populist theories of democracy)의 의하면 전체 시민이 관료제의 고객이며 관료들의 대응은 이들을 향한 것이 되지만, 이에 대해서는 일부 시민에만 영향을 미치는 관료제의 활동에도 관련시민(relevant public)만이 아니라 시민전체가 고려되어야 하는 것인지의 의문이 제기될 수 있다(Sharp, 1981: 49~50)

둘째, 다원주의적 민주주의(pluralist democracy)의 주창자들에 따르면 민주주의와 공익은 이익집단들간의 상호작용을 거치면서 구현되므로, 당해 정책이나 행정과 이해관계를 지닌 이익집단들이 주된 고객이 된다. 이러한 다원주의적 시각은 고객의 존재를 보다 분명히 한정짓는 장점이 있지만, 이익집단이 기득권층의 이익을 과대 대표하고 경제적·사회적 불우계층의 선호나 욕구는 과소 대표한다는 현실을 간과하는 결함이 있다(Schattschneider, 1960: 35; 박천오, 1999: 237 재인용). 또한 이익집단들 간에는 물론 행정기관들 사이에도 정치권력이 불균등한 현실 여건을 감안할 때, 관료적 다원주의 정책과정에서 공익에 근접한 정책결과를 기대하기 어렵다는 지적도 나오고 있다(Lowi, 1979; Salamon and Wamsley, 1975: 152~153).

셋째, 시장경제의 원리를 공공부문에 적용하는 공공선택적 관점(public choice perspective)에 의하면 관료제로부터 직접적 봉사를 받는 개인 또는 집단이 관료제의 일차적 고객이 된다. 이에 따르면 시장에서 소비자가 그렇듯이 공공부문에서도 개인 또는 집단은 자신의 이익을 추구함에 있어서 합리적 계산자로서 행동할 것이므로, 관료적 대응은 행정서비스를 다양화하는 등의 방법을 통해 그들에게 더 많은 선택의 기회를 제공하는 것이 된다(Frederickson, 1991: 411). 개별 고객의 선호를 최대한 충족시키려는 이러한 시각에 대해서는 특정 개인이나 집단에 대한 대응이 다른 개인이나 집단의 희생을 초래할 수 있다는 비판이 가해지고 있다(Saltzstein, 1985: 285)5). 즉 부분의 민주주의가 전체의 민주주의에 반할 수 있다는 것이다. 또한 공공선택적 시각은 개인과 집단에 따라 공공부문에서 합리적 선택과 행동을 할 수 있는 능력과 자원에 차이가 있음을 무시한다는 지적도 제기되고 있다(Frederickson, 1991: 399~402). 이상과 같이 각 이론에 따르면, 전체시민·이익집단·직접적(수혜)대상이 고객의 범위로 포함될 수 있다(박천오, 1999: 237~238).

한편 이상에서 제시된 바와 같이 비교적 포괄적인 집단으로 분류한 경우 이외에도 고객의 정의를 보다 구체적인 수준으로 명시한 경우도 있다.

먼저 노시평 외(2000: 160)는, 마케팅에서 고객을 지칭하기 위해 사용되는 용어가 고객(client)·소비자(consumer)·구매자(buyer)·사용자(user) 등 개념의 사용범위가 넓다고 지적하고 있다. 노시평 등은 소비자(consumer)와 사용자(user)의 개념차이로 "소비는 어떤 것을 사용하여 없애는 것으로서, 실생활에서의 소비는 대상을 파괴시키거나 또는 다른 형태로 변형시키는 것을 의미한다. 가령 음식물은 소비되어 소모되어 버린다"는 말로 고객

---

5) 예를 들어, 정책상 저소득층을 주된 고객으로 인정하고 이들에게 높은 대응성이 나타날 경우 중산층 고객들에 대한 배려를 상대적으로 소홀히 할 수 있다. 마찬가지로 공공서비스의 실제 이용자들에 대한 대응은 다른 잠재적 이용자들에게 불이익을 초래할 수 있을 것이다(Saltzstein, 1992: 70).

의 개념 중 대표적으로 '소비자'와 '사용자'로 대비시켰다(노시평 외, 2000: 160~161). 그러나 실제 정책과정에서는 '소비자'개념도 중요하지만, 고객의 양분(兩分)을 통한 개념 확인을 위해서는, '구매자(buyer)'와 '사용자(user)'의 구분이 더 큰 실익이 있다고 판단된다. 즉 소비자란 무언가 제품을 화폐와 교환하여 실제 사용 후 소모시키는 경우를 의미하지만, 정책이라는 제품의 경우는 무형의 서비스가 대부분이어서 '소모'의 의미는 적당하지 않은 것이 사실이다. 다시 말해, '정책서비스'의 경우에는 '소모가 전제된 소비'보다는 서비스 향유를 위한 비용의 부담, 즉 '구매'가 있을 뿐이라고 볼 수 있다. 정책서비스는 직접 대상집단에게는 수익자 부담원칙(수혜자)을 요구하는 경우와 순응비용(규제대상자)을 요구하는 경우가 있어, 이는 모두 정책대상자의 유·무형적 비용부담, 즉 '구매'를 요청하고 있다.

이에 비해 '사용자'는 정책서비스의 직접 대상자가 아닌 일반국민과 이해관계자들을 지칭한다고 볼 수 있다. 예를 들어, 일반음식점의 식품위생 규제 경우에 음식점 업주들은 청결·신선도·공정식품 사용 등 규제사항을 지키기 위해 많은 비용을 들이고 있어, 이는 규제정책의 '구매자'의 요건에 해당될 수 있을 것이다. 반면, 일반시민들은 규제정책에 의해 보다 안전해진 식품을 섭취할 뿐이며, 그들이 제공하는 것은 각자의 부담액수 산정이 불가능한 세금일 뿐이다. 이 경우는 '사용자'에 해당될 것이다.

구재태(2000: 13~17)는 고객의 유형을 총 11가지로 구분하여 제시하고 있기도 하다. 이를 순서대로 살펴보면, 다음과 같다.

① 외부고객과 내부고객: 고객을 보다 넓은 의미로 확장시켜 본다면 조직 내부의 개인이나 집단을 포함시킬 수 있을 것이다. 그러나 이제까지의 연구의 관심은 외부 고객에게로만 집중되어 온 것이 사실이다. 외부고객(external customer)은 복잡한 가치관과 변화하는 환경 속에 있다고 가정하고 있으나, 내부고객(internal customer)은 명령과 규칙에 자동적으로 순응하고 공식적 통제에 의해 얼마든지 동기부여가 가능하다는 인식을 가지고 있었다. 그러나 오늘날 공공정책에서는 내부고객인 공무원 개개인이 관리나 통제의 대상이

아닌 품질향상을 위해 공동으로 노력하는 주체라는 인식으로의 전환이 요구되는 시점이기도 하다.

② 특정고객과 일반고객: 조직이 재화나 서비스를 공급할 때, 그 대상이 특정화되는 것이 일반적이다. 예컨대, 경찰의 경우 마약사범에 대한 단속은 그 접촉대상이 한정적이지만 방범 및 순찰업무는 고객의 범위가 광범위하고 불특정 다수, 즉 일반고객(general customer)을 대상으로 한다. 일반고객을 대상으로 하는 경우에는 이들의 요구나 만족이 다양하기 때문에 이를 기준으로 하는데 많은 어려움이 따른다. 이러한 경우는 다수의 의견을 따르거나 사회적으로 용인된 상식에 의존할 수밖에 없는데, 소수의 권익옹호문제나 이익갈등의 문제를 내포하게 된다.

③ 직접고객과 간접고객: 직접고객(direct customer)과 간접고객(indirect customer)의 구별은 서비스가 미치는 영향의 경로에 대한 분류이다. 어떠한 서비스가 고객에 전달될 때 그 영향을 간접적으로 받는 것이 보다 일반적인 현상이다. 예를 들어, 경찰이 음주운전 단속을 하는 경우 단속하는 경찰관에 있어서는 음주운전자가 직접고객이 된다고 할 수 있지만, 인근 지역의 다른 운전자들도 검문에 관계없이 교통소통의 영향을 받을 수 있으므로 이때 다른 운전자들은 음주운전 단속의 간접고객이 되는 것이다.

④ 서비스 수혜고객과 피규제 고객: 공공정책의 경우 그 특성상 복지 등에 중점을 두는 분배정책과 재분배정책, 통제에 중점을 두는 규제정책으로 나눌 수 있다. 분배정책 혹은 재분배정책의 경우에는 서비스전달조직과 고객과의 관계가 원칙적으로 수혜자(beneficiaries)[6]인데 반하여 규제정책의 경우에는 고객에게 불리한 정책이 집행되는 경우가 많다. 전통적으로는 수혜자 집단만을 고객의 범주에 넣어 고려한 것이 사실이며, 피규제 집단

---

6) 물론, 재분배정책의 경우 고소득층은 행정기관의 직접고객이면서 피규제집단이기도 하다. 그러나 본 문에서는, 재분배정책은 고소득층의 부를 분할·획득하는데 목적을 두지 않고, 저소득층에 대한 기초생계 확보를 위한 정책으로 보았으며, 이에 따라 저소득층을 주 고객으로 판단하여 수혜자집단을 고객이라 칭하였다.

(the regulated)을 고객의 범주에 넣은 것은 오래되지 않은 일이다.

⑤ 자발적 고객과 피동적 고객: 접촉하는 사람 및 조직을 고객이라고 할 경우 공공조직에서 접촉을 원하는 경우가 있고, 고객이 먼저 접촉을 원하는 경우를 생각해 볼 수 있다. 자발적 고객(voluntary customer)은 자신의 요구가 비교적 분명하기 때문에 만족의 측정이 가능한 반면에 피동적 고객(negative customer)은 요구나 만족이 상대적으로 덜 명확하다. 그래서 자발적 고객인 경우에는 만족도를 극대화하는 전략이 필요할 것이며 피동적 고객의 경우는 가능한 불만을 최소화 할 수 있는 전략이 유효할 것이다.

⑥ 생산지향고객과 투입지향고객: 조직은 투입단계에서 한번 고객과 접촉하고 산출단계에서 다시 한번 고객과 접촉하는 양상을 나타낸다. 투입단계에서의 고객(input-oriented customer)은 주로 자신의 요구사항이나 지지를 표시하는 등의 적극적 행위를 하는 것으로 이해될 수 있지만, 시스템의 정보수집활동 등에 연관되는 소극적 참여도 배제할 수는 없다. 반면 산출단계에서의 고객, 즉 생산지향고객(output-oriented-customer)은 시스템으로부터 재화나 서비스를 공급받는 입장이므로 이에 대한 만족여부를 판단하여 다시 시스템으로 지지나 새로운 요구와 같은 환류활동을 할 준비를 하게 된다. 한 예로, 도로교통에서는 교통통제 업무 등에 적극적으로 참여하여 교통정보를 제공하는 등의 경우를 투입지향적 고객이라 볼 수 있고, 생산지향적 고객은 도로교통 업무에 대하여 과정보다는 결과에 더 가치를 두는 민원인 등을 그 예로 생각해 볼 수 있다.

⑦ 현재의 고객과 미래의 고객: 고객을 시간의 개념을 이용해 분류해 보면 현재의 고객(current customer)과 미래의 고객(future customer)으로 나누어 볼 수 있다. 잠재적 고객에 관심을 기울여야 하는 이유는 조직이 앞으로의 고객의 욕구를 적극적으로 유도할 수 있다는 데에 있다. 예를 들어 경찰 업무 중 범죄수사와 같은 경우에 고객의 요구는 경찰 업무에 대한 사후적, 평가적 성격을 갖는 경우가 일반적이다. 그러므로 잠재적 고객[7)]

---

7) 여기서의 잠재적 고객은 범죄의 피해자를 의미하는 것으로 오해될 수 있고, 사례를 교도소의 예를 제공한다면 잠재적 고객은 범죄 예정자가 되어, 이들에게도 고객지

이 무엇을 원하는 것인가를 미리 파악하고 대비하는 것(보안등 설치, 일상적 순찰 강화 등)은 미래의 고객이 만족하는 정도에 영향을 미칠 수도 있다.

⑧ 단기적 고객과 장기적 고객: 시간의 차원에서 또 다른 구분은 조직과 고객과의 접촉시간에 따른 구분이다. 1회의 일시적 접촉에 의한 고객이 있는 반면에 장시간 동안 관계를 맺는 고객이 있다. 장기간 관계를 유지하는 고객(long-term customer)은 서비스에 대한 평가와 함께 자신의 만족여부를 표현하기도 하며 새로운 욕구를 다시 투입하기도 하기 때문에 욕구파악이 일시적 고객에 비해 상대적으로 용이하다.

⑨ 규칙적 고객과 간헐적 고객: 규칙적 고객(frequent customer)은 이들의 요구나 만족이 서비스 전달에 의해 어떻게 변화되는지에 대한 체계적인 분석이 가능하여 이에 따른 전략수립이 어느 정도 가능하다. 다양한 규제정책 중에서 식품위생과 같은 경우 등록되어 있는 정규점포 음식점 감독이 정기적으로 수행될 때에는 주민들의 의견이나 적발 추이 등을 분석하는 것이 가능하지만 무작위적·일시적으로 수행되는 노점상 단속의 경우에서는, 고객의 만족을 판별해 내기가 수월하지 않다.

⑩ 우호적 고객과 적대적 고객: 고객은 우호적 고객(friendly customer)과 적대적 고객(hostile customer)으로 나누어 볼 수 있다. 사실상 우호적인 고객을 만족시키는 것은 특별한 노력을 기울이지 않고 본연의 업무에 충실한 것으로도 가능한 일일 것이다. 그러나 적대적 감정을 갖고 있는 고객을 만족시키는 것은 전자의 경우보다는 매우 힘이 들 것이다. 또한 중립적 위치에 있는 고객을 가정해 볼 수도 있지만 적대적 감정을 가지고 있는 고객으로부터 정책 및 조직혁신의 원인을 찾아내고 해결방법을 모색하는 것이 현저한 실익이 있을 수 있다. 우리 현실에서 소방서의 업무는 그 고유 업무특

향성을 발휘해야 하는가의 오해(박흥식, 2001: 1, 11) 또한 발생한다. 그러나 잠재적 고객은, 행정기관이 향후 서비스욕구를 만족시켜줘야 할 선의의 미래적 대상일 뿐이지 극단적·부정적 대상자들을 상정하진 않는다. 이것은 민간기업이 정상적인 비용지불 행위를 하지 않는 사람을 고객으로 평가하지 않는 것과 같은 맥락이다.

성(소방, 구조)상 가장 폭 넓은 우호적 고객을 보유하고 있을 것이며, 경찰업무와 각종 규제업무에 있어서는 적대적 고객의 폭이 넓을 것으로 예상된다.

⑪ 개별적 고객과 집단적 고객: 고객 중에는 개인적으로 상대하는 개별적 고객(individual customer)과 집단을 이루어 접촉하는 집단적 고객(group customer)이 있을 수 있다. 개별적 고객의 경우에는 욕구와 만족이 명확하게 파악될 수 있는 반면에 집단적 고객으로서 비행 청소년 문제, 특정 지역의 치안 문제 등에 대한 복잡한 상황으로 인하여 통일된 요구나 만족을 규정하기는 쉽지 않다. 따라서 조직화되어 있지 않은 집단적 고객들에 대한 만족은, 조직의 정책산출 여부에 따라 분화되거나 재조직화되는 양상을 보일 수 있어, 보다 세심한 판단이 요구된다.

이상에서 볼 수 있는 바와 같이 고객의 정의는 각 연구자의 관점과 행정의 역할 및 범위를 바라보는 관점에 의해서도 차이를 보일 수 있다. 그러나 고객의 정의에 대해서는 몇 가지 공통적으로 파악하는 요소가 있다.

첫째는, 전체시민이다. 각각 고객을 범위와 성격을 정의한 연구들에 있어서 공공선택론의 관점을 제외하면 대부분의 연구에서는 '시민'자체를 고객의 범위에 포함시키고 있다. 특히 이것은 대중민주주의 이론을 통해서 극명하게 나타나고 노시평 외(2000)도 '사용자'의 범위에서 전체시민을 포괄적인 고객으로 인정하고 있었다. 또한 구재태(2000)의 경우에는 전체시민이라는 특정용어를 사용하여 고객을 인정한 바는 없지만, '외부고객·일반고객·미래고객'이라는 표현을 통해 광범위한 고객집단을 설정하고 있다.

둘째는, 비용 또는 이익을 수용하게 되는 집단에 대한 분리이다. 앞서 살펴본 다수의 연구에서는 누구에게 수요가 발생되며, 이와 관련된 폭 넓은 이해관계의 형성에 주목하고 있다. 특히 노시평(2000)은 '소비자·구매자'라는 용어로 비용부담을 통한 서비스를 수용하는 집단을 명시하고 있으며, 이에 대비되는 개념으로 '사용자'라는 일반적인 이해관계자를 제시하고 있다. 또한 구재태(2000)도 '서비스 수혜고객과 피규제고객'을 구분하는 등과 같이 비용을 부담하게 되는 집단과 이익을 수용하게 되는 집단을 구분하고 있었다. 이와 같은 구분을 통해서, 정의할 수 있는 고객의 개념은 "행정서비스 대상으로 금전적 비용을 부담하는 구매자와 그 밖의 이해관계를 가지는 사용자 및 잠재적 집단으로서의 전체시민"이라고 할 수 있다. 특히 이를 통해서 고객을 분류해 보면 전체시민·구매자·사용자의 대분류 하에서 구매자와 사용자는 비용부담의 유·무에 따라 구분해 볼 수 있다.

하지만 분류가 어려운 경우가 있는데, 이는 서비스 수혜고객이다. 서비스 수혜고객은 세금과 같은 전체시민의 공통적 의무사항인 납세만을 통해 수혜를 받는 경우가 있고, 본 연구의 사례와 같이 공공임대주택에 저렴한 가격으로 입주함으로써 서비스 수혜고객에 포함될 수 있다. 다만 본 연구에서는 공공임대주택에의 입주를 위해 금전을 납부함을 근거로 구매자로 분류하고자 한다. 또한 구재태(2000)의 분류에서 비용부담과 이익수용의 관계가 명확하지 않은, 즉 자발적 고객과 피동적 고객·현재의 고객과 미래의 고객·단기적 고객과 장기적 고객·규칙적 고객과 간헐적 고객 등 특정한 접촉 성격에 따라서만 구분된 고객 정의는 제외한 후 고객 범위를 설정하고자 한다.

고객의 범위에 근거해 정책이 추구해야 할 고객지향성의 의미를 살펴보면, 정책에 직접 영향을 받는 고객과 간접적인 영향을 받는 고객의 입장을 포괄적으로 수렴하여 서비스의 질을 제고하는 노력이라고 할 수 있다. 즉 고객지향성이란 정부행정에 대해 주인인 동시에 고객인 국민에게 행정서비스의 능률적인 제공과 요구에 민감하게 대응함으로써 고객만족도를 극대화하려는 정부행정의 노력을 의미하는 것이다. 이는 고객을 대상으로 하는(to client) 행정이 아니라 고객을 위한(for client), 고객과 함께 하는(with client)행정을 말하는 것이다. 고객이 어떤 서비스를 필요로 하고, 고객에게 이를 어떻게 공급할 것인지 등의 사항을 행정기관이 일방적으로 결정하지 않고, 그에 관한 고객의 견해와 판단을 구하는 것이라고 할 수 있다(이종범, 1996: 21~25). 이러한 노력을 시행하기 위해서는 기존의 행정중심적이고, 공급중심적인 행정관행으로부터 민간자율적·수요중심적인 것으로 전환하는 노력이 필요하다.

〈표 2-1〉 본 연구의 고객 정의 및 분류

대분류		소분류	의미와 수용비용(재화)
정책고객	구매자 (Buyer)	소비자 (consu-mer)	● 제품을 화폐와 교환하여 소모 ● 실제 화폐비용이 주된 수용요건 예) 고속도로 이용자, 국립병원 이용자
		서비스 수혜고객	● 시민으로서 직접적인 정책수혜를 수용하게 되는 집단 ● 납세 등 간접비용에 의한 정책 수혜 ● 서비스 수혜를 위한 비용을 부담하는 집단 예) 식품위생 단속으로 인해 보다 안전해진 소비자, 공공임대주택과 같은 특정 복지정책 수혜를 위한 비용지불자
		피규제 고객	● 규제정책의 대상자로 단속 또는 순응의 대상 ● 규제단속 예방, 규제단속 처분비용 예) 식당업주의 환경·시설관리 비용, 벌금등 행정처분비용
	사용자 (User)	일반고객	● 대상이 특정되지 않고 불특정 다수가 서비스의 영향을 받는 경우의 고객 ● 현재는 정책의 수혜하거나 소비하지 않지만, 특정시점 또는 상황에 따라 구매자로 포함될 수 있는 잠재고객 ● 대부분 납세가 주된 비용 예) 경찰업무 중 방범과 순찰의 수혜자로서 일반시민
		간접고객	● 직접고객에게 서비스가 적용되어 불편 또는 편익을 받음 ● 육체적, 시간적 비용, 편익 등 다양 예) 음주단속시 교통정체의 피해자 또는 음주사고 피해 감소를 느끼는 시민 등
		이해관계자 (stake-holder)	● 정책에 이익관계 가지며 산출에 영향을 미칠 수 있음 ● 금전적(정책이 이익에 부(-)의 관계), 육체적, 심리적 비용 예) 경제정책시 전국경제인연합회의 활동 등
		시민 (citizen)	● 모든 정책과 간접적 효과의 수용자 ● 납세, 일정하지 않은 규제비용 등 금전·육체적 비용

2. 고객지향성의 성립배경

고객지향성이라는 용어는 공공부문보다 민간부문에서 먼저 중요성이 부각되었고, 서비스와 제품에 대한 판매를 통하여 이윤창출이라는 목표 추구를 위해 고객을 위주로 하는 경영을 하게 되었다. 현대의 고객만족적 경영에 대한 시각의 전환은 1980년대부터 활성화되기 시작하였다.

민간기업에서의 고객지향성은 고객의 입장에서 사고하여 기업활동을 행하고 마케팅 활동에 있어서도 고객의 관점에서 인지하여 고객의 이익을 최대한으로 증진시키려는 노력을 하여야 한다는 것이다. 고객지향적 사고는 기업이 시장에서 활동하고 있는 최종소비자, 경쟁자, 유통업자, 공급자와 같은 외부고객에 대해 획득한 시장정보를 기업의 전부서에 확산하고 적극적인 대응을 통해 최종소비자에게 최상의 가치를 제공하고자 하는 시장지향적 사고의 세부적인 개념이다.

이에 비해 정부를 포함한 공공조직은 이러한 민간부문과는 달리 경쟁이 심한 것이 아니고 경쟁에서 뒤진다고 해서 그 조직이 소멸되지 않는 특성을 지니고 있기 때문에 시장에 대한 노출정도는 낮은 반면 민간기업에 비해 정부행위와 행정서비스에 있어 강제력이 크며 비자발성과 독점적 성격이 강하다고 볼 수 있다. 이로 인해 비용절감과 효율성 제고뿐만 아니라 행정서비스 제공에 있어서의 고객만족적인 노력이 떨어지는 문제점이 파생된다. 따라서 이러한 문제점들을 해결하기 위해서 민간부문의 고객만족경영을 행정부문에 도입하려는 시도가 행해져 왔고, 1980년대 말부터 본격적으로 적용되기 시작하였다.

1) 신공공관리론

1980년대 이후 영미국가들의 정부혁신 노력을 반영하는 신공공관리는 행정의 새로운 패러다임으로 간주되고 있다. 하지만 신공공관리는 아직까지 보편적 정의사례를 발견하기 어려울 정도로 매우 다의적이고 포괄적인 개념이다. 특히 신공공관리에 대한 기존의 개념정의는 크게 광의와 협의로 대별된다. 먼저 협의의 신공공관리는 신제도경제학과 기업식 관리주의에 기초한 일련의 혁신논리로 정의된다. 여기에는 신제도경제학이 중시하는 경쟁가능성, 사용자선택, 투명성, 유인구조 등은 물론 기업식 관리주의가 지향하는 결과 중심의 행정개혁을 위한 재량적 권력의 필요성과 조직의 성과제고를 위한 전문직업주의적 관리가 포함된다(하혜수·정정화, 2001: 160~161).

다음으로 광의의 신공공관리는 세계화로 대표되는 새로운 도전에 직면하여 각국의 정부들이 일반적으로 채택하는 합리적 문제해결방법으로 정의된다. 이론적 측면에 초점이 부여된 협의의 정의와 달리 광의의 정의는 현실적 측면에 주목한다는 점에서 앞서 제시된 혁신논리는 물론 시민참여, 공사 파트너십, 중간조직 등 뉴거버넌스의 주요한 논점들까지 포괄한다. 따라서 광의의 신공공관리는 광의의 거버넌스와 동일시되는 결과를 초래하게 된다. 이에 상대적으로 정부 내부에 초점을 부여하는 신공공관리와 정부 외부에 주목하는 정책네트워크간의 구분을 살펴보기 위해서, 신공공관리의 협의적 개념과 함께 살펴보면 다음과 같다.

<표 2-2> 신공공관리와 정책네트워크간의 비교

	신공공관리	정책네트워크
초 점	경 쟁	협 력
목 표	작고 효율적인 정부	깨끗하고 효과적인 정부
적용 대상	관 리	정 책
방법론	개체주의·합리제도주의	총체주의·역사제도주의
기반 이론	다원주의, 자유시장이론	국가주의, 조합주의이론
핵심 쟁점	정부감축(개선), 민영화(사유화), 탈규제(자유화) 등	정부간 관계(분권화), 정부-기업관계(재규제와 사적이익정부), 정부-시민사회관계(파트너쉽) 등

한편 앞서 제시된 포괄적 문제인식을 반영하는 신공공관리의 주요한 특징으로는 고객의 중시와 고객의 영향력 증대, 공공서비스 구매자와 공급자의 분리, 시장의 경쟁원리 적용, 민영화와 계약제 도입, 성과와 책임성의 강조, 유연성의 증대, 정보관리의 중요성 등을 지적할 수 있다(Hood, 1991). 신공공관리는 경제학의 자유시장 논리와 경영학의 최신관리기법들을 결부시키고 있다는 점에서 세계은행과 같은 초국가조직은 물론 각국의 관심을 끌어왔다. 이상과 같이 신공공관리론과 이에 부수적으로 정책네트워크 모형을 보면, 경영학적 접근을 시도하고 있는 부분이 여러 곳에서 발견된다. 먼저 신공공관리론에서의 고객과 경쟁 개념의 적용이다. 즉 신공공관리의 이론을 통해서는 고객지향적 서비스와 독점이 아닌 경쟁적 서비스의 제공을 강조하고 있다. 다음으로 이슈네트워크에서는 무질서하고 갈등적이며 복합적인 문제에 대한 다수 관계자의 참여를 통한 욕구반영, 그리고 이를 통한 정책결정과정을 묘사하여 엘리트 결정과정의 획득적 틀에서 시장에 분포된 다양한 이해관계가 참여하는 시장형 의사결정과정을 보이고 있다.

2) 공공선택론

공공선택론은 일반적으로 비시장적 의사결정(non-market decision making), 즉 정치적·행정적 결정에 관한 정치경제학적 연구이론으로 공공부문의 의사결정을 분석하기 위한 접근방법이다.

공공선택론은 독점권을 지닌 정부가 시장에서의 자원배분에 치명적인 결함을 지녔을 뿐만 아니라 관료 스스로가 이기적이며 합리적이고 효용극대화를 추구하는 존재임으로 예산지출을 극대화하려 해서 공공서비스의 비효율적 공급을 초래한다고 본다. 따라서 이러한 문제들을 해결하기 위해서 공공부문에 경쟁원리를 도입해야 하는데 이를 위한 최선의 방안으로 공공의 선택을 강화하여야 한다고 주장한다(Mueller, 1979: 157~158).

공공선택론은 공공재(public goods)와 공공서비스의 특질을 중요시하고, 공공정책을 공공재와 공공서비스를 사회에서 합리적으로 배분할 수 있는 수단으로 파악한다. 따라서 정책 파급효과와 확산효과를 중요시한다. 또한 민주행정을 위한 공공선택론은 다양한 공공재와 공공서비스를 제공하는 데 맞는 다양한 조직이나 제도적 장치가 활용되어야 한다는 입장을 취한다.

계층제를 중심으로 하는 단일권력중심(single center of power)에 의하여 통제, 조정되는 전통적 관료제 조직은 공공재와 공공서비스의 생산, 공급에 적절하지 못한다는 것이다(Ostrom, 1989: 98~99). 따라서 공공선택론은 행정의 분권화와 국민에 대한 행정의 대응성을 촉진시킴으로써 자원배분의 효율성을 기할 수 있고 시민이 능동적으로 공공서비스를 선택할 수 있으므로 행정의 민주화에 기여할 수 있으며 정부에 의한 공공재와 공공서비스 공급 역할의 감축을 유도하게 된다고 한다(김규정, 1998: 77).

공공선택론은 공공서비스 공급에 있어 시민을 서비스를 선택할 수 있는 권리를 가진 고객으로 간주한다는 점에서, 또한 관료조직이 효과적으로 행정서비스 공급에 보다 유연하게 대처해야 함을 강조하고 있다는 점에서 고객지향적 행정의 이론적 바탕이 된다.

3) 고객지향성 성립배경의 특징 – 고객·경쟁·선택

위에서 살펴본 바와 같이 신공공관리론과 공공선택론을 검토해 보면 다음의 몇 가지 공통점을 통해 고객지향성의 개념이 성립된 이론적 배경으로 작용한다고 볼 수 있다.

먼저 고객의 개념을 적극적으로 적용하려 한다는 점이다.

기존 행정국가의 정책과정에서는, 고객의 개념이 사실상 고려의 가치가 없는 것이라고 할 수 있다. 즉 국가재원을 투입하여 공공서비스가 산출되면 그것은 독점성을 지닌 공공재로서 국민의 선택권에 대한 고려 없이 무조건적인 수요가 가능한 것이었기 때문이다. 그러나 광범위한 시장개입으로 인한 정부실패론이 대두되면서 정부는 작고 효율적인 조직구성을 추구하기 시작하였으며, 작고 효율적인 조직은 한정된 재원을 정책목표에 정확히 투입하여 원하는 결과를 산출해야만 했다. 이때 한정된 재원을 정확히 투입해야 하는 목표지점이 세분화된 고객집단(target customers)인 것이다. 이러한 고객집단에 대해서 신공공관리론에서는 고객서비스의 품질관리·고객지향적 서비스·사전예방적 서비스 등의 원칙을 제시하고 정부의 고객지향화를 촉구하고 있다. 한편 공공선택론에서는 먼저 공공의 선택을 강화하는 것이 정부의 비효율적 공급을 개선하는 최선의 방안이라고 소개하고 있다. 또한 시민이 능동적으로 공공서비스를 선택할 수 있게 하여 행정의 민주화와 정부의 공공서비스 공급 역할의 감축을 유도해야 한다고 보아 고객과 그의 선택권을 강조하고 있다. 한마디로 공공선택론은 공공서비스 공급에 있어 시민을 서비스를 선택할 수 있는 권리를 가진 고객으로 간주하고 있는 것이다.

두 번째로 신공공관리와 공공선택론에서는 민간기업에서와 같은 경쟁의 도입을 주장하고 있다. 먼저 공공선택론은 독점권을 지닌 정부가 시장에서의 자원배분에 치명적인 결함을 가졌고, 관료도 이기적이며 합리적 인간이므로 예산지출을 극대화하려 해서 공공서비스의 비효율적 공급을 초래한다고 보았다. 따라서 이러한 문제들을 해결하기 위해서 공공부문에 경쟁원리를 도입해야 한다는 것이다. 또한 신공공관리론에서는 신보수주의 논리를 통해 정부 내의 경쟁과 민간기업과의 경쟁원리에 의한 공공서비스 제공이 개선의 방향임을 명시하고 있다. 또한 오스본과 게블러(Osborne & Gaebler: 1992)는 "정부재창조론"에서 서비스 제공에 있어 독점이 아니라 경쟁적 공급을 중시하고 있었다. 마지막으로 행정과 경영을 유사한 시각에서 관찰한 신관리주의에서는 경쟁체제의 추구를 강조하면서 관리기법의 하나로 마케팅 기법의 도입을 주장하기도 하였다.

세 번째로는, 고객의 선택권을 강조하였다. 신공공관리론과 공공선택론 양자는 정부의 공공서비스 제공 목표를 고객의 개념으로 보면서, 공공서비스를 독점이 아닌 경쟁체제에서 공급하여 소비자(고객)의 선택권을 높이는 고객지향적 정부가 되어야 한다(신공공관리론)는 주장을 하였다. 또한 고객이 능동적으로 공공서비스를 선택하게 될 때 관료조직이 행정서비스 공급에 보다 효과적이며 유연하게 대처하게 됨을 강조하여(공공선택론) 경쟁체제내에서 고객이 스스로 본인의 편익에 부합되는 서비스를 선택할 수 있을 때 정부조직의 효율화도 증진될 수 있다고 보았다.

3. 고객지향성의 구성요인

고객지향성은 고객이 원하는 바를 제공하는데 초점이 있다. 또한 고객지향성은 고객중심적 사고로서 조직내의 제반 체제나 활동이 고객 위주의 관점에서 검토되고 평가되는 것을 의미한다(박세정, 1996: 21). 이러한 정의에 따르면, 고객지향성은 고객 위주의 관점에서 시작하여 고객의 요구를 충족시키는 것을 의미한다. 그러나 고객지향성이 정의되더라도 행정서비스의 시행에 있어서 실질적 측면을 강조할 것인가, 또는 과정적 측면이 강조되어야 하는지의 의견이 일치되지 않아 현실적 수행에 문제점을 가지고 있다.

박천오(1997)는 고객지향의 행정에 대한 견해를 실질적 내용 중심의 접근과 행정서비스 전달체제 중심의 접근 등 고객지향 행정의 이원적 의미를 비교하였다. 즉 실질적 접근은 정부가 제공하는 정책 또는 행정서비스의 실질적인 내용과 결정과정이 국민의 요구를 충족시켜 주는가에 초점을 두고 있고, 절차적 접근은 행정서비스의 전달체계가 국민의 편의를 최대한으로 보장해주고 있는가에 초점을 두고 있다. 즉, 실질적 접근은 정부가 제공하는 정책 또는 행정서비스의 실질적인 내용과 결정과정이 국민의 요구를 충족시켜 주는가에 초점을 두고 있고, 절차적 접근은 행정서비스의 전달체계가 국민의 편의를 최대한으로 보장해주고 있는가에 초점을 두고 있다[8].

1) 고객지향성의 실질적 접근

고객이 원하는 정책 및 행정의 실질적 내용을 제공하는 것이 고객지향성이라면, 행정기관은 고객이 원하는 정책과 행정서비스가 그 내용면에서 고객을 얼마만큼 만족시키는지를 파악하여 정책과 행정에 반영하고자 노력하여야 한다(이종범, 1995: 25).

Stewart(1988: 59)에 의하면 고객지향적 행정은 고객에게 ① 행정기관의 정책과 의사결정의 내용 및 그러한 정책과 결정에 도달한 이유를 알 권리, ② 행정기관이 고려하고 있는 이슈들을 논의하고 그에 대한 자신의 견해를 전달할 수 있는 권리, ③ 행정기관으로 하여금 자신의 관심과 이해관계를 고려하도록 할 수 있는 권리, ④ 행정기관의 의사결정에 참여할 수 있는 권리, ⑤ 행정기관의 실적을 평가할 수 있는 권리 등을 부여함으로써 실현될 수 있다고 한다.

비슷한 맥락에서 Potter(1993: 253~254)도 고객들로 하여금 행정서비스의 목표, 행정서비스의 기준, 행정서비스에 대한 고객의 권리, 행정기관의 의사결정과정, 특정 의사결정의 내용과 그러한 결정에 도달한 이유 등

---

8) 박천오(1997: 16)는 고객지향적 행정과 관련하여 실천상의 의문점을 분석하고 중앙정부 중 대민업무가 비교적 많은 행정기관을 대상으로 4가지 영역에 대한 한국 관료의 시각을 설문조사하여 고객지향적 행정에 관한 이론적 정립을 하고자 하였다. 그에 따르면 한국관료들은 고객지향적 행정에 대한 인지도는 상당히 높으며, 자신이나 소속기관의 활동과 직접적인 이해관계가 있는 일차적 집단이 아니라, 이차적 집단인 일반국민을 자신의 고객으로 간주하고 있다. 고객지향적 행정의 본질에 대해서는 관념적으로 고객이 원하는 내용의 정책과 행정을 제공하는 것으로 믿고 있으나 실천적 의지는 강한 편이 아니며 상대적으로 부담이 덜한 서비스 전달과정과 절차의 개선에 오히려 적극적인 태도를 보이고 있으며 기존의 행정질서를 크게 손상시키지 않는 범위 내에서 고객의 행정욕구를 조사하고 그 결과를 활용하고자 한다는 것이다.

에 관한 다양한 정보를 요구할 수 있게 하는 제도적 장치가 필요함을 주장한다. 그러나 행정서비스의 실질적 내용을 중심으로 고객지향성을 추진할 경우에는 다음과 같은 문제가 발생될 수 있다.

첫째, 검토한 바대로 행정기관은 봉사대상집단 선정에 있어서 어려움을 겪게 된다.

둘째, 고객에게 단순히 행정서비스에 관한 자신의 관점을 전달할 수 있는 기회를 제공하는 수준을 넘어, 행정 의사결정자로서의 권한과 책임을 부여할 시에는 대표성(representation)의 문제를 야기시킬 수 있다.

셋째, 행정기관의 고객의 범위를 좁은 의미로 받아들일 경우, 행정의사결정에 대한 고객의 개입은 일부 기득권층 위주의 근시안적인 행정을 초래할 가능성이 있다(Jenkins & Gray, 1992: 296; Cupps, 1977: 479). 행정사항에 관한 결정권한을 하부조직이나 일선기관으로 위임하는 분권화도 국가적 차원의 정책과 행정이 일선기관과 그에 근접한 일부 사회세력에 의해 좌우될 수 있는 위험을 초래한다.

끝으로 행정기관은 고객집단들간의 이해갈등을 조정해 주는 중개자(a broker)로서의 역할만을 수행할 것인지, 아니면 공익에 관한 나름대로의 판단을 내려야 할 것인지 불분명하다(Stewart & Clarke, 1987: 176).

2) 고객지향성의 절차적 접근

고객이 만족할 수 있는 수준의 행정서비스 전달체제를 확보하는 것이 고객지향적 행정이라는 접근방법이다. 바꿔 말해 고객지향성은 행정서비스의 전달체제에서 기인된 고객의 시간적, 경제적, 정신적 폐해와 손실을 최소화시키는 것이 된다(박세정 외, 1996: 62). 행정서비스의 실질적 내용에 관한 욕구가 고객집단에 따라 상이한 것과는 달리, 행정서비스의 전달체제에 관한 고객의 욕구는 서비스 전달이나 관료들의 태도와 연관된 것이 대부분이다(Dilulio, 1993: 50; Wagenheim & Reurink, 1991: 263). 한편 Wagenheim과 Reurink(1991: 267~268)에 따르면 일반적으로 고객은 행정기관에 대해 정보와 커뮤니케이션(information and communication), 대응성(responsiveness), 문제해결(problem solution), 정시(定時)에 신뢰할 수 있고도 일관성 있는 서비스의 전달(on-time, reliable, consistent service delivery), 구성원의 능력(competence of personnel), 정확성(accuracy), 정중하고도 친절한 서비스(courteous and friendly service) 등을 기대한다고 한다. 이를 부연하면 다음과 같다.

첫째, 정보와 커뮤니케이션에 있어서 정보는 두 부류로 나누어진다. 하나는 정보의 유형(type of information)으로서 서비스의 속성, 프로젝트의 현황(status)등에 관한 것이고, 다른 하나는 정보의 범주(category of information)로서 정보의 속도, 정확성, 완전성(completeness) 등에 관한 것이다. 커뮤니케이션은 고객이 이해하기 쉽고 주의를 기울일 수 있는 방식으로써 정보를 고객에게 전달하는 것이다.

둘째, 대응성은 서비스의 적시성(timeliness)으로서, 예를 들면 신속히 전화를 받거나 질문에 답하는 행위 등이 여기에 포함된다.

셋째, 문제해결은 앞서의 정보와 커뮤니케이션 및 대응성과 분리될 수 없는 것으로서, 구비서류가 변경된 사실을 모른 등의 상황에 처한 고객이 행정기관 측에 그 해결을 기대하게 되는 것을 의미한다.

넷째, 정시에 신뢰할 수 있고 일관된 서비스의 전달에 있어서, 정시란 행정기관이 원래 약속한 시간에 서비스를 제공할 것임을 예상하는 것이고, 신뢰할 수 있고 일관된 서비스란, 서비스가 실제로 전달되며 거듭되는 서비스의 경우라면 빠짐없이 매번 서비스가 전달되기를 기대하는 것이다.

다섯째, 구성원의 능력이란 고객의 입장에서 관료들이 자신의 목적을 달성해 줄 수 있는 자질과 능력을 갖추고 있기를 기대하는 것이다.

여섯째, 정확성은 일을 한 번에 올바르게 처리함을 의미하는 바, 정보를 전달하는 작업 등이 여기에 해당된다.

일곱째, 정중하고 친절한 서비스란 문자 그대로 친절하고 정중하게 서비스 받기를 원하는 것이다.

이상에서 살펴본 행정서비스 전달체제의 개선을 중심으로 한 운영차원에서의 고객지향적 행정은 앞서의 실질적 접근에 비해 논쟁의 여지가 적고 실천가능성이 상대적으로 높다. 왜냐하면 이는 행정업무수행의 절차와 외관(appearance)의 변화를 추구할 뿐, 정책과 행정서비스의 실질적 내용이나 행정주체와 고객간의 기존의 권력관계에 변화를 가져오는 것은 아니기 때문이다(Hambleton, 1988: 128). 그러나 고객지향적 행정이 단순히 고객을 되도록 친절히 대하고, 고객의 용무를 보다 신속히 처리해 주는 것과 같은 외관상의 변화나 절차적 배려에 불과하다면 행정개혁 목표로서의 의미는 반감될 수밖에 없다. 국민들 중 자신들의 정책·행정에 관한 욕구를 전달할 수 있는 적절한 통로가 없는 탓에 시위와 농성에 의존하는 경우가 많았던 것이 그간의 한국 실정이었음을 비추어볼 때 이 점은 자명하다(김영평, 1993: 32).

정책과정상 고객지향성이 명실상부하게 실현되려면 정책의 실질적 내용이 고객의 욕구를 반영하여 결정되고, 이것이 고객이 만족할 수 있는 수준의 행정전달체제를 통해 고객에게 전달되어야 할 것이지만, 기존의 두 접근 공존보다는 어느 한 측면에만 초점을 맞추는 편향성을 드러내 온 것이 사실이다(박천오, 1997: 6~7). 그래서 향후에는 실질적 접근방법의 논의와 절차적 접근방법에서 제공하고 있는 요인에 대한 복합적 고려를 통한 고객지향성 요인이 구성될 필요가 있다. 그러나 이와 같이 양립되어 있는 실질적 접근과 절차적 접근의 논쟁은 고객지향의 행정에 어떻게 접근할 것인가에 대한 학자들의 견해차이에서 비롯한 것이다. 즉 절차적 접근은 실질적으로 고객이 원하는 바를 100% 충족시킬 수 없는 것이라면 현실적으로 가능한 행정서비스의 전달체계라도 확실히 정비하는 방향으로 고객지향의 행정을 추진하자는 의미를 가지고 있다. 그의 연구결과에서는 공무원들이 실천적 의지는 강하지 않으나 고객이 원하는 내용의 정책과 행정을 제공하는 것으로 인식하고 있다. 고객만족의 측면에서 보면 실질적 측면과 절차적 측면 모두가 영향을 주기 때문에 양자를 동시에 고려하지 않을 수 없다. 고객의 입장에서 보면 실질적인 내용도 충실하고 행정서비스의 전달체계가 국민의 편의를 최대한으로 보장해주기를 원할 것임은 재론의 여지가 없을 것이다.

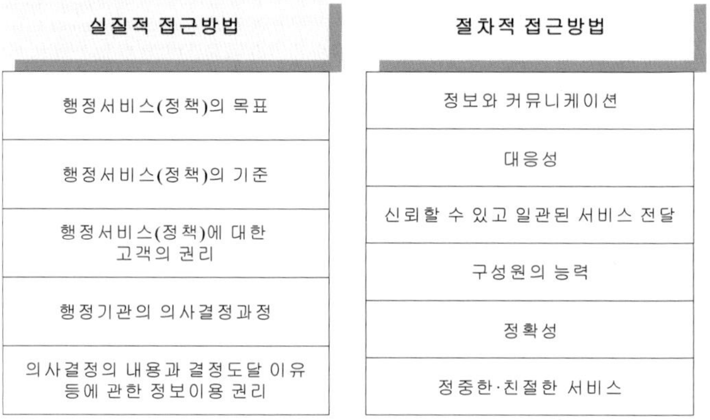

실질적 접근방법	절차적 접근방법
행정서비스(정책)의 목표	정보와 커뮤니케이션
행정서비스(정책)의 기준	대응성
행정서비스(정책)에 대한 고객의 권리	신뢰할 수 있고 일관된 서비스 전달
행정기관의 의사결정과정	구성원의 능력
의사결정의 내용과 결정도달 이유 등에 관한 정보이용 권리	정확성
	정중한·친절한 서비스

〈그림 2-1〉 고객지향성의 실질적·절차적 접근방법

그러므로 고객지향적 행정이 현실적으로 고객의 욕구를 반영하기 위해서는 실질적 접근방법과 절차적 접근방법 중 어느 것을 선택해서 집중적으로 개선해야 하는 가의 논쟁 보다는 어떻게 고객의 입장에서 요구되는 실질적인 내용도 충실하고 행정서비스의 전달체계가 국민의 편의를 최대한으로 보장할 수 있는가를 고민하는 것이 옳은 방향일 것이다. 명실상부한 고객지향성의 실현을 위해 실질적 내용이 고객의 욕구를 반영하고, 그것이 고객이 만족할 수 있는 수준의 전달체제를 통해 고객에게 전달되기 위해서는 다음의 요인들을 충족시켜야 할 것으로 보인다.

(1) 정보와 커뮤니케이션: 정책목표와 의사결정과정, 의사결정내용 등에 대한 정보를 정확하고 완전성(completeness)있게 전달하며, 정책목표와

기준을 고객이 이해하기 쉽게 전달해야 한다.

(2) 대응성: 고객에 대한 행정서비스의 제공시 적시성(timeliness)을 가져야 한다.

(3) 신뢰할 수 있고 일관된 서비스 전달: 고객에 대해서 행정서비스가 제공될 때는, 제공의 기준에 대해 모든 고객이 신뢰할 수 있고, 일관성이 유지되어야 한다.

(4) 정확성: 정확성은 일을 한번에 올바르게 처리함을 의미하므로, 정책의 목표는 판단오류로 인한 변동 발생이 적어야 하며, 고객에게의 전달과정에서도 오류가 없는 처리가 필요하다.

(5) 정중한·친절한 서비스: 언제나 정책을 수용하는 고객에 대해서는 최고의 서비스를 제공하기 위한 자세를 유지하며, 그의 불편 해소를 위한 최대한의 지원을 유지해야 한다.

이 중 구성원의 능력은, 실질적 접근방법에서는 공공기관 종사자의 능력을 의미할 뿐 대상주민의 참여 능력을 의미하지는 않으므로 고객지향적 관점에 따라 고려대상에서 제외하고 있는 것으로 보인다. 이에 비해 절차적 접근방법에서는 서비스 수혜를 원하는 대상주민이 접근할 때 빠르고 원활한 서비스 제공을 위해서 구성원의 능력을 요인으로 고려하고 있다. 그래서 본 연구에서는 고객중심의 관점에서 논의할 때 2개의 접근방법이 함께 고려 요인으로 인정하고 있는 부분 중 연구사례에 적합한 요인을 연구하고자 하여 절차적 접근방법의 구성원의 능력은 제외한다.

고객지향성의 접근방법에 따라 포함되는 요인을 구성하는 이유는, 고객지향성이 가지는 다음과 같은 기본적인 속성을 충족시키기 위한 것이다.

첫째, 고객의 행정수요를 사전에 파악하는 행정을 수행하기 위함이다. 고객지향 행정은 고객의 상태를 정확하게 파악하는데서 시작한다. 고객지향 행정을 하려면 고객이 누구인지, 무엇을 원하고 있는지 등 고객에 대한 수요조사를 하여 그 고객의 행정수요에 대비할 수 있어야 한다. 고객과 고객의 행정수요는 수시로 변동하기 때문에 행정서비스를 제공하기 전에 항상 사전조사를 실시하여 행정환경의 변화에 적극적으로 대응할 수 있는 행정체제를 구축해야 한다.

둘째, 고객의 시각에서 바라보는 행정을 추구해야 한다. 고객의 행정수요를 조사하고 행정서비스의 제공을 기획할 때, 시민을 고객으로 바라보고, 고객의 시각에서 행정을 이해하는 '눈높이'행정이라야 한다. 그렇다고 하여 기업의 경영방식을 무비판적으로 따라가기 보다는 행정개혁의 추진으로 나름대로의 모양 다듬기에 초점을 두어야 한다. 고객지향적인 행정을 하자는 것은 정책수행과정에 경영마인드의 도입이 필요하다는 것이지 행정에서 기업경영과 같이 그대로 적용하자는 것은 아니다. 고객지향의 행정에서는 권위주의적 시각에서가 아니라 고객의 시각에서 행정수요를 파악하고 해결하는 시각의 전환을 기초로 하고 있다[9].

셋째, 고객의 취향에 맞는 차별화된 행정을 추구해야 한다. 고객의 취향은 행정환경에 따라 다르다. 고객지향의 행정은 중앙정부·지방자치단체 마다 똑 같은 행정체제가 아니라 차별화된 행정체제를 요구한다. 고객의 취향은 까다롭고 다양하기 때문에 자연히 차별화된 행정체제를 필요로 한다. 과거 권위주의적 관행이나 일사불란한 행정체제로서는 차별화된 행정서비스를 제공할 수 없었으나 지방자치제가 정착된 현재에는 고객의 선호와 욕구를 반영한 차별화된 행정체제의 수립이 요구된다.

넷째, 시민의 행정에의 접근을 용이하게 하는 행정이 요구된다. 고객지향 행정체제에서 국민은 언제든지 필요할 때 행정체제 또는 정책수립과정에 접근할 수 있어야 한다. 고객서비스의 기본은 고객에게 자유를 제공하고 고객의 권리를 신장시키고 고객을 만족시키는 것이다. 고객인 시민의 필요를 충

---

9) 총무처 직무분석기획단(1997: 239~250)은 OECD국가를 중심으로 정부혁신의 노력을 분석하고, 정부의 역할과 스타일을 바꾸라·정부혁신의 장기적인 추진전략이 중요하다·국민과 같이 하는 정부혁신이 되어야 한다 등의 새로운 정부혁신의 접근에서 국민의 시각을 중요시하고 있다.

족시키기 위하여 민원행정의 강화와 아울러 행정정보를 공개하고 신속하게 정보를 제공하는 행정정보화를 통해 고객이 보다 쉽게 행정에 접근할 수 있도록 해야 한다. 정보통신 시대의 행정은 시민들이 자유로운 커뮤니케이션을 통해 정보를 취득하고 있기 때문에 시민이 행정에 접근하기 용이하게 하는 행정이라야 고객만족을 시킬 수 있을 것이다.

다섯째, 고객이 평가하는 행정이다. 고객이 행정서비스를 받고 나름대로 평가를 할 수 있어야 한다. 참여민주주의 이론에 따르면, 정부에 대한 주민의 평가는 매우 중요하다(Gawthrop, 1984: 106). 시민들은 투표를 하여 행정수장을 선출하면서 그들의 권한을 위임하지만 이들에 대한 평가는 몇 년의 주기로 이루어지는 선거에 참여함으로써 이루어진다. 그러나 4년 또는 5년이라는 임기기간에는 다변화되는 현대사회에서 평가의 주기로서 적절하지 못하다(김광주, 2000: 59)는 지적도 존재한다. 고객지향의 행정은 시민들이 의견을 제시할 수 있는 제도적 장치로서 행정서비스에 대한 시민들의 평가가 정기적으로 또는 수시로 이루어질 수 있도록 허용해야 한다.

여섯째, 서비스의 질에 초점을 둔 행정을 추구해야 한다. 행정서비스의 질을 향상시키기 위해서는 행정서비스의 기준이 제도적이며 세부적으로 확립되어 있어야 한다. 이 기준은 행정서비스를 제대로 제공받지 못하는 국민들에게 보상을 하고, 행정서비스를 제공하는 공무원들에게는 업무성과를 평가하는 지침이 된다. 고객지향의 행정은 행정서비스의 양을 확대하는 것이 아니라 축소된 행정영역에서 행정서비스의 질을 향상시켜 고객을 만족시키는데 초점을 두어야 한다. 주어진 예산과 인력의 한계 대문에 행정은 고객 모두를 만족시킬 수는 없다. 행정의 우선순위를 결정하여 행정이 담당해야 하는 일을 선별하여야 한다. 고객지향성이 확립된 정부는 작고 강한 정부만이 아니라 작지만 할 일을 하는 행정체제가 구축되기 위하여 정부의 역할을 재조정해야 한다. 고객지향의 행정은 규모는 줄어들어 작지만 중요한 할 일을 선별적으로 처리하는 행정으로서 서비스의 양보다는 질에 초점을 둘 수밖에 없다(김광주, 2000: 58~60).

제 2 장
공공정책의 마케팅

1. 정책마케팅의 정의

정책마케팅의 가장 기본적인 개념은 공공부문인 정책에 민간부문이 경영에서 활용하는 마케팅을 도입하는 것이다. 여기에서 정책마케팅의 정의가 쉽지 않은 이유는, 먼저 경영마케팅을 정확히 정의하는 것이 어렵기 때문이다. 물론 경영마케팅은 이윤과 관련하여 정의되는 것이 당연할 것이다[10]. 그래서 경영마케팅은 이윤추구를 위한 핵심요인으로 소비자의 수요와 욕구에 초점을 두고 있다. 즉 소비자의 수요와 욕구를 정확히 파악하는 것이 마케팅이라는 것이다. 그래서 Kotler(1972)는, 마케팅의 목적을 인간의 수요와 욕구(needs and wants)를 교환을 통해 만족시키는 것으로 정의하는 것이다.

정책마케팅에서는, 위의 정의를 이용하여 Crompton & Lamb(1986)가 정책마케팅을 "정부와 주민과의 관계에서 교환(exchange)을 용이하게 하고 촉진시키기 위한 일련의 활동"으로 정의하였다. 또한 Mokwa(1981: 17)는 정책마케팅을, "정부기관이 국민을 대상으로 자발적인 가치의 교환에 관한 프로그램의 기획, 분석, 집행 및 통제에 관한 활동"으로 규정하고 있다.

이상의 논의를 종합해보면, "정책마케팅은 고객(국민)의 욕구를 충족시키

---

10) 그러나 경영마케팅의 정의에서도 마케팅의 목적이 모두 이윤추구는 아니라는 견해가 있다. 즉 최근에는 기업윤리와 삶의 질을 강조하는 공익적 차원의 목적도 대두되고 있다(Sirgy, 1996; 정철현, 1999: 181 재인용). 특히 국내에서도 실업해소와 같은 사회경제적 이익을 공익의 확보와 연계하여 수행하고자 하는 '사회적 기업(social enterprise)'의 도입이 재계에서도 적극적으로 추진되고 있다.

고, 고객의 자발적인 가치 교환을 용이하도록 촉진시켜 정책을 성공으로 이끄는 일련의 활동"이라고 정의할 수 있다. 여기서 정부와 국민의 교환은 정책마케팅에 있어 매우 중요한 문제로서, Kotler(1972)는 경영마케팅에서 교환이라는 개념을 사용하여 마케팅의 개념을 확장시킨바 있다. 그는 앞서 언급한 바와 같이, 마케팅의 목적을 인간의 수요와 욕구(needs and wants)를 교환을 통해서 만족시키는 것으로 정의하면서, 마케팅이 적용될 수 있는 5가지 조건을 들었는데(Scrivens, 1991; 정철현, 1999: 181~182 재인용), 이를 공공정책에 적용하면 다음과 같다.

첫째, 적어도 둘 이상의 행위주체(parties)가 있어야 하는데 정부와 주민이 있다.

둘째, 하나의 행위주체는 다른 행위주체에게 가치 있는 무언가를 갖고 있어야 하는데, 정부는 정책을, 주민은 지불의사를 갖고 있다.

셋째, 각 행위주체는 의사소통이 가능하고 사회적 교환(social bartering)이 가능해야 하는데, 정부와 주민은 선거와 공청회 등을 통해서 의사소통을 하고, 정부는 시민이 가치 있는 것으로 판단하여 요구하는 서비스를 정책으로 제공해 주고, 시민들은 세금으로 이미 그 정책의 값을 지불한 것으로 간주된다.[11]

넷째, 각 행위주체에게 오퍼(offer)를 거절하거나 받아들일 자유가 주어져야 하는데, 정책과정에 있어 국민들의 참여가 허용되고 국민들의 권한이 강대해져 정책을 반대하고 수혜를 거절할 수 있다.

다섯째, 각 행위주체는 상대방과의 거래가 적절하다고 생각하여야 하는데, 국민들은 세금이 어디에 어떻게 쓰이는 가에 대해 관심을 증대시키고 있다. 또한 정부는 정책평가를 통해 과연 정책이 국민욕구를 충족시켰는가에 대한 정책효과의 달성을 조사한다(정철현, 1999: 182).

---

11) 시민들이 해당 정책에 지불하는 비용은, 세금 이외에도 여러 가지 예가 있을 수 있다. 즉 정책서비스를 받는 동안 다른 일을 할 수 없는 이유 때문에 시간적 기회비용이 지불되기도 하고, 해당 기관까지 방문하는 동안 지불되는 교통비용, 수익자 부담 원칙이 적용되는 경우는 직접적인 금전지불을 해야 하기도 한다. 이는 곧 정책에 지불되는 비용은 심리적·육체적·경제적 측면에서 판단될 수 있음을 의미하는 것이다.

이러한 정책마케팅은 국민의 욕구와 수요에 대한 반응으로서 중요하지만, 정책마케팅의 본질을 통해 볼 때, 특히 공익을 위해 어쩔 수 없이 국민들이 선의를 피해를 보게 되는 규제정책이나 개혁정책에서 국민들의 자발적인 참여를 유도하는 수단으로서 특히 중요할 것이다. 이와 같이 정책마케팅은 정부가 주민의 수요와 욕구를 파악하고, 이를 근거로 정부와 주민의 가치 교환을 정책이라는 수단으로 이루어낸다는 점으로 요약될 수 있다.

2. 정책마케팅의 성립배경

국가가 대규모 관료제 조직을 통하여 국민들에게 공공서비스를 제공하는 것을 경제학적 측면에서 옹호하는 견해들은 국가가 필연적으로 실패하게 되어 있다는 견해들과 충돌하게 된다. 국가가 필연적으로 실패하게 되어 있다는 견해들은 다양한 경향을 띠고 있는 경제학적 입장으로부터 나오는 것도 있고, 조직의 기능이나 공공정책결정의 특성에 관한 연구로부터 나오는 것도 있다. 아직 확고하게 일반화된 것이라고 보기는 어렵지만 국가의 실패를 논하는 주장들이 갖는 공통적인 견해는 국가의 활동과 정책을 시행하기 위하여 만들어진 제도적 틀(예를 들어 부처 조직 등)은 비효율적으로 움직인다는 것과, 따라서 불가피하게 낭비적일 수밖에 없다는 것이다.

국가의 실패 문제를 보다 본질적인 면에서 논하고 있는 사람은 Hayek이라고 할 수 있는데, 그에 따르면 '생산의 목적물이 서비스든 공장에서 제조되는 상품이든 간에 계획된 생산시스템을 통해서 생산을 하게 되면 고객(국민) 입장에서는 그 생산물(서비스나 상품)에 관한 충분한 정보를 도저히 얻을 수 얻을 수 없게 된다'는 것이다. 지식과 정보를 제대로 이용할 수 없는 문제점은 지휘경제(指揮經濟)12)에서 가장 명백히 나타난다.

Nove(1983)는 구 소련에 대하여 다음과 같이 말하고 있다.

"중앙집권적으로 계획되는 경제의 경험을 전체적으로 평가해 보면……가격과 시장 메커니즘이 없을 경우 중앙에서는 무엇이 가장 절박하게 요구되고 있는지에 관한 중요한 정보를 얻을 수 없다는 것, 아주 세세한 사항들은 대부분 공급자들과 그들의 고객들에게 보다 가까운 곳에서, 그리고 보다 하위에 있는 계층에서 결정되어야 한다는 것이다"(Nove, 1983: 105; 노시평 외, 2000: 23 재인용).

국가가 재화나 서비스를 제공하는 것에 반대하는 일반적인 주장들을 요약해 보면, 첫째, 관료적이고 합리적인 기획 원칙들의 토대 위에서 서비스를 제공하고자 할 경우 거기에 필요한 지식과 정보, 그리고 의사결정을 할 때 필요한 사항들이 너무 많게 되어 비효율적일 수밖에 없다는 것과, 둘째, 국가 관료제는 자극에 대한 반응이 너무 느리다는 것이다. 이에 근거해 국가의 실패를 논하는 일반적인 주장은 국가라는 것이 시장의 움직임을 어떻게 해서든 모방하려고 할 때에 비로소 효과적으로 작동할 수 있다는 것을 암시해 준다. 이들의 주장에 따르면 시장에서는 최소한 이론적으로는 '가격시스템과 교환과정'이 개인들로 하여금 효과적인 선택을 할 수 있도록 해주는 역할을 하는데, 이 때 효과적인 선택이라는 의사결정이 바로 적정한 생산수준을 결정해 준다는 것이다.

국가가 생산하는 재화와 서비스의 경우에도 그 가치가 얼마나 될 것인지를 고객들이 알 수 있도록 정보를 제공해 줄 수 있는 가격책정 방법이 있어야 하는데, 예를 들어서 잠재가격(shadow price)[13] 시스템이 필요할 것

---

12) 지휘경제체제는 모든 부문이 국가의 전체적인 독점상태에 있기 때문에 행정이 모든 부문을 직접적으로 통제하는 형태를 의미한다. 그러므로 행정의 기능과 규모도 자본주의적 시장경제체제하의 행정의 기능과 규모보다 훨씬 크다고 할 수 있다.

13) 시장이 가격통제하에 있거나 또는 독점상태이기 때문에 상품이나 서비스의 가격이 고정되어 있는 경우에, 만일 시장상황이 자유경쟁 상황이라면 성립될 경쟁가격, 즉 균형가격을 상정하여 잠재가격이라 한다. 잠재가격은 일반적으로 공급자 측면에서 본 잠재공급가격과 수요자 입장에서 파악한 잠재수요가격으로 구분한다.

이다. 만약 상품이나 서비스의 가치를 산정(算定)할 수 있는 적절한 시스템
이 없다면, 국가가 시장이 보다 효과적으로 생산할 수 없는 것을 생산하고
있는 것인지, 아니면 시장이 보다 더 효과적으로 생산할 수 있는 것을 불필
요하게 국가가 개입하여 생산하고 있는 것인지를 알기가 어려울 것이다.

이를 위해서 서비스에 요금을 부과하는 것에서부터 상품이나 서비스의 구
입증서(voucher), 세액공제(稅額控除)제도에 이르기까지, 다양한 시장 메
커니즘이 국가의 서비스 제공 마당에서 원활히 작동할 수 있게 해주는 여러
가지의 방안들이 제시되거나, 활용되어 왔다. 결국 국가의 실패를 논하는
견해들을 심도있게 검토하면 국가의 서비스제공 활동이 필요하기는 한데,
다만 그 활동이 효과적이기 위해서는 시장원칙들을 통합·흡수해야 한다는,
어떤 점에서 보면 역설적인 결론에 이르게 된다. 그러나 사실 이러한 결론이
야말로 공공서비스 관리를 개혁하고자, 현대의 세계 각국들이 앞다투어 추진
하고 있는 개혁정책의 요체이며, 또한 국가의 활동을 총체적으로 민영화하는
것은 불가능하다는 전제하에서 국가의 운영을 개혁할 필요가 있다고 주장
하는 논자들의 접근방법의 토대를 이루고 있는 것이다(노시평 외, 2000:
23~24). 그래서 정부규모의 지나친 비대화와 정보의 독점적 소유는 국민의
요구에 민감하고 신축적·대응적인 정부구성의 장애물이 되고 있음을 인식한
미국과 영국 등 선진국들은 "작고 효율적인 정부"를 구성하기 위한 개혁에 착수
하게 되었다. 이러한 개혁의 기저에는 '신자유주의(neo-liberalism)와 신공공
관리론(new public management)'이 작용하였는데(Christy & Brown,
1996: 94), 이들 이론의 내용으로는 국가행정의 방향으로 성과(成果)중심
주의, 고객중심주의, 기업가형 정부, 전자정부, 시장지향주의 등이 있다. 또
한 근래에 와서는 국민들의 민주적 참여를 강조하는 '신거버넌스(new gove-
rnance)'의 등장으로 '정책 네트워크(policy network)'의 개념이 중요하
게 대두되고 있다.

이러한 패러다임의 변화로 정책은 소비자 우선, 경쟁적 생산, 효과성과 민
주성의 강조, 결과지향으로 의미가 변화되고 있다. 즉 이러한 이념에 기반

을 둔 개혁을 추진하는 선진국들의 정부는 공공서비스 이용자들을 고객으로 인식하도록 장려하였을 뿐만 아니라, 고객의 욕구가 무엇인지 이해하도록 또는 고객만족(customer satisfaction)을 극대화할 수 있는 방법으로 공공서비스를 개발하도록 촉진되어 온 것이다.

  민간부문의 조직이 고객의 욕구를 이해하고 그것들을 효율적으로 만족시킴으로써 결국 그들의 목적을 달성할 수 있다면, 같은 맥락에서 마케팅이 공공서비스 관리자들로 하여금 상업적 목적 내지 기타 다른 목적을 달성하지 못할 이유가 없는 것이다(Christy & Brown, 1996: 94~96). 여기에 대해서 Kotler & Levy(1969; 박흥식 외, 1999: 60 재인용)는, 고객인 국민들의 욕구를 충족시키고 정책의 목표를 달성하기 위한 방법으로서, 제품과 고객만 있으면 정부기관에도 마케팅이 도입될 수 있다고 하여 그 가능성을 주장하였다. 또한 Snavely(1991: 311)도 마케팅 기법을 정부의 규제 및 서비스 영역은 물론 그 외의 다른 거의 모든 활동에도 도입이 가능한 것으로 보고 있다. 그리고 Butler & Collins(1995)도 역시 과거에 마케팅이 서비스 산업이나 기타 다른 환경에 적용될 때 그 상황에 맞게 적절히 조정되었던 것처럼, 공공서비스 분야에 적용될 때에도 적절하게 수정되어 적용되어야 한다고 주장하였다.

  이상의 논의를 통해서 본 바와 같이, 마케팅에 공익을 해하지 않는 적절한 수정이 가해진다면, 정책에도 얼마든지 마케팅을 적용할 수 있을 것이다. 다만 문제는 경영마케팅을 정책에 어떻게 민주적 과정으로 적용하느냐이다(Sheth, et al., 1988; 정철현, 1999: 181 재인용). 이 문제에 대해서는 이하에서도 논의되겠지만, 여러 가지 문제점이 나타날 수 있을 것이다. 그러나 고객에 대한 개별적인 명확한 정의와 제품(정책내용)에의 형평성 있는 참여와 의견반영, 가격 적정성 등으로 해결의 방향을 잡을 수 있을 것이다.

3. 정책마케팅의 구성요인

경영마케팅이 성립하기 위해서는 제품에 대한 수요가 발생되는 고객이 존재해야 하며, 고객에 대해서 마케팅 활동을 추구하는 것은 기본적으로 시장에 경쟁체제가 존재하기 때문이다. 그러므로 정책마케팅 또한 정책대상자는 정부가 산출한 정책이라는 제품을 채택·소비하여 편익(만족)을 추구하게 되는 고객이라는 인식을 가져야 하며, 다른 정책 또는 민간부문에서 제공할 수 있는 유사한 서비스에 비해 높은 만족을 얻을 수 있도록 경쟁력을 확보할 필요가 있다. 경영과 정책의 마케팅을 막론하고 제품과 가격(비용)의 교환 활동이 발생하기 위해서는 필수적으로 인식해야 할 요인이다.

다원화된 민주주의 사회에서 정책마케팅은 언론기관에 보도자료를 배포하는 것으로 끝나지 않는다. 하루가 다르게 새로운 뉴스가 등장하고 정부의 각 부처와 기관이 각자의 정책을 개발하고 홍보하면 국민들은 이러한 뉴스와 정책의 홍수 속에서 지속적인 관심을 유지하기 어려울 것이다. 정책에 대한 일반 국민의 관심을 모으고 공감할 수 있도록 하는 것은 기업이 수많은 상품이 출시된 시장에서 자기 회사의 신제품을 성공적으로 출시하려는 노력을 하는 것만큼 어려운 것이다. 바로 이런 이유 때문에 정부의 정책도 마케팅 플랜을 유지해야 하는 것이다. 이와 같은 정책에서의 마케팅 필요성에 대응하기 위한 전략적 방향들은 정책마케팅이 내포하고 있는 각각의 세부특성을 파악하고, 이를 하나의 체제로서 구성할 수 있을 때 실천적 의의를 가질 수 있다.

이에 대해 박흥식·오경민·이동기(1999: 58~59)는 정책마케팅을 보다 큰 의미에서의 정부마케팅으로 규정하고, 다음의 특성을 제시하고 있다. 특히 정책 역시 정부에서 행하는 활동 중의 하나로서 정책마케팅의 특성도 정부마케팅의 특성과 원칙적 이견이 존재하지는 않을 것이다. 따라서 이하에서는 정부마케팅 특성을 정책마케팅의 특성으로 원용하여 설명하여 본다.

첫째, 정책마케팅은 권력적 강제보다는 상대방의 동의에 의존하는 비권력적 노력이다. 이는 국민의 자발적 참여와 호응, 협력을 이끌어내는 노력으로, 법적 구속력이 아닌 시민들이 행동을 간접적, 심리적으로 유도하는 방법에 의존한다. 공익의 실현을 위한 행위를 하거나·하지 않도록 유발하는 활동이라 할 수 있다. 지시나 강요가 아닌 대상집단의 복잡한 동기나 행태를 변화시키려고 노력하는 것이다. 물리적 강제나 처벌은 노동력의 상실이나 사회적 결집의 훼손을 낳는다. 정책마케팅 프로그램은 정부기관의 이와 같은 전통적인 접근과는 달리 공익에 반하는 행위의 규제나 공익의 증진을 시민들의 적극적 참여와 협력에 의해 추구한다.

둘째, 권고적·조언적 성격을 띠고 있다. 정책마케팅은 시민들이 복종하지 않는다는 이유로 불이익 조치를 취하지 않는다.

셋째, 촉진적 성격을 가지고 있다. 정부정책 목적 달성의 촉진을 의도한 것이다.

넷째, 정책마케팅은 부수적인 것이다. 정책마케팅은 그 자체가 목적이 아니다. 정책목표의 달성을 촉진하기 위한 하나의 수단이다(Kotler & Murray, 1975).

이상의 특성과 경영마케팅의 원리를 기반으로 하여, 정책마케팅은 크게 고객세분화14), 마케팅 믹스라는 요인으로 구성된다. 마케팅 전략수립의 단계를 살펴보면, 우선 마케팅 전략의 기본단계로서 고객세분화를 시행하고, 그 결과에 따라 각각 세분화된 표적집단에 알맞은 세부 프로그램, 즉 마케팅믹스를 준비하는 것이다. 따라서 이러한 요소들은 크게 기본 구성요인과 세부 구성요인으로 계층화될 수 있는데, 고객세분화는 전자에 포함되고, 마케팅믹스는 후자에 포함된다(이유재, 2002: 111).

---

14) 목표시장, 시장세분화 역시 정책 대상집단을 비슷한 성향을 가진 사람들끼리 묶어 표적 집단을 선정하고, 각각 세분화된 표적 집단에 적합한 마케팅 전략을 구사하여 그들의 욕구를 충족시킨다는 점에서 고객세분화와 같은 맥락이다.

1) 고객세분화[15] 요인

앞서도 언급한 바와 같이 마케팅이 존재하는 근거는, 경쟁이 있는 시장환경에서 제품을 고객이 채택·소비하여 편익을 얻을 수 있도록 해야 하는데 있다. 동일한 고객집단에게 자신의 제품을 채택할 수 있도록 하기 위해서는 경쟁에서 우월성을 확보하여 고객만족을 높이는 것이 목표가 된다.

일반적으로 정책수행에 있어 서비스를 효과적으로 공급하기 위해 유의해야 할 점은 다음의 사항들이 있다. 첫째, 정부는 고객을 세분화하는 과정에서 행정서비스의 실질적인 고객집단과 잠재적인 고객집단(actual and potential client)을 고려해야 한다. 둘째, 서비스를 제공하기 위한 고객집단을 분석하는데 있어서 긍정적인 편익과 부정적인 편익, 모두를 고려해야 한다. 예컨대 도시계획으로 인해 도로를 건설하는 것은 운전자에게 긍정적인 편익을 가져다주지만, 현재 거주하고 있는 주민에게는 부정적인 편익을 제공하는 것이다. 셋째, 행정서비스의 수혜자는 여러 수준으로 구분될 수 있다. 예컨대 교육서비스에 있어서 서비스의 일차 고객은 학생이며, 서비스의 직접적인 수령자를 대표하여 행동하는 학부모는 이차고객이다. 넷째, 서비스를 제공할 시장을 세분화하는데 사용되는 범주는 다양하며 중복될 수 있으며, 상황적 요인에 따라 달라질 수 있음을 인식해야 한다. 또한 고객세분화를 통하여 세분된 집단들은 최대한 이질적이어야 하며, 하나의 집단은 최대한 동질적인 선호를 지닌 고객집단으로 구성되어야 한다.

그러나 현실적으로 고객들의 욕구는 매우 이질적이어서 고객세분화를 위한 작업은 매우 어려운 것이 사실이지만, 정책과정에서 활용될 수 있는 고객세분화의 기준을 개괄적으로 살펴보면 다음과 같다.

첫째, 인구통계적 변수(demographic variables)에 의할 수 있다. 여기서는 여러 가지 인구통계적 변수 즉, 연령·성별·가족규모·소득·직업·교

---

15) 시장세분화(market segmentation) 또는 표적시장(target market) 세분화라
는 용어로도 사용되고 있다.

육·종교 등과 같은 기준에 따라 고객을 세분하는 방법이다. 이 방법은 소비자의 욕구·선호·사용량 등이 흔히 이러한 변수들과 상관관계가 높고 또한 변수들을 측정하기 쉽기 때문에 널리 인정되고 있다(이종영 외, 1994: 236).

둘째, 지리적 변수(geographic variables)를 기준으로 할 수 있다. 즉 소비자의 욕구와 반응은 지역적 환경에 따라 다를 수 있다. 예컨대, 도시지역 사람들이 원하는 것과 농촌지역 사람들이 원하는 것이 다를 수 있다는 것이다. 따라서 정책의 경우 지역별(행정단위)로 세분하는 것은 가장 손쉬운 방법이면서도 효과적이라고 볼 수 있다. 왜냐하면 행정단위는 지역주민들에 대한 세분화가 비교접 쉽고 시장에 대한 측정범위나 접근이 용이하기 때문이다.

셋째, 심리분석적 변수(psychographic variable)가 있다. 이것은 사회계층·가족라이프사이클16)·개성·라이프스타일 등과 같은 기준에 따라 시장을 세분화하는 것이다. 이러한 변수들은 고객에 대해 구체적인 정보를 제공해 주는 장점이 있다.

넷째, 행태적 변수(behaviour variable)가 있다. 이것은 제품이나 서비스에 대한 고객의 지식, 태도, 용도 및 반응 등에 따라 고객을 세분화하는 것이다. 마케팅을 담당하는 입장에서는 고객이 구매와 관련해 어떻게 행동하느냐가 시장을 세분하기에 가장 알맞은 기준이다. 행태적 변수로는 추구하는 편익「사용량」제품(또는 서비스)에 대한 태도, 상표충실도 등이 있다.

2) 마케팅믹스(marketing mix) 전략 요인

마케팅믹스 전략은 조직이 본질적인 목적을 달성해 가는 과정에서 선택을

---

16) 가족라이프사이클의 패턴은 혼인관계, 노동력 등으로 구분하며, 보통 다음 7가지의 단계로 분류된다. 첫째, 젊음·미혼, 둘째, 젊음·기혼·무자녀, 셋째, 젊음·기혼·6세 이하 어린이, 넷째, 젊음·기혼·6세 이상의 어린이, 다섯째, 늙음·기혼·유자녀, 여섯째, 늙음·기혼·무자녀, 일곱째, 늙음·미혼이 그것이다(박희서, 2000: 129).

해야 하는 문제에 직면하게 될 경우, 문제해결의 범위를 좁혀주고, 아울러 조직 구성원들이 수행하는 마케팅 활동들의 방향감각을 설정해 주는 역할을 수행한다.

마케팅 믹스 전략은 기본적으로 4P, 즉 제품(product), 가격설정(price), 촉진(promotion), 유통(place) 등과 관련된 문제에 대하여 의사결정을 하거나, 청사진을 제시할 때에 도움을 줄 수 있어야 한다.[17]

(1) 제품(product)

제품(product)이란 소비자의 욕구나 필요를 충족시켜 줄 수 있는 상품이나, 서비스 또는 아이디어를 의미한다. 공공조직은 유형의 상품(goods)보다는, 무형의 서비스(service)나 아이디어(idea)를 주로 취급하게 된다.

공공조직의 제품개발에서 특히 문제가 되는 점은 공공조직 자신이 현재 어떠한 서비스를 고객들에게 제공하지 있는지 명확히 정의하지 못하는 경우가 많다는 점이다. 예컨대, 대통령 직속의 여성특위, 중소기업특위, 중앙인사위원회의 급여정책과 등은 무슨 제품(여기서는 service)을 제공하고 있는가? 여성의 지위향상을 위한 구체적 대책, 국가 산업발전의 핵심 요인이 되는 중소기업의 진흥책, 국가정책의 산실이자 공정한 법 집행을 담당하는 공직의 안정과 공무원들의 사기진작을 위한 대책 등이 이들 조직이 제공하고 있는 서비스들이다. 이러한 경우에서 알 수 있는 것처럼 공공조직의 제품이 무엇인지 정의하는 것은 상업적 조직과 비교할 때 훨씬 어려운 것이 사실이다.

서비스는 무형이기 때문에 특별한 마케팅 노력이 요구된다. 어떤 이념이

---

17) 마케팅 믹스(marketing mix)란 조직이 표적시장에서 원하는 반응을 얻도록 하기 위해 사용하는 통제가능한 전술적인 마케팅수단들의 집합을 의미한다. 마케팅믹스는 조직이 제공하는 상품, 서비스 및 아이디어의 수요 또는 수용에 영향을 미치기 위해 활용할 수 있는 모든 수단으로 구성되어 있다. 한편 마케팅 믹스의 구성요소에 관해서는 4P(product, price, promotion, place)를 주장하는 학자와 Kotler(1996)과 같이 7P(product, price, promotion, place, people, process, physical evidence)를 주장하는 학자로 구분해 볼 수 있다. 이들 중 본 연구에서는 4P의 기본적 적용에 7P의 개념을 함께 살펴보고자 한다.

나 관념(ideas & concepts)들처럼 무형의 제품에 대한 마케팅은 유형적인 것의 마케팅보다 훨씬 추상적이며, 따라서 마케팅 전략을 수립하는데 많은 어려움이 발생한다. 하지만 Fine(1981)은 이러한 어려움에 대해 경영학적인 해석을 통해 어느 정도 해결책을 제시하고 있다. 즉 경영학에서의 제품관리는 포장(packaging), 위치선정(positioning), 제품수명주기(product life cycle), 제품혼용(product mix)과 제품형태, 제품차별화 그리고 신제품개발 등을 포함한다. 제품관리에 대한 이 같은 접근은 생각(idea)을 제품의 주요형태로 취급하는 정책마케팅의 촉진활동(promotion)에서는 그리 중요하게 여겨지지 않았다. 그러나 소비자의 요구나 필요를 충족시키는 어떠한 것이든 제품이라고 볼 수 있는 확장된 차원의 개념으로 제품을 정의하면, 정책마케팅에서 제품의 정의는 폭이 아주 넓어지게 되며 소비자설득을 위해 아주 중요한 요소가 된다.

포장은 제품이나 아이디어들을 동일제품으로 연계시키는 것을 말하는데, 예를 들면 '운동(exercise)'과 관련된 제품포장에서 영양과 스트레스 관리가 같이 포장될 수 있다. 이것은 단일요소보다는 복합적 요소로 구성된 제품이 소비자에게 더 많은 욕구충족을 줄 수 있어서 보다 쉽게 받아들여질 수 있다는 것이다. 정책마케팅에서 제품이 소비자로 하여금 소비될 확률을 높이기 위해서 마케팅 기획자는 제품이 경쟁환경에서 소비자로 하여금 독특한 위치를 부여하도록 하는 전략이 필요하다. 이런 전략이 제품위치 선정전략 즉 포지셔닝(positioning)이다. 제품위치선정은 제품이 시장에서 차별화된 이점을 가질 수 있도록 소비자에게서 독특한 틈새(niche)를 창출하는 것이다. 이 틈새를 종종 위치(position)라고 하기도 한다. 이 같은 독특한 위치가 창출되려면 목표시장을 의도에 적합하도록 세분화하는 과정이 요구된다. 이것이 목표시장 세분화(target segmentation)과정이다.

Fine(1981)은 제품 전략에서 가장 중요한 것은 시장세분화라고 했다.

여기서 시장세분화는 마케팅계획이 소비자의 고유한 요구를 만족시킬 수 있는 특정기준에 따라 소비자집합을 나누어 보는 것을 말한다. 이것은 세분화된 수용자(market)층 별로 독특하게 요구하거나 부족한 것을 채워주기 위해 실제 정책마케팅 과정에 적용하는 필수적 과정이라 할 수 있다. 정책마케팅에서 제품은 수용자로 하여금 주목(attention)하게 하거나 습득(acquisition)하도록 하거나 소비(consumption)할 수 있는 형태의 것이다. 예를 들면, 물리적 대상(physical object)일수도 있고 서비스·사람·장소·조직이나 아이디어가 될 수도 있다. 특히 정부조직과 같이 비영리기관이나 정보전달기관(information disseminators)에서는 실질적 제품(actual product)이나 서비스와 차별화해야 하기 때문에 제품전략이 특별히 중요성을 지닌다. 그러므로 제품전략에는 제품형태의 폭, 깊이, 그리고 집단 내 다양성이 동시에 고려되어야 한다. 예컨대, 가족계획의 경우 정책마케팅 활동을 통해 단순히 피임기구 분배 아니라 가족계획을 위한 상담(counseling)이나 임신중절 중재자 훈련 및 배치 등이 포함되어야 한다는 의미이다.

(2) 유통(place)

유통이란, 제품이 생산자에게서 소비자 및 최종 사용자에게로 옮겨가는 과정을 말한다. 대부분의 경우 공공제품은 이념·관념이나, 서비스이기 때문에 소위 배분에 관한 의사결정(distribution decisions: place)은 어떻게 하면 고객들이 이러한 제품들을 편리하고, 효율적으로 이용할 수 있도록 할 수 있을까 하는 문제가 주된 관심분야가 된다. 만일 제품이 이념이나 관념(ideas)이라면 그것을 전파할 효율적인 매체수단을 선택함으로써 유통을 보다 원활하게 수행할 수 있을 것이다.

공공서비스인 정책은, 그 특성상 어떤 일에 도움이 되어야 하고(assistance), 편리해야 하며(convenience), 현실적으로 이용 가능해야 한다(availability). 여기서 고객들이 실제로 이용 가능해야 한다는 것은, 요즘 자주 언급되는 종합서비스(total service) 시스템의 핵심적 요소이다. 예를 들면, 고객들이 이용할 수 있는 공공 의료시설과 같은 제품을 생산하려면, 시설의 위치선정에 관한 분석을 해야 할 뿐만 아니라, 물자를 관리하는 것과 같은 소매상 개념까지 철저히 습득해야 한다. 따라서 공공의 제품이 고객에게 전달되는 과정을 조정하고, 촉진하기 위하여 배분의 통로(channel of distribution)를 개발하는 일은 정부가 수행해야 할 매우 중요한 과제이다.

(3) 가격(price)

조직이 제품을 생산하고, 다음으로 해야 할 일은 이에 대한 가격을 책정하는 것이다. 가격이란 제공되는 상품 및 서비스를 대가로 구매자에게 요구되는 금액이다. 공공부문의 마케팅 믹스 전략을 수립함에 있어 제품, 유통, 촉진에 관한 전략들은 대부분의 경우 민간부문의 경영분야에서 보편적으로 적용되는 기법들을 조금 변용하여 적용하면 되지만, 가격설정에 관한 기법들은 대체로 그 성격이 판이하게 다르며, 따라서 이에 관한 의사결정은 민간부문의 그것보다 훨씬 더 복잡하다. 공공조직이 직면하게 되는 전혀 다른 가격설정 개념은 이용자(users)와, 후원자(donors) 시장에서의 가격책정에서도 적용된다. 화폐로 가격을 책정하는 데에는 두 가지의 유형이 있다. 즉 고정가격(fixed pricing)과 가변가격(variable)이 그것이다. 예를 들어 어떤 자선단체가 기금을 모으기 위해서 회원을 모집한다고 하자. 이 경우 가입자가 회원이 되기 위해 지불해야 하는 가입비가 있다는 이는 고정가격이고, 회원이 된 후 능력에 따라 기부하는 금액이라면 그것은 가변가격이다.

정책마케팅 전략을 발전시키기 위해서 가격(price) 또는 가치화(valuation)의 개념을 사용할 때에는 가장 넓은 의미의 가격개념을 사용해야 한다. 공공조직에서 생산하는 제품에는 화폐가격 즉 정확한 화폐가치가 부여될 수 있는 것도 있지만, 부여되지 못할 수 있는 제품도 있다. 경제학자들은 대안을 선택할 때 발생하는 기회비용의 개념을 중요시한다. 기회비용(opportunity cost)은 여러 가지 대안들 중 어느 하나를 선택함으로써 포기되는 대안이 가져다 줄 수 있는 편익(benefits)의 가치를 의미한다. 가격에 대한 이러한 전통적인 견해가 의미하는 것은, 만일 어떤 공공조직이 누군가를 설득하여 사회적으로 명분 있는 사업에 시간을 투자하도록 할 수 있거나, 그 사람의 행동과 태도를 바꾸도록 할 수 있다면, 포기된 다른 대안들은 개개인들에게 비용이 된다는 뜻이다. 예컨대, 청소년들의 이성문제상담에 전화로 답변해 주는 자원봉사자들은 민간부문의 기업에서 일할 경우 그들이 획득 할 수 있는 소득은 물론, 공부를 하거나 다른 일을 하면서 보낼 수 도 있는 시간을 포기하는 셈이 되는 것이다.

이와 같이 실제 기회비용을 고려하는 데는, 민간부문보다는 공공조직에서 수행하는 정책에 따라 시민이 다른 정책을 통해 얻게 되는 편익을 잃게 되는 기회비용을 평가하는 것이 매우 중요한 과제 중 하나이다. 실제로 민간부문에서는 시장논리에 의해 명확한 선택의 권리가 주어지기 때문에 다른 제품을 선택하여 또 다른 제품에서 편익을 얻지 못한다 하더라도 그것을 기회비용의 상실로 보기는 어렵다. 반면 대부분의 경우 공공정책은 선택가능성이 희박하고, 정책수용에 있어 항상 경제적·심리적·육체적 비용을 요구하는 경우가 대부분이어서 그 편익이 명확하지 않은 경우 실제 화폐비용 보다는 기회비용의 손실이 요구되는 경우가 더 많다.

일부의 공공조직들에게 화폐가격은 마케팅믹스의 중요한 부분이 된다. 오늘날 많은 공공조직들이 그들이 제공하는 서비스의 가격을 인상시키거나, 지금까지 무료로 제공해 온 서비스를 유료화 함으로써 수입을 늘리는 사례가 많다. 이러한 현상은 1990년대 중반 이후 지방자치제가 본격적으로 시행되면서 더욱 증대된 것으로 보인다. 그러나 이러한 비용부담 정책의 증가는 행정의 능률성을 추구하고, 성과지향성을 조직의 최상위 목표로 선정하면서 수익자부담 원칙이 가중되는 당연한 결과로 이해되어 질 수 있다. 그래서 실제로 공공조직이 추구하는 정책에 있어서는, 수익자 비용부담 원칙에 따른 실제 화폐교환의 의미보다는 기회비용 부담의 가능성이 고객이 획득할 수 있는 편익을 훼손하고 다른 가치획득의 기회를 저하시킨다는 점에서 더 많은 관심을 기울어야 할 것으로 판단된다.

이것은 정책마케팅에서의 가격(price)은 금전적 차원 이상의 것을 의미한다는 것이다. 특정한 행동변화나 커뮤니케이션 목표를 달성하는데 필요한 시간, 육체적 노력, 심리적 노력 등이 투입되는 기회비용까지도 가격에 포함되어야 한다는 것이다. 정책마케팅에서 가격전략은 수용자들이 제품이나 아이디어를 수용하는 과정에서 투자하는 형태의 모든 것을 총칭하는 개념인 것이다. 목표수용자가 정책마케팅의 제품 습득 과정에 쓰는 시간, 심리적 갈등, 자료수집활동에 필요한 육체적 노력, 적은 액수일지라도 실제 금전적 투자 등이 가격개념에 모두 포함된다. 물론 수용자의 제품소비에 대한 동기 유발을 위해 특별한 인센티브 제도를 활용할 수 있으며, 이것 역시 가격 전략에 해당한다고 하겠다(권중록, 2004: 11~12).

(4) 촉진(promotion)

촉진이란, 조직이 생산하는 제품을 소비자들이 구매·수용하도록 유도할 목적으로 고객에게 해당 제품에 대해 정보를 제공하거나, 설득하려는 마케팅 노력의 일체를 말한다. 공공조직은 고객이나 대중들을 대상으로 촉진활동을 수행하기 위해 주로 광고(advertising)나 홍보(publicity)를 이용한다. 가령, 사회사업을 위한 기금조성을 위해 적십자회비 징수의 수단으로 직접우편(direct mail), 신문광고(호소문) 등을 기본적 수단으로 활용하는 것은 세계 각 국에서 나타나는 공통적인 현상이다. 또한 시간과 장소에 따라 명칭은 달리 하지만 인적판매(personal selling)도 공공조직들이 많이 활용하는 촉진수단이다. 예를 들어, 교회나 자선단체들이 새로운 신도나 회원을 모집하거나, 헌금·후원금을 요청하기 위해 직원이나 자원봉사자를 활용하는 경우에도 인적판매를 활용하는 셈이다.

(5) 기타 마케팅 전략

Kotler(1996)는, 4P 개념을 확장시켜 사람(people), 물리적 징표(physical evidence), 과정(process)을 더하였다. 이렇게 더해진 요인들은 비영리조직의 마케팅 과정을 설명하기 위한 것이며, 이를 살펴보면 다음과 같다.

사람은 제품의 생산과 판매에 중요한 역할을 담당하는 주체로서 매우 중요한 역할을 한다. 정책마케팅에서도 정책의 생산과 판매의 역할을 담당하는 것은 인간이며, 그들은 선택적으로 채용되고, 훈련받고, 동기부여되며, 통제를 받는다. 정책형성과정에 참여하는 관료, 국회의원, 정치가, 이익단체와 마찬가지로 국민 역시 정책의 질(質)에 직접적인 영향을 미친다. 그러나 정책관련자들은 제대로 훈련을 받지 못했거나, 동기부여 되지 않았거나, 리더십이 결여된 경우가 존재한다. 또한 적절한 통제를 받지 못해 고객의 욕구에 민감하지 못하다는 비난이 많기 때문에, 이러한 요소를 강조할 필요가 있는 것이다(정철현, 1999: 190).

물리적 징표(physical evidence)는 경영마케팅의 예에서 쉽게 설명된다. 즉 경영마케팅에서는 물리적 징표로 매장의 조명, 향기, 가구의 배치, 분위기 등을 통해 매출을 신장하려는 요인으로 활용되며(이유재, 2002: 380), 정책마케팅에서는 정책 집행을 위한 일선기관의 시설과 구조가 어떻게 꾸며져 있는가, 일선직원의 용모와 대응방식 등에서 관련될 수 있다. 어쩌면 이러한 요인은 큰 비용을 들이지 않고 정책을 성공리에 수행할 수 있는 좋은 방법이 될 수도 있을 것이다.

정책마케팅 과정은 정책과정에서 어떻게 마케팅 전략을 사용하는가의 문제이다(정철현, 1999: 191). 이는 정책의 표준운영절차(SOP: Standard Operating Procedures)를 확립하고, 서비스의 기계화(mechanization) 수준을 정하고, 일선공무원에게 재량권을 부여하고, 고객의 참여를 독려하며, 상세한 정보를 제공하는 것 등을 포함한다. 특히 정책마케팅에서 과정요인은 주민들이 정책을 어떻게 인식하느냐에 영향을 주어 정책에 대한 지지를 획득하는데 중요하다.

제3장
공공부문의 정책마케팅 적용 가능성

1. 고객지향성 확보와 정책마케팅의 관계

종래의 행정에서는 생산성, 비용감소, 내적 능률성 등 주로 행정주체 내부의 관리적 사항들이 지배적인 관심사였고, 봉사대상인 시민이나 고객의 선호와 욕구에 대한 배려는 상대적으로 미흡하였다. 하지만 근래 들어 한국행정에 있어서도 행정개혁과 정부혁신의 흐름 속에서 고객지향성이 새롭게 부각되고 있다. 우리나라의 경우만을 놓고 보더라도 그간 관(官)중심적이고 통제지향적인 행정으로 말미암아 국민들이 피해를 입게 되었던 현실과, 민간부문의 역량증대에 따른 공공부문과 민간부문의 경쟁체제 발생과 같은 근래의 사회·경제적 상황변화에 비추어 볼 때 고객지향적 행정은 행정개혁의 바람직한 목표라고 할 수 있다(박천오, 1997: 1). 그러나 아무리 고객지향적 행정이 개혁의 바람직한 목표라 하더라도 실행과정이 반드시 원활한 것만은 아니다. 그 이유를 박천오(1997: 2)는 크게 2가지로 제시하고 있다. 첫째, 고객지향적 행정은 관련 이론이 아직 체계화되어 있지 않아 실천과정상에 혼란이 초래될 우려가 있다는 점이다. 둘째, 과거 오랫동안 권위주의적 행정관행에 젖어 있던 한국관료들이 고객지향적 행정을 어떤 시각과 방식으로 받아들일지 불투명하다는 점이다. 이러한 점에서 아무리 바람직한 행정개혁의 목표로서 고객지향성을 추구한다 하더라도, 결국은 친절과 신속 등 실천이 쉽고 피상적인 내용만을 강조할 수 있다는 것이다. 또한 행정서비스가 가져야 할 핵심적인 내용을 경시하게 되거나, 일시적이고 개인적이며 저난도(低難度)에 속하는 행태변화만을 추구하게 되는 것이다.

현재 나타나고 있는 고객지향성 추구의 문제점은 결국, 고객 범위의 세부적 파악이 부족하고 정책과정에서 고객과 어떠한 가치를·어떻게 교환해야 하는가에 대한 불명확성과 같은 고난도(高難度)의 해결문제를 회피함에서 나타나는 것이라고 볼 수 있다. 또한 한편으로는 행정학과 정책학이 민간기업의 경영활동과는 달리 전체국민에 대한 형평성을 고려해야 함을 이유로, 경영기법 중 상당한 시사점을 제공해 줄 수 있는 원리가 있음에도 이를 원천적으로 경시한 것은 아닌가를 생각해 보아야 한다.

고객지향성을 마케팅의 원리와 결합하여 보면, 왜 고객지향성의 확보를 위해서는 정책마케팅 원칙과 이해가 있어야 하는지를 알 수 있다. 먼저 마케팅의 시대별 사고(思考)의 변화를 살펴보면 보다 명확히 고객지향성이 추구되는 이유를 살펴 볼 수 있다. 경영학의 마케팅은 크게 4단계의 형태로 변화해 왔다.

첫 번째는 생산지향적 사고이다. 20세기 초 미국에서 가장 최초의 마케팅의 철학은 생산지향적 사고였다. 생산지향적 사고에서는 소비자들은 저렴하고 쉽게 구입할 수 있는 제품을 선호한다고 가정하였다. 그래서 기업은 원가절감과 광범위한 유통을 중요시하여, 생산 및 유통의 효율성 개선에 주안점을 두었다. 또한 생산지향적 사고는 수요가 공급보다 많은 상황에 적절한 개념이었다.

두 번째는 제품지향적 사고이다. 제품지향적 사고에서는 소비자가 최고의 품질, 최고의 성능, 가장 혁신적인 상품을 선호한다고 가정하기 때문에 기업들은 품질향상과 혁신적인 신상품의 개발에 노력을 기울이게 된다. 그러나 이처럼 기업들이 품질향상에 지나치게 집중한 결과, 소비자들의 진정한 욕구 파악은 간과되기 쉬우며, 따라서 제품지향적 사고로 인해 마케팅 근시안(marketing myopia)에 빠지기 쉽다. 여기서 마케팅 근시안이란 기업들이 자신이 속한 사업을 고객중심적인 입장에서 정의하지 않고, 자신이 생산해 내는 제품의 좋고 나쁨만을 좁게 정의하기 때문에 발생한다. 즉 고객이 자신의 제품을 왜 사는지에 대한 이해 없이, 단순히 자신이 생산해 내는 제품의 디자인이나 품질만 향상시키면 소비자들이 더 많이 구매할 것으로 착각하기 때문이다.

세 번째는, 판매지향적 사고이다. 판매지향적 사고의 초점은 판매량을 증가시키기 위한 판매기술의 개선에 있다. 1930년대 초 그 동안 생산과 유통에서 강점을 얻은 미국의 관리자들은 판매과정이 기업활동의 흐름에 중요한 역할을 한다고 보고 판매에 큰 관심을 기울이기 시작했다. 그러나 여전히 소비자의 욕구와 선호에 대해서는 별로 관심을 기울이지 않았다. 시간이 흐름에 따라 판매지향적 사고는 정착되었고 마케팅 노력에 있어서 핵심적인 것으로 인식되어져 갔다.

네 번째는, 고객지향적(마케팅지향적) 사고이다. 1950년대에 들어와 미국의 마케팅 관리자들은 고객의 욕구에 대해 깊은 관심을 가지기 시작하였는데, 다음의 4가지 특징적 사안에 집중하였다. ① 고객의 욕구를 이해하고 반응하는데 초점을 둔다. ② 모든 기업조직의 활동들(생산, 재무, 판매 등)을 고객의 욕구에 부응하도록 통합한다. ③ 고객의 욕구를 충족시킴으로써 모든 목표(금전적인 것뿐만 아니라 사회적이고 인간적인 것도 포함)를 달성할 수 있다는 점을 강조한다. ④ 고객의 욕구에 부응하는데 있어 나타나는 사회적 결과(고객의 욕구가 기업에 의해 충족되어지는 방법도 포함)에 관심을 가졌다. 고객의 욕구에 초점을 맞춘 고객지향적 사고는 초기의 사고에 비해 현저한 관리효과를 가져 왔다. 그러나 그것은 고객에게 너무 초점을 맞춘 나머지 소매상 등 중요한 관련 집단들을 무시할 수 있다는 비판을 받아 왔다. 비록 고객의 욕구가 기업의 마케팅 노력의 견인차이기는 하지만, 고객 이외의 다른 중요한 집단에도 관심이 두어져야 한다는 것을 의미한다. 이들 관련 집단들은 다양한 상호작용을 통하여 기업과 고객간의 교환관계에 직접적인 영향을 미칠 수 있기 때문이다(오세조·박충환·김동훈, 2005: 3~5). 그러나 이런 비판에도 불구하고 고객지향적 사고는 고객의 욕구를 파악하고 이에 맞는 제품을 개발하며 적정한 가격을 책정하고, 또한 이에 관한 커뮤니케이션 활동을 원활히 하며, 제품을 고객이 접근하여 이용하기 편리한 장소에 비치하도록 유통경로를 설계하는데 중점을 둔다는 점에서 과거의 마케팅 사고와 큰 차이가 있다.

이와 같이 경영학의 마케팅에서는 단계별 변화과정을 거쳐 고객중심, 즉 고객의 욕구와 선호를 중심으로 제품 생산과 유통 및 홍보의 효율성을 확보하고자 하였다. 그러나 현재 우리나라의 정책과정에서 나타나는 특징을 살펴보면 아직 고객지향적 단계로 접어들었다고 보기는 어렵다. 즉 우리나라에서의 정책적 특징은 제품 또는 서비스를 시민 중 누가·왜 구매하여 사용해야 하는지에 대해서는 이해의 노력이 없이 정책품질을 향상시켜야 한다는 절대명제에 빠져 있는 상황이다. 이를 앞서 살펴본 경영학 마케팅의 변화과정에서 보면 제품지향적 사고의 단계에 있음을 알 수 있다. 또한 기관별 경영성과를 평가하여 예산의 경제적 활용과 정책적 목표달성의 정도, 능률성 등을 파악하고 있는 점은 또 다른 현대 우리나라의 정책적 특징이다. 이는 곧 마케팅 변화 과정 중 판매지향적 사고, 즉 투입자원 대비 산출의 규모를 극대화 시켜 기관의 이익을 획득해 나가는 과정을 중시하고 있는 것이다.

이처럼 우리나라 정책의 특징은 마케팅의 변화과정 중 제품지향적 사고와 판매지향적 사고에 포함되어 있는 현실이다. 실제로 제품지향적 사고에 따르면 가장 좋은 제품이나 서비스를 제공하는 조직으로 고객이 돌아온다는 믿음을 가정하는데, 현재 우리나라와 같이 정책품질제고를 위해 노력하는 상황은 제품지향적 사고를 따르고 있음을 보여주고 있다. 또한 판매지향적 사고에서는 자신의 조직이 가장 좋은 제품이나 서비스를 제공한다고 고객을 설득하여 투자대비 산출비율과 이익의 크기를 높이고 있어, 이 또한 고객지향적 사고라고 보기에는 곤란한 것이다.

진정한 고객지향적이며 마케팅지향적 사고란, 고객이 무엇인가를 구매 또는 이용하기로 결정하게 되는 근본적인 원인을 조직이 명확히 이해하고, 이를 사전에 반영하여 고객이 구매(이용) 후 만족감을 얻을 수 있도록 조직활동의 전 과정을 개선해 나가는 것이다. 이를 위해서 마케팅은 제품 생산과 유통, 커뮤니케이션을 고객의 관점으로부터 시작하고 있지, 조직의 관점을 우선으로 출발하지 않는다. 이러한 점에서 정책과정 또한 국민들을 세부적인 정책프로그램에 따라 고객집단으로 구별하고, 세분화된 고객집단이 각각 요구하게 되는 바를 반영하여 정책을 추진해 볼 수 있다. 정책대상집단은 각각 인구통계적 기준과 경제적 기준, 지역적 특성 등 차별화된 환경을 가지고 있어 공급되는 제품(서비스)의 성격과 특징 그리고 접근과정의 편의성에도 반응하는 바가 매우 다를 수 있기 때문이다. 보다 구체적으로 보면 정책마케팅을 통해 다음의 사항들을 개선해 나갈 수 있기 때문에 고객지향성의 확보라는 마케팅 원리를 반영할 필요가 있는 것이다.

첫째, 고객의 행정수요를 사전에 파악하는 행정을 수행하기 위함이다. 고객지향 행정은 고객의 상태를 정확하게 파악하는데서 시작한다. 고객지향 행정을 하려면 고객이 누구인지, 무엇을 원하고 있는지 등 고객에 대한 수요조사를 하여 그 고객의 행정수요에 대비할 수 있어야 한다. 정책대상 고객과 고객의 행정수요는 수시로 변동하기 때문에 행정서비스 제공시에는 항상 사전조사를 실시하여 행정환경의 변화에 적극적으로 대응할 수 있는 행정체제를 구축해야 하며, 이것은 마케팅의 고객지향적 사고와 일치한다.

둘째, 고객의 시각에서 바라보는 행정을 추구해야 한다. 고객의 행정수요를 조사하고 행정서비스의 제공을 기획할 때, 시민을 고객으로 바라보고, 고객의 시각에서 행정을 이해하는 '눈높이'행정이라야 한다. 고객지향의 행정에서는 권위주의적 시각에서가 아니라 고객의 시각에서 행정수요를 파악하고 해결하는 시각의 전환을 기초로 하고 있으며, 마케팅의 고객지향적 사고의 원리와 매우 유사함을 알 수 있다.

셋째, 고객의 특성에 맞는 차별화된 행정을 추구해야 한다. 고객의 특성은 행정환경에 따라 다르다. 고객지향의 행정은 중앙정부·지방자치단체 마다 똑 같은 행정체제가 아니라 차별화된 행정체제를 요구한다. 고객의 특성은 다양하기 때문에 자연히 차별화된 접근방식을 필요로 한다. 과거 권위주의적 관행이나 일사불란한 행정체제로서는 차별화된 행정서비스를 제공할 수 없었으나 지방자치제가 정착된 현재에는 고객의 선호와 욕구를 반영한 차별화된 행정체제의 수립이 요구되는 것이다.

넷째, 시민이 행정에의 접근이 용이한 행정이 요구된다. 이는 마케팅의 고객지향적 사고에서 제품의 생산뿐만 아니라 유통과정(사용의 접근성과 편의성)에서도 고객의 입장에 있어야 함을 논의한 바와 같다. 고객지향 행정체제에서 국민은 필요할 때 행정체제 또는 정책수립과정에 의사를 전달할 수 있어야 한다. 고객서비스의 기본은 고객에게 자유를 제공하고 고객의 권리를 신장시키고 고객을 만족시키는 것이다. 고객인 시민의 필요를 충족시키기 위하여 신속하게 정보를 제공하는 행정정보화를 통해 고객이 보다 쉽게 행정에 접근할 수 있도록 해야 한다. 정보통신 시대의 행정은 시민들이 자유로운 커뮤니케이션을 통해 정보를 취득하고 있기 때문에 시민이 행정에 접근하기 용이한 행정이라야 고객만족을 시킬 수 있을 것이다.

다섯째, 고객이 평가하는 행정이다. 고객이 행정서비스를 받고 장점과 문제점을 평가하고 반영되어야 한다. 참여민주주의 이론에 따르면, 정부에 대한 주민의 평가는 매우 중요하다(Gawthrop, 1984: 106). 시민들은 투표를 하여 행정수장을 선출하면서 그들의 권한을 위임하지만 이들에 대한 평가는 몇 년의 주기로 이루어지는 선거에 참여함으로써 이루어진다. 그러나 4년 또는 5년이라는 임기기간에는 다양한 변화가 일어나는 현대사회에서 평가의 주기로서 적절하지 못하다(김광주, 2000: 59)는 지적도 존재한다. 고객지향의 행정은 시민들이 의견을 제시할 수 있는 제도적 장치로서 행정서비스에 대한 시민들의 평가가 정기적으로 또는 수시로 이루어질 수 있도록 허용해야 한다(김광주, 2000: 58~60 재구성).

2. 경영마케팅과 정책마케팅의 관계, 시사점

정책마케팅은 경영마케팅의 원칙 중 일부를 반영하여 정책분야에 적용하고자 하는 것이다. 그러나 경영마케팅이 정책분야에 적용될 수 있을 것인가에 대해서는 많은 논란이 있다(Kotler & Levy, 1969: 정철현, 1999: 182). 정책마케팅의 비판자들은 마케팅이 민간기업의 상품과 서비스의 구매와 판매에 한정된 개념이라고 주장한다. 그러나 정책의 목적이 공익의 실현에 있고, 이는 곧 국민(고객)의 욕구 충족에 있는 만큼 경영마케팅에서 논의하는 고객지향적 사고와 크게 다르다고는 볼 수 없다.

만약 상호간의 목적이 다르다고 하더라도 마케팅 기법은 중립적 도구로서 사용되어질 수 있을 것이다. 정책마케팅은 국민이 원하는 목적을 달성하기 위해 희소자원의 효율적 사용을 가능하게 해주는 종합적 과정으로 이해할 수 있다. 즉 정책마케팅은 특정한 서비스를 필요로 하는 집단을 선정하고, 그들의 정확한 욕구를 파악하여 한정된 자원을 고객욕구충족에 집중적으로 투입할 수 있는 기법의 하나인 것이다. 이러한 정책마케팅의 특성을 보다 잘 이해하기 위해서 다음의 몇 가지 사항으로 경영마케팅과의 차이점을 살펴보고 상호관계를 알아볼 수 있다.

첫째, 생산자와 소비자의 관계를 알아볼 수 있다. 민간부문은 다수의 생산자가 소비자에게 특정 제품과 서비스를 제공하는데 치중한다. 그러나 정책서비스는 유일한 또는 극소수의 기관에 의해 서비스가 제공되므로 독점을 방지하기 위한 규제가 필수적이다. 생산자와 소비자가 직접적 관계를 갖는 민간부문과 달리 공공부문에서는 다양한 수준에서 복잡한 관계가 존재한다. 예를 들어 의사는 가난한 사람을 치료하고, 치료비는 의료보험공단으로부터 받고, 공단은 정부로부터 보조를 받는 것과 같이 직접적 관계가 아닌 직·간접의 다양한 관계가 존재한다. 이처럼 정책마케팅은 경영마케팅보다 더 복잡하고 따라서 다양한 수준의 관계를 다루어야 하는 것이다.

둘째, 민간기업은 법적 제약이 적고 주주와 같은 일부 사람에게만 책임을 지지만, 정책은 헌법과 법률에 의해 실시되고 모든 주민에게 책임을 진다. 따라서 정책마케팅에서의 정부와 주민과의 관계는 민간기업체와 소비자의 관계보다 더 복잡할 수밖에 없고 정치적 책임(선거 결과)까지 포함된다는 점에서 보다 더 종합적이라고 볼 수 있다. 이러한 관계는 민간기업에서 볼 수 없는 독특한 마케팅 기회와 제약을 제공한다.

셋째, 정책마케팅은 경영마케팅 보다 조직의 내부구조와 과정에 있어 더 복잡하다. 정책마케팅은 목적, 의사결정, 개인적 권위, 동기부여 등의 특성에 있어 민간기업과 차이가 있다. 민간기업의 목적이 간단명료한데 비해 공공정책의 목적은 보다 복잡·다양하고 모호하며 유형(有形)보다 무형의 것이 많으며 상호 반대되는 경우도 있다. 의사결정에 대한 책임과 권위계통은 민간기업이 더 명확히 정의되는데, 이는 정책의 경우 정치과정, 관료제적 절차, 이익집단의 존재 등의 문제가 권위계통과 의사결정의 책임성을 더욱 불확실하게 하기 때문이다.

넷째, 경영마케팅과 정책마케팅은 외부환경에서 많은 영향을 받지만, 그 대상은 다를 수 있으며 정책마케팅은 사회적, 경제적, 법적, 정치적 영향을 크게 받을 수 있다. 이에 비해 경영마케팅의 경우는 경쟁적 세력들에 의한 영향이 크다고 볼 수 있다.

다섯째, 정책마케팅과 경영마케팅의 가장 큰 차이는 기업이 궁극적으로 영리를 추구하기 위해 마케팅 활동을 수행하는데 비해 정책은 영리를 추구하지 않는다는 것이다. 이러한 차이는 정책이 영리적 목적보다는 서비스 제공에 중점을 두고 있기 때문이고, 재원을 세금에 의존하기 때문이다. 또한 정책마케팅의 경우 비영리성으로 인해 그 목적이 주로 추상적인 개념으로 표현되고 따라서 계량화하기 어렵고, 정책성과를 명확히 나타내기도 어렵다(정철현, 1999: 183~185 재구성).

정철현(1999)이 제시한 경영마케팅과 정책마케팅의 차별성 외에도 Snavely (1991)는 경영마케팅의 모델을 이용하여 정책마케팅을 설명할 수 있는 차별화된 모형을 제시해 주고 있다. 먼저 경영마케팅 모델은 일반적인 마케팅 구성요인인 4P를 중심으로 고객에게 전달하는 1차적 환경에 있는 이해관계자들과 관련이 있다. 즉 고객 접근상의 경쟁자와 유통과정의 중개자, 그리고 직접고객은 아니지만 잠재적 고객이라 할 수 있는 일반공중(publics)으로 형성된 환경 내에서 고객에게 제품을 홍보하고 유통시키며 화폐교환을 통해 접근된다고 보고 있다. 그리고 이러한 과정의 외부에 있는 영향력 있는 환경으로는 정치적·법적 환경과 사회문화적 환경, 그리고 인구·경제적 환경, 기술적·물리적 환경이 영향을 행사할 수 있다고 보았다.

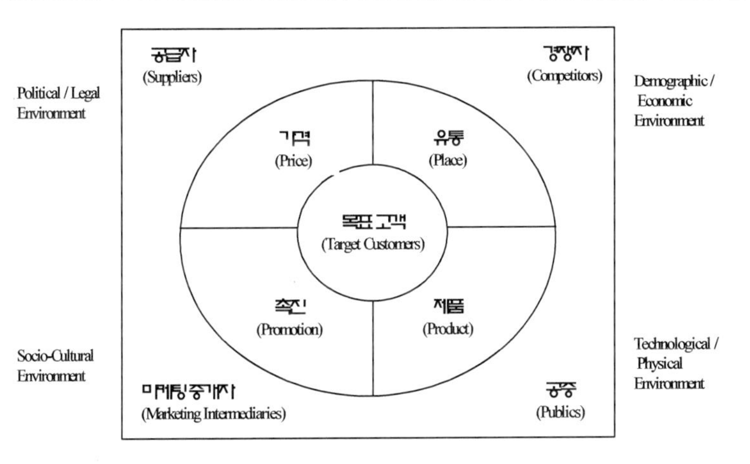

자료: Kotler(1988), p.76; Snavely(1991), p.314 재인용.

〈그림 2-2〉 경영마케팅 모델

다음으로 정책마케팅 모델은 기본적으로 경영마케팅 모델의 4P를 공공부문의 조건에 맞도록 재정의하여 활용하되, 정책이 고객의 욕구에 충족될 수 있는 몇 가지 사항이 더 추가되어야 한다(Snavely, 1991: 320).

정책마케팅 모델은 기본적으로 제품 보다는 서비스라는 개념으로 보아야 할 것이고, 가격은 개인이 부담해야 하는 비용을 의미할 것이다. 또한 촉진은 통지와 교육의 커뮤니케이션이 활용될 수 있으며, 유통은 법적 허가를 받는 과정으로 이해하고 있다. 마지막으로 정책분석은 정책과정을 진단하고 평가하는 것이다. 한편 대상 고객에게 이러한 과정을 전달하기 위해서 1차적인 환경에 있는 이해관계자들은 압력집단과 일반대중, 그리고 당해 정책에 대한 평가를 주권자의 권리로서 판단하는 유권자가 포함된다. 다만 현재 우리나라를 비롯한 여타 국가에서 정책과정이 경쟁체제에 진입해 있음을 보여주는 경우는 흔하지 않은 단계여서 이해관계자 중 경쟁자는 포함되지 않은 것으로 보인다.

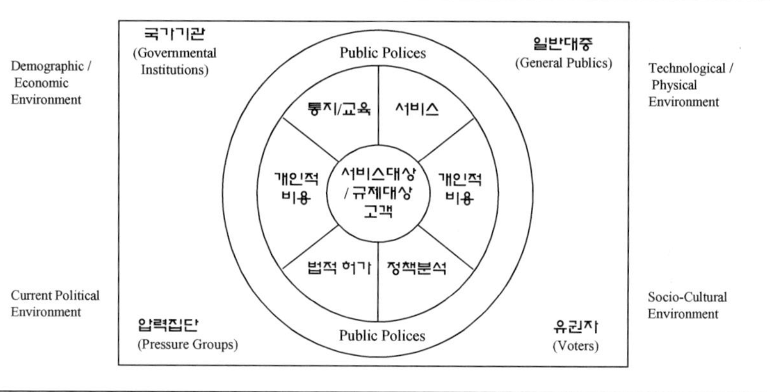

자료: Snavely(1991), p.320.

〈그림 2-3〉 정책마케팅 모델

Snavely(1991)가 주장한 경영마케팅과 정책마케팅의 차이점을 살펴보면 결과, 주목되는 차이점은 다음의 몇 가지에서 발견된다.

먼저 가장 주목되는 점은 경쟁자의 존재 여부이다. 시장에서의 교환활동을 통한 이익창출을 목표로 하는 경영마케팅에서는 제한된 시장에서 상대방보다 많은 가치를 창출하고자 경쟁이 존재하게 된다. 그러나 아직까지 정책과정에는 명확한 경쟁이 존재하지 않는다. 즉 신공공관리론과 기업가적 정부론 등에 의해 추진되고 있는 책임운영기관이 제공하는 일부 서비스 외에는 사실상 경쟁은 찾아보기 어려운 것이 현실이다. 경쟁이 존재하지 않고 정부기관이 서비스 제공을 독점하게 되는 것은, 결국 고객의 욕구를 충족시킬 필요성은 경시하게 되고, 제품 또는 서비스의 질의 향상에 대한 동기를 잃게 만들며, 제공과정상의 고객편의를 추구할 이유를 없애게 된다.

두 번째로 주목되는 차이점은 마케팅 모델에 영향을 미치는 정치적 영향력의 크기이다. 물론 경영마케팅 과정에서도 정치적 영향력은 일부 존재한다. 그러나 사실상 경영마케팅의 정치적 영향력이란, 법적 영향력이라는 말과도 상통된다. 특정영역에 대한 의회의 입법조치가 경영활동에 미치게 되는 효과를 의미하는 것이다. 그러나 정책과정에서 발휘되는 정치적 영향력은 그 의미가 매우 다르다. 먼저 유권자의 경향이다. 유권자는 국가운영을 대리할 정치집단과 대표정치인을 선출하여 국정을 위임하게 된다. 이때 선출된 정치집단, 즉 여당의 정치이념은 정책마케팅에서 제공할 서비스의 유형을 변화시킬 수 있고, 이에 따라 정부가 제공하는 서비스의 고객도 달라지게 된다. 즉 현재 우리나라와 같이 정치적 좌파와 우파의 대립으로 인해 분배와 성장의 우선순위 문제가 대두되는 현실에서는 유권자의 선택에 따라 제공되는 서비스의 우선순위가 달라질 수 있다. 또한 분배지향과 성장지향의 정부에 따라서 개인이 부담해야 하는 비용 또한 달라질 것이다.

마지막 차이점은 압력집단이 존재한다는 점이다. 보통 경영마케팅에서는 공급자 외에는 목표고객이 있고, 향후의 잠재고객이 있으며, 이들에게 제품을 전달해 줄 수 있는 도소매업자와 같은 마케팅 중개자로 이해관계자가 존재한다. 그러나 정책마케팅에서는 목표고객과 잠재고객, 시청·구청·동사무소와 같이 중개자로서 역할을 할 수 있는 관계자는 똑 같이 존재하지만 압력집단이라는 독특한 이해관계자가 존재한다. 압력집단은 정책서비스의 내용이 본인에게 유리하도록 변형시키려는 목적에 따라 운영 될 수도 있고, 정책서비스의 효과가 본인에게 접근되지 않도록 하기 위해[18] 활동하는 경우도 있을 수 있다.

이상에서 살펴본 바와 같이 경영마케팅과 정책마케팅은 몇 가지 측면에서 차이점을 보이고 있다. 그러나 고객에 대한 관점과 마케팅의 하위요소가 적용될 가능성이 충분히 존재한다는 점에서는 2가지 마케팅 모형은 함께 적용될 수 있다.

① 고객에 대한 관점의 동일성이다. 경영마케팅에서는 고객지향적 사고를 통해 고객의 욕구와 편의에 기초한 제품생산과 접근이 편리한 유통구조 확보, 커뮤니케이션 구조 구축 등을 추구하고 있다. 더 나아가 고객관계관리(CRM: Customer Relationship Management)까지도 추구하고 있다. 그런데 최근 고객관계관리는 정부부문에서도 정책고객관계관리(PCRM)라는 이름으로 적용을 추진하고 있다. 국정홍보처에서 2005년 작성한 정책메뉴얼인 「정책고객서비스 이해하기」에서는 정책고객관계관리를 "정책고객서비스(PCRM: Policy Customer Relationship Management)란 정부 각 부처의 정책과 관련된 오피니언 리더와 관심 있는 일반국민들을 대상으로 e메일을 통해 각종 정책정보를 제공하거나 여론 수렴 활동 등을 지속적이고 체계적으로 전개해 나감으로써 정책에 대한 이해와 신뢰, 그리고 지지기반을 확대해 나가는 인터넷 홍보사업의 하나이다. 이러한 정책고객서비스는 정책수립 과정에서 이해관계자의 의견을 수렴·반영하여 갈등의 소지를 줄이고, 정책집행 과정에서는 상세한 정책 정보를 신속하게 제공하여 정책입안자와 정책수용자(정책고객)의 공감대를 확보함으로써 원활한 정책수행을 도모하는 것이다"라고 그 목적을 정의하고 있다.

경영마케팅에서 추진하고 있는 고객관계관리도 고객, 정보, 사내프로세스, 전략 등 경영전반에 걸친 관리체계이며, 이를 정보기술이 밑받침되어 구성되는 것이다. 고객관계관리는 바로 고객과의 관계(Relationship)를 바탕으로 평생고객가치인 LTV(Life Time Value)를 극대화하는 것이다. 단순하게 고객과의 관계에 머무르지 않고 신규고객 및 기존고객의 다양한 고객접점(영

---

18) NIMBY 현상과 같은 경우를 의미한다.

업사원의 고객접촉, A / S직원의 방문, Inbound Call - 고객으로부터 걸려온 전화, Outbound Call - 고객에게 판매촉진을 위해 통화한 전화)을 활용하여 발생되는 수많은 데이터를 정리·분석하여 마케팅 정보로 변환함으로써 고객의 구매 관련 행동을 지수화하고, 이를 바탕으로 마케팅 프로그램을 개발·실현·수정하는 고객중심의 경영기법인 것이다(채용석, 2003: 55~56). 이와 같은 민간경영기법인 고객관계관리(CRM)가 공공부문에도 적용될 필요성이 제기되며(염명배, 2001: 67~68), 고객 관점에서 경영마케팅과 정책마케팅의 동질성이 강화되고 있다.

이러한 상황에서 민간부문에서 활용되는 마케팅과 같은 경쟁력 강화 기법이 공공부문에도 적용되어야 할 필요성은, 기존에 정책을 통해서만 제공되던 서비스들이 일반상품처럼 시장메커니즘을 통해 민간이 제공될 수 있는 가능성이 커지고 있기 때문이다. 특히 본 연구사례인 임대주택뿐만 아니라 폐기물처리, 증명서 발급, 교육서비스 등은 민간이 충분히 제공할 수 있는 제품이자 서비스이며, 고객에 대한 차별적 맞춤전략을 적용할 수도 있기 때문이다.

다음으로 제도와 생활환경의 변화로 인해 정부간 경쟁상황이 심화되고 있기 때문이다. 지방자치제도의 도입으로 인하여 제도적으로 지방정부가 자율적으로 타 지역과 경쟁할 수 있는 여건이 조성되었을 뿐만 아니라, 교통수단의 발달로 인하여 지역간 물리적 이동성이 증대되는 추세에 있기 때문에 정부의 운영은 점차 Tiebout(1956)식의 경쟁모형에 접근된다고 할 수 있다. 이러한 상황에서는 정책에 대한 신뢰와 편익을 증진시켜 우호적인 고객의 확보 및 유지에 관심을 기울일 필요가 있는 것이다.

② 마케팅 하위요소의 공통적인 활용 가능성 때문에 경영마케팅과 정책마케팅은 부분적인 동일성을 갖는다. 이의 내용은 앞서 경영마케팅과 정책마케팅의 차이점을 논의하며 일정부분 논의한 바가 있지만, 민간기업의 제품은 고객만족을 위해 창출되는 것이고 정책에서 산출되는 서비스는 주민만족을 위한다는 점에서 공통점을 찾을 수 있고, 가격과 유통구조까지도 정책과

정에서는 포함되고 있음은 경영마케팅의 하위요소를 정책과정에 적용시켜 보기에 어려움이 없을 것으로 판단된다. 다만 촉진, 즉 홍보와 커뮤니케이션에 있어서는 다소의 차이가 있다. 먼저 경영마케팅은 홍보와 커뮤니케이션에 있어서 사전조사를 매우 중시하고 있다. 경영마케팅에서는 제품을 생산하기에 앞서 고객이 진정으로 필요로 하고 욕구충족을 원하는 것은 무엇이며, 어떻게 만들고·어떻게 전달해야 고객편의에 부합되는가를 반영시킨다. 이후 고객욕구조사의 결과가 반영된 제품을 중심으로 고객에게 올바른 이해와 활용을 위한 홍보와 커뮤니케이션의 단계에 들어간다. 그러나 경영마케팅에서는 왜 그러한 상품을 만들며·왜 특유의 전달방법과 가격을 선택했는지를 고객들에게 일일이 설명하지는 않는다. 다시 말해 사전에 고객의 욕구를 정밀히 분석하여 반영하고, 고객 평가를 환류시켜 더 좋은 제품을 만듦으로서 이윤의 폭을 넓힐 뿐, 그 내용의 정당성을 알릴 필요까지는 없는 것이다.

하지만 정책마케팅의 홍보와 커뮤니케이션 과정은 다른 방법으로 진행될 필요가 있다. 즉 정책내용의 정당성을 반드시 넓게 인식시켜 정책의 자발적 수용과 우호적 고객관계형성에 주목할 필요가 있는 것이다. 최근에는 정책대상집단의 욕구를 사전조사하지는 않더라도 정책결정과정에 시민단체와 민간전문가를 적절히 참여시켜 그들의 견해를 정책내용에 반영시키고자 하는 노력이 증가하고 있다. 반면 그 이후에는 정책고객과의 커뮤니케이션 보다는 서비스제공기관에 비치한 안내 팸플릿과 공익광고 형식의 TV광고를 통한 일방적인 메시지 전달에만 주력하는 것이 현실이다. 그러므로 경영마케팅의 촉진과정이 정책마케팅에 적용되기 위해서는 세분화된 정책고객집단의 욕구에 대한 정밀한 사전조사를 통해 정책내용의 구상 과정을 거치고, 이의 결정과정에는 대상집단을 참여시켜 정책내용의 정당성과 필요성에 대한 인식을 공유할 필요가 있다. 이후 정책집행과정에서 홍보 수단을 통한 대국민 커뮤니케이션 체제를 구축하고 고객의 평가를 환류하는 구조가 형성될 때 경영마케팅의 촉진이 정책과정에도 적용할 수 있을 것이다.

Customer-Oriented Policy Marketing in the Public Sector

제3부

정책마케팅: 공공임대주택 사업에서의 적용

제1장
분석 대상 선정과 연구모형

이론적 고찰에 의하여 본 연구에서 수행할 정책마케팅 적용의 고려 요인들을 도출하면 다음과 같다. 먼저 정책마케팅 전략이 지향하는 고객과 그들에 대한 지향 요인, 그리고 해당 고객에 대한 정책마케팅 믹스의 분석이 주요한 연구의 변수이다.

첫째, 고객의 분류와 그들의 정의이다. 고객의 분류는 앞서 정의된 바와 같이 크게 구매자(buyer)·사용자(user)

로 구분되었고, 그 세부적 성격에 따라 하위분류된다. 이 중 연구사례인 '공공임대주택정책'의 주요 고객은 누가 분류될 수 있으며, 영향을 받게 되는 2차 고객은 어떤 집단으로 구분되는지를 확인할 필요가 있다. 이들을 분류하여 분석하는 것은 비용을 부담하게 되는 고객(buyer)은 누구인가, 그리고 이들이 제공되는 주택은 필요를 충족시키고 있는가의 제품의 정확성, 부담하게 되는 비용은 고객입장에서 수용가능한 범위로 구성되어 있는가의 직접적·금전적 비용 측면에서 검토될 수 있기 때문이다. 그리고 이들에게 제공되는 임대주택은 고객의 욕구를 충족시키는 것인가의 의문을 해결하기 위함이다. 영향을 받게 되는 2차 고객, 즉 사용자는 크게 공공임대주택이 필요할 수 있는 잠재고객이 접근할 수 있는 적합한 유통구조를 가지고 있는가의 문제와 공공임대주택 건설 주변지역민이 집값하락과 주변환경 악화 우려 등 심리적 비용을 충분히 감수하도록 적절한 이해(홍보)가 형성되어 있는가 등이 분석의 대상이 된다.

둘째, 위에서 분류된 고객(구매자·사용자)들이 만족을 얻을 수 있는 요인이 정책마케팅을 통해 수용될 수 있는가는 분석대상 정의의 중요한 문제이다. 앞서도 살펴본 박천오(1997)의 연구 이외에도 고객만족에 관한 연구(박병호·조형지, 2000; 김광주, 2000; 오세윤, 2000; 신종화, 1999; 김동수, 1998; 최준호, 1997; Oliver, 1997)와 고객지향성 영향요인과 관련한 연구(김태룡, 2003; 정윤수·박경효, 1999; 하혜수, 1999; 유필화·박대현·곽영식, 1996; Osborne and Gaebler, 1992; Skelcher, 1992; Parasuraman, Berry and Zeithaml, 1985)가 다수 존재한다.

이들 연구는 과거의 행정중심적이고 공급중심적인 관행으로부터 민간중심적이고 수요중심적인 것으로 전환하자는 목표를 내포하고 있다는 점(이종범, 1996: 22~23)에서 동일하다. 이들의 연구결과 고객지향적 행정이 추구되기 위해서는 다음과 같은 다양한 요인의 고려가 필요하다고 보았다. 선행연구 결과를 살펴보면, 매우 다양한 요인이 존재하고, 용어는 상이하지만 그 내용상에 있어서는 유사한 요인이 공존하고 있다. 이 중 박천오(1999)

가 고객지향성의 실질적 접근방법과 절차적 접근방법에서 제시된 '정보와 커뮤니케이션·대응성·신뢰할 수 있고 일관된 서비스 전달·정확성·정중하고 친절한 서비스 요인'과 상기의 연구결과 요약에서 전달과정상의 관점을 제외하고 공통적으로 제시되고 있는 요인은 '정확성·신뢰성·대응성·접근성'으로 요약해 볼 수 있다.

이는 앞서 고객을 전체시민·구매자·사용자의 기준으로 분류한 결과와 함께 볼 때, 구매자(buyer)의 입장에서는 고객이 부담하는 비용이 소득수준에서 허용되는가, 비용부담의 대가로 입주하는 주택은 그들의 필요를 충족시키는가의 문제로 '정확성'분석의 대상이 된다. 그리고 '신뢰성'은 구매자와 사용자 모두에게 그들의 필요에 따라 공공임대주택을 믿을 수 있는 기준에 따라 입주자격이 주어지는가를 분석하고 일관성 있게 제공되고 있는가를 분석할 수 있다. '대응성'은 구매자와 사용자(특히 잠재고객)가 원하는 경우 적시에 제공될 수 있는가, 그리고 고객의 편의를 중심으로 하는 바를 의미한다. '접근성'은 고객의 이용이 편리한 지리적 접근성을 가지고 있으며, 정책수용과 이용에 장애물이 존재하지 않는지의 여부를 분석할 수 있다.

<표 3-1> 고객지향적 행정 요인의 선행연구

학 자	세부 요인
박병호·조형지 (2000)	인지적 속성(충족: 제품의 기대에 대한 '기대충족'·욕구를 제품으로 해소해주는 '욕구충족')과 정서적 속성(만족스러움, 즐거움, 신나는 느낌, 놀라움)
김광주(2000)	대민성, 다양성, 신속성, 정확성, 통합성
오세윤(2000)	유형성, 적절성, 신뢰성, 반응성, 확실성, 공감성
신종화(1999)	대응성, 보증성, 유형성, 동조성, 신뢰성
김동수(1998)	유형성, 신뢰성, 형평성, 신속·정확성, 접근성, 고객이해
최준호(1997)	대응성, 고객중심주의, 전문화, 주민참여

학 자	세부 요인
Oliver(1997)	충족상태에 대한 유쾌함의 반응(제품·서비스의 특성 또는 제품·서비스 자체가 소비에 대한 충족상태를, 미충족 또는 과(過)충족 수준을 포함하여 유쾌한 수준에서 제공하거나, 제공하였는가에 대한 판단
김태룡(2003)	행정서비스 가치의 중요도, 고객선호의 중요도, 고객참여장치에 대한 선호도, 행정서비스의 절차 간소화, 공무원의 친절도, 행정서비스의 홍보수준, 고객평가능력에 대한 신뢰도, 행정서비스에 대한 조사신뢰도, 고객참여에 대한 고객만족
정윤수·박경효 (1999)	서비스 제공의 전체성(업무의 분할에 중점을 두지 않고, 국민이 전체적인 편익을 제공받는 업무체제인가의 문제), 접근의 용이성, 내용의 충실성
하혜수(1999)	민주성, 대응성, 성과지향성, 효율성
유필화·박대현·곽영식(1996)	신념, 고객응대, 인간, 시간, 비용
Osborne & Gaebler(1992)	사용자 위주의 행정체계, 행정의 투명성, 전체성
Skelcher(1992)	서비스의 특성, 대인관계, 서비스 환경, 고객의 권력
Parasuraman & Zeithaml(1985)	유형성, 신뢰성, 대응성, 보증성, 감정이입

그러나 여기서 중요한 문제는 정책마케팅의 논리가 상기의 고객지향성 판단 요인을 수용할 수 있는가에 있다. 그래서 기존의 정책마케팅 연구에서는 마케팅 믹스 요인을 정책적으로 해석해 보고자 많은 노력을 기울여 왔다. 하지만 대부분의 연구는 고객집단 설정의 기준과 마케팅 믹스의 특징과 내용을 검토하는 단계에 있다(정철현, 1999; 박흥식·오경민·이동기, 1999; 노시평, 1999; 박희서, 1999). 또한 소수의 학위논문에서도 위와 다른 특징적 사항들은 찾아보기 어려운 것이 현실이다(안희순, 1997; 백승만, 1998; 안정기, 1999; 김병호, 1999; 하종덕, 1999).

<표 3-2> 정책마케팅 믹스 요인의 선행연구

학　자	사례분석	구성 요인
정철현(1999)	-	7P: 제품(product), 가격(price), 유통(place), 촉진(promotion), 사람(people), 과정(process) 물리적 징표(physical evidence),
박홍식·오경민·이동기 (1999)	-	-
노시평(1999)	-	4P: 제품(product), 가격(price), 유통(place), 촉진(promotion)
박희서(1999)	광주광역시 행정서비스 (세부 사례 없음)	시장세분화 4P: 제품(product), 가격(price), 유통(place), 촉진(promotion)
안희순(1997)	부산광역시 행정서비스 (세부 사례 없음)	시장세분화 4P: 제품(product), 가격(price), 유통(place), 촉진(promotion)
백승만(1998)	-	고객세분화 행정서비스 포지셔닝 4P: 제품(product), 가격(price), 유통(place), 촉진(promotion)
유승현(2002)	의약분업 정책	고객세분화 4P: 제품(product), 가격(price), 유통(place), 촉진(promotion)
안정기(1999)	서울특별시 상수도 사업	-
김병호(1999)	서울시내 6개 사립대학 행정서비스	4P: 제품(product), 가격(price), 유통(place), 촉진(promotion)
하종덕(1999)	2002 부산아시안게임	4P: 제품(product), 가격(price), 유통(place), 촉진(promotion)

하지만 윤훈현(1995)은 4P·7P 중심의 연구에서 벗어나 Kotler(1994)가 제시한 4C(Customer needs and wants·Cost to the customer·Convenience·Communication) 개념과 연계하여 정책적으로 고객지향성을 수용하고 있다.

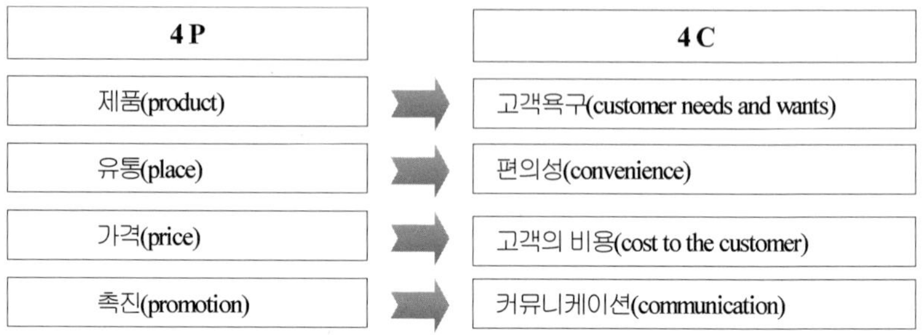

자료: Kotler(1994); 윤훈현 역(1995), p.110 재구성.

〈그림 3-1〉 4P와 4C의 관계

첫째, 제품(product)은 고객이 무엇을 원하고 있고, 무엇을 필요로 하고 있는지를 파악해서, 이를 제품에 반영함으로써 제품에 대한 이미지를 제고시켜 고객들을 유인하는 것을 말한다. 따라서 정책마케팅에서 이러한 요인은 고객의 필요에 대한 정확한 충족이 요구되는 것이다. 그리고 부담비용의 정확한 산정, 신뢰성(일관성)있는 공급으로 국민들의 정책에 대한 지지와 호응을 유도할 수 있도록 하는 목표와 대상이 정확히 잘 설계된 정책이 필요한 것이다. 또한 유사한 정책과 차별성 있는 대상의 욕구를 해소하고자 하는 정책내용을 의미한다고 할 수 있다. 즉 제품 생산의 고려요인은 여타의 유사 제품과 목표고객과 필요성에서 '차별성'을 가고 있어야 한다. 그리고 고객의 필요와 수용가능범위에 있는가를 '정확성'이라는 목표로 고려해야 한다. 고객이 제품을 인지하고 수용할 수 있도록 '일관성'있는 공급이 이루어져야 한다.

둘째, 유통(place)은 제품 배포에 관한 것으로 제품·서비스가 구매자에게 전달되는 방법을 의미한다. 또한 정책마케팅에서는 정책이 국민에게 전달되는 방법을 말한다. 즉 생산자로부터 소비자에게 제품을 전달하기 위해 중간 상인들이 연결되는 것과 유사하다. 이를 통해 구매의 편리성, 즉 대응성과 접근성을 고려하는 것이다. 따라서 정책마케팅에서도 이러한 요인은 정부가 생산한 정책을 소비자인 국민들이 편의를 향상시키는 것이다. 유통 과정이 고객의 입장에서 적합한 것인가를 판단해 보기 위해서는, 절차적인 '접근성'의 수준을 판단해 보아야 할 뿐만 아니라 제품 활용의 '편리성'을 갖추었는지도 판단해 보아야 한다.

셋째, 가격(price)은 고객들이 원하거나 필요로 하는 것을 충족시키기 위해 그들이 치르는 비용을 설정하는 것이다. 정책마케팅에서는 정책효과를 수혜받기 위해 정책에 순응할 때 지불해야 하는 국민들의 비용이다. 시장에서 소비자들은 아무리 필요한 물건이라 하더라도 소득수준을 넘어서는 상품은 구매를 하지 않는 것과 같이 공공부문이라 할지라도 국민이 부담할 수 있는 수준의 가격을 정확성의 원칙에 따라 지켜야 한다. 가격이 국민의 부담가능한 수준인가는 '(금전적)직접비용'과 '(육체적·심리적)간접비용'으로 정책순응비용을 판단해 보아야 한다.

넷째, 촉진(promotion)은 권유와 설득의 커뮤니케이션으로서, 정책마케팅에서도 이 부분은 매우 중요한 요소이다. 이것은 상기에서 제시된 고객지향성 요인과 직접적인 연관관계를 찾기는 곤란하지만 구매자의 신뢰성과 잠재고객의 적극적인 유입, 그리고 이해관계자의 정책수용을 촉진시키는 요인이 된다.

본 연구에서 수행할 분석은 앞서 제시된 고객지향성과 마케팅 믹스 전략의 구성요인에 포함된 하위요소를 중심으로 이루어진다. 이를 정책마케팅 믹스의 전략 요인 4가지의 하위요소로서 설명하면 아래와 같다.

1) 제품(product: 정책내용 – 정책목표의
정확성·일관성·차별성)

Kotler(1998)는 제품을 인간의 필요나 욕구를 충족시켜 줄 수 있는 것으로 사람들이 그것에 관심을 가지거나 획득하거나 사용, 소비되도록 하기 위해 시장에 제공되어 질 수 있는 것으로 보고 있다. 이렇듯 제품을 광의로 이해하면 유형의 상품 뿐만 아니라 서비스, 사람, 장소, 조직, 아이디어 등이 포함되는데, 본 연구에서는 제품을 서비스와 아이디어의 일환으로 보아 '정책의 내용 즉 목표와 적용기준'이 제품이라고 보고 있다. 이러한 정책목표가 상업적 제품이라고 보았을 때, 하위변수는 기존 유사한 제품과 얼마나 목표와 고객에 대한 차별성을 가지고 있느냐 하는 점과 차별성 있는 제품에 따라 목표와 고객의 범위를 정확히 추구하고 있는가 하는 점이다.

2) 유통(place: 정책접근가능성·편리성)

제품에서 유통의 문제는 유통경로, 배달, 위치 등과 같은 여러 용어로 사용되어 왔는데, 서비스의 경우에는 주로 유통경로로 사용된다.

서비스 유통경로(service channel of distribution)는 동일목표를 가진 상호관련된 요소를 집합한 시스템으로서, 이런 요소들이 네트워크(network) 혹은 배달시스템(delivery system)을 구성하여 고객에서 서비스를 전달해 주는 것을 의미한다(최덕칠, 1998: 215). 최근 들어 서비스를 이용하는 고객들은 점차 서비스의 접근가능성을 중요시하는 경향이 있다. 따라서 공공서비스의 제공에도 고객 접근가능성에 중점을 두고, 이에 파생되는 고객지향요인으로 편리성에 중점을 두고 서비스 배분을 추진해야 할 것이다. 즉 주민이 원할 때 즉시 서비스를 이용할 수 있게 하는 시간효율과 서비스를 제공받고 싶은 장소에서 얻을 수 있게 하는 장소효율을 극대화하여 주민만족을 창출해 나가야 하는 것이다. 이를 볼 때 서비스를 주요 제품으로 산출하는 정책마케팅에서의 유통은 각 고객들이 의견개진 권한으로의 접근가능성과 고충처리 접근가능성 등 정책내용에의 접근가능성과 서비스를 이용하기 위해 필요한 제도적·절차적 접근에 중심을 둘 수 있다.

3) 가격(price: 정책순응비용 – 직접비용·간접비용)

가격은 마케팅 믹스 4가지 요소 중 다른 3가지 요소인 제품과 유통, 촉진과는 근본적으로 상이한 역할을 수행한다.

제품과 유통, 및 촉진이 시장에서의 가치를 창출하려고 하는 노력이라고 한다면 가격은 그 가치의 일부를 이익으로 회수하려는 노력이다. 따라서 민간부분에서 활용하는 효과적인 가격결정은, 첫째, 제품의 가격환경을 구성하는 원가와 고객 및 경쟁대상을 이해하고, 둘째, 가격의 목적과 목표를 정확히 설정하고, 셋째, 가격목적과 목표를 달성하면서 자신의 상대적 경쟁우위를 강화할 수 있도록 가격에 대한 전략과 전술을 선택해야 한다(최덕칠, 1998: 215).

정책수행의 관점에서는 정부의 예산투입의 규모 또한 중요하지만, 해당 정책이 수행됨으로서 정책대상자, 즉 고객에게 요구하게 되는 각종 비용의 측면을 고려하지 않을 수 없다. 경영마케팅에서와 마찬가지로 고객에 대한 비용의 요구는 직접적으로 지불이 이루어지는 경제적 비용과 육체적, 심리적 비용까지 포함될 때 정책수용 가능성을 높일 수 있을 것이다.

4) 촉진(promotion: 인지와 설득, PR 등)

마케팅 믹스의 한 요소인 촉진은 목표고객과 관련자들에 대한 마케팅 활동으로서 실제 및 잠재고객에게 서비스의 내용을 알리고, 활동에 영향을 주어 목표달성 및 수요를 촉진시키려는 목적을 가지고 있다. 이러한 촉진의 주요 목표로는 인지강화와 설득, 그리고 상기(remind)가 있으며, 이를 수행하기 위한 수단으로 PR(public relation: 공중관계)과 구전(口傳)효과 등을 사용하기도 한다.

고객의 정의와 고객지향성 요인, 그리고 정책마케팅 요인과 그 하위변수에 따라 연구모형을 구성해보면 아래와 같다.

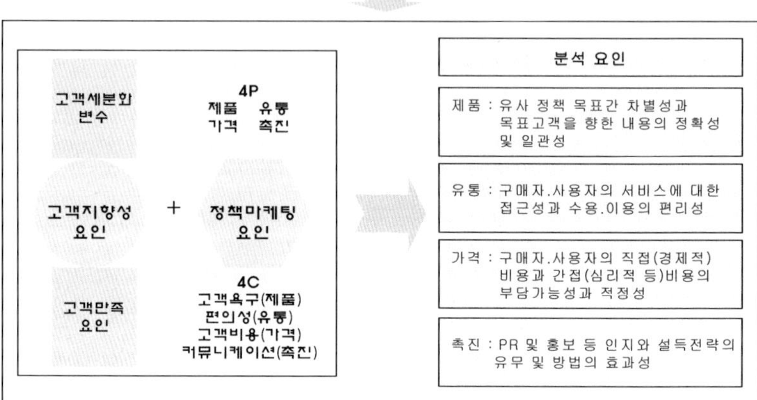

〈그림 3-2〉 고객지향성 확보를 위한 정책마케팅의 연구모형

연구의 분석 틀은 고객분류에 따라 직접 서비스 수혜를 위한 비용을 지불하는 구매자와 서비스로부터 영향을 받게 되는 사용자 집단을 구분하여 분석하고자 하였다. 이는 연구에서 수행하는 각 분석 요인이 고객지향적 요소가 적절히 포함되어 있는지를 판단하는 준거기준이 된다.

본 연구의 수행을 위한 구체적인 분석요인은 상기의 그림에서 '분석 요인'의 하위항목으로 표현된다. 그 내용은 앞서 이론적 고찰을 통해 도출한 고객지향성 요인의 4가지 항목과 정책마케팅 요인 4P(4C와 연계)를 고려하여 구체적인 핵심요인을 도출하였다.

고객지향성 요인 중 정확성과 신뢰성은 정책마케팅 요인 중 제품의 하위 변수로서, 정책내용의 고객과 목표 설정 정확성, 정책수행의 일관성, 유사 정책간 목표와 고객의 차별성으로 분석된다. 그리고 고객지향성 요인 중 대응성과 접근성은 고객의 편리에 적극 부응하고자 하는 원리로, 정책마케팅에서는 유통의 접근가능성과 이용편리성을 통해 분석하고자 한다. 한편 정책마케팅 요인 중 가격과 촉진은 자체적인 하위변수를 통해 연구 사례에서의 고객집단에 대한 효과를 분석하고자 한다.

제 2 장
공공임대주택사업의 추진 실태

1. 공공임대주택사업의 의의와 성과

1) 공공임대주택사업의 개념

공공임대주택이란 임대목적에 제공되는 건설임대주택 및 매입 임대주택을 의미하며, 주택의 소유자가 일정한 경제적 급부를 전제로 자기가 소유한 주택의 일부 또는 전부를 임차인에게 제공하는 주택을 뜻한다. 「임대주택법」에서, 임대주택은 임대를 목적으로 건설·공급되는 주택으로서 주택건설촉진법 제33조 제1항의 규정에 의하여 주택건설사업계획 승인을 받은 주택과 대통령령으로 정하는 임대주택 사업자가 임대하는 주택을 의미한다고 규정하고 있다. 그러나 임대주택은 포괄적으로는 임차인의 주거를 목적으로 건설 또는 제공되는 모든 주택을 말한다고 할 수 있다.

이러한 포괄적 의미에서의 임대주택은, 우리나라의 모든 형태의 셋집을 뜻하는 광의의 임대주택이고, 협의의 임대주택은 '임대를 목적으로 일정한 제도적 룰(rule)속에서 공급되어 유통되는 주택'을 말한다. 일반적으로 임대주택은 광의의 임대주택을 말하며, 광의·협의·최협의 3가지로 구분할 수 있다(문희옥, 2003: 15).

첫째, 광의의 임대주택은 '사실상 임차인의 거주를 위하여 제공된 모든 주택'을 말한다.

둘째, 협의와 최협의의 임대주택은 '임대를 목적으로 일정한 제도적 틀

속에서 공급되고 통용되는 주택'으로 광의의 임대주택 개념은 그 목적성과는
무관한 개념인데 반하여 협의와 최협의의 개념은 목적성을 중시한다. 협의
와 최협의의 구별은 다만 임대기간이 장기냐 단기냐에 있는 것으로 협의의
임대주택에는 영구임대주택과 일시임대주택(일정기간 임대 후 분양되는 주
택)이 포함되고 최협의는 영구임대 주택만을 의미한다.

<표 3-3> 임대주택의 개념

구 분	개 념	특 징	범 위
광 의	사실상 임차인의 거주를 위하여 제공된 모든 주택	주택공급의 목적과 무관	영구 및 일시 임대주택과 모든 형태의 셋집
협 의	임대를 목적으로 일정한 제도적 틀 속에서 공급되어 유통되는 주택	목적에 의하여 주택공급(제도적 뒷받침 전제)	영구임대주택과 일시임대주택(일정기간 임대 후 분양)
최협의	주택의 수명이 존재하는 한 임대로만 공급	기간은 장기	영구임대주택

자료: 문희옥(2003), p.15.

우리나라에서 주택의 분류는 사업주체에 따라 공공주택과 민간주택으로
구분할 수 있다. 공공주택이란 지방자치단체 및 대한주택공사 등 공공부문
이 건설한 주택을 말하며, 민간주택이란 민간주택건설사업자가 건설한 주택
을 말한다. 또한 주택자금의 지원여부에 따라서도 공공 및 민간으로 주택을
구분할 수 있는데, 이 경우 공공주택자금 즉 국민주택기금의 지원을 받아
민간이 건설한 주택도 공공주택으로 분류하고 있을 것이다. 그러나 엄격히
말하면 이러한 주택은 공공자금지원 민간주택(publicly assisted private
housing)이라 할 수 있다. 영국·미국 등 대표적 국가에서의 공공주택은
공공의 재원으로 건설, 관리되는 공공소유의 주택을 의미하기 때문에 공공
주택이란 공공임대주택을 의미하며, 영국의 공공주택(council housing),
일본의 공영주택 등이 공공주택의 대표적인 예이다.

<표 3-4> 임대주택의 구분

구 분	특 징	목적 및 현황
공공임대주택	국민주택기금의 지원을 얻어 지방정부, 대한주택공사, 도시개발공사 등 공공부문이 건설한 임대주택	비영리, 무주택서민 지원
공공임대주택 (자금지원)	민간임대사업자가 국민주택기금을 얻어 건설하는 임대주택, 최소 5년 의무 임대기간 후 분양 전환할 수 있음	임대사업자의 영리 및 무주택서민의 주거안정의 균형
민간건설 임대주택	민간임대주택사업자가 국민주택기금 지원없이 영리를 목적으로 5호 이상 건설하여 임대로 공급하는 임대주택	주택시장수요에 따라 공급, 중산층을 대상으로 하고 있으며, 우리나라에서는 아직 활성화되어 있지 않음
매입임대주택	임대사업자가 기완성된 주택을 영리를 목적으로 5호이상 매입하여 최소 3년 임대로 공급하는 임대주택	주택시장수요에 따라 공급, 중산층을 대상으로 하고 있으며, 우리나라에서는 아직 활성화되어 있지 않음

자료: 대한건설주택사업협회(1997), p.25.

이상을 종합해보면, 협의의 공공주택이란 공공의 재원 즉, 재정자금 또는 국민주택기금의 지원으로 지방자치단체와 주택공사 등 공공부문이 건설한 주택을 의미하며, 광의의 공공주택이란 국민주택기금의 지원을 받아 민간부문이 건설한 주택을 포함하는 개념이다. 또한 협의의 공공임대주택이란 공공의 재정지원으로 공공부문이 건설, 소유, 관리하고 있는 주택이며, 광의의 공공임대주택이란 공공자금 지원으로 건설된 민간임대주택을 포함하는 개념이다.

따라서 우리나라의 경우, 특히 본 연구에서 사례분석의 범위로 활용하는 협의의 공공임대주택에 해당된다. 우리나라 공공임대주택은 200만호 주택건설계획의 일환으로 공급되고 있는 '영구임대주택'과 '공공임대주택', '국민임대주택'을 포함하는 개념이다. 또한 장기임대주택 중 공공부문이 건설하는 주택은 공공부문이 소유, 관리하는 기간 동안에는 한시적인 공공임대주택으로 포함될 수 있다.

2) 공공임대주택의 기능 및 필요성

임대주택은 주택을 소유하고자 하는 수요를 충족시키지 못하는 부족한 주택공급에 있어서 최소한의 주거목적의 수요를 충족시키는 기능을 갖는다. 주택이 의·식·주라는 중요한 생존의 3요소 중 하나를 차지한다는 면에서 볼 때, 주택의 소유에 대한 수요는 근본적인 것이다. 그러나 토지가 유한(有限)하고 주택이라는 상품이 이동성이 결여되어 있는 이유로, 그 소유수요를 완전히 충족시키는 것은 불가능하다. 하지만 인간의 생존을 위한 최소한의 주거목적 주택은 어떻게든 확보되어야 하는 바, 이로부터 주택의 임대라는 개념이 파생된다. 원칙적으로는 모두가 필요로 하는 각자의 주택을 소유하는 것이 바람직하겠으나 현실적·물리적으로 불가능한 상황에서는 집을 갖지는 못해도 최소한 살 수 있는 집을 빌릴 수 있어야 한다. 이러한 임대주택의 기능에 관한 논리는 실제에 있어서는 '무주택 서민의 주거안정'이라는 개념과 직결된다. 물론 기존에 주택을 소유하고 있는 사람이 특별한 사정에 의하여 임대주택을 다른 지역 또는 다른 시간에 필요로 하는 경우도 있을 수 있다. 하지만 일반적인 경우로는 당장 주택을 소유하지는 못해도 주거의 안정을 구하고자 하는 무주택자의 주거안정을 기하는 것이 임대주택의 가장 본원적인 기능이라고 할 것이다. 따라서 정책적인 의미에서의 임대주택은 무주택자의 주거를 안정시키고 시장 경제적인 의미에서 볼 때에 임대주택은 주택의 소유수요에 대하여 상대적으로 부족한 주택의 공급을 주거라는 측면에서 보완하여 주는 기능을 한다.

국가경제적 측면에서 임대주택의 기능은 다음과 같이 구분할 수 있다.

첫째, 임대주택제도는 시중유동자금의 건전한 흐름을 유도하는 수단이 된다. 임대주택제도가 정착되면 자가주택에 대한 수요가 억제되어 주택가격의 안정화 내지 가격하락 효과를 가져 올 수 있다. 따라서 단기간의 전매차익을 노리는 투기행위를 막게 되어 시중유동자금들이 생산성 있는 건전한 방향으로 투자되도록 하는 요인이 될 수 있다.

둘째, 전세제도하의 막대한 보증금을 감소시켜 사채시장에서 무분별하게 유통되는 자금을 막을 수 있다. 우리나라 사채시장의 안정을 저해하는 역기능이 크다고 볼 때 제도금융권으로 흡수하는 효과를 기대할 수 있다.

셋째, 임대주택을 산업화함으로써 새로운 산업부문을 창출하여 고용 및 소득증대의 효과를 동시에 기할 수 있을 것이다. 임대주택산업은 건설업, 금융업뿐만 아니라 유지·관리 서비스 등 파급연계효과도 높다.

이밖에 공공임대주택 공급의 목적은 자력(自力)으로 최소한의 주거수준을 향유할 수 없는 저소득층의 주거부담을 완화하기 위함이다. 이는 또한 시장임대료보다 저렴한 임대료로 공급되므로 소득재분배의 수단으로 활용되기도 한다. 하지만 과거와 현재에 공공임대주택 공급의 효율성에 대한 논쟁이 발생하기도 하는데, 논쟁의 초점은 공공임대주택을 공급하는 방법과 저소득가구에 주거보조금을 직접 지급하는 방법 중 어느 방법이 효율성이 높으냐 하는 것이다. 서구의 여러 나라는 2차 대전 이후 주택수가 절대적으로 부족한 상황에서 임대료 통제(rent control)와 함께 공공임대주택의 건설에 주력하였다. 1970년 이후 주택보급률이 100%를 상회함에 따라 임대료 통제정책은 임대료규제(rent regulation)로 완화되었고 또한 임대주택공급정책 즉 공급자에 대한 지원정책은 수요자에 대한 지원정책으로 전환되었다. 주택수당(housing allowance)의 지급 또는 지불한 임대료의 반환(rent rebate)은 수요자에 대한 지원의 대표적인 예이다(고철, 2000: 137~139).

3) 공공임대주택사업의 시대별 성과

우리나라 주택정책의 성과는 여러 가지로 표현될 수 있겠으나 우선 국민의 주거 안정과 주거수준의 향상으로 나타난다. 주거 안정과 관련하여 살펴보면 1960년 당시 84.2%였던 주택보급률이 2002년 말 100%를 달성하게 되었으며, 주거의 질적 수준 역시 연도별 주택의 가구당 평균 면적의 변화와 1인당 주거면적, 목욕시설, 수세식 화장실 등의 변화를 통해서도 크게 향상되었음을 알 수 있다. 즉 우리나라의 주택정책은 큰 성과를 거두었다고 할 수 있으나 그 이면을 살펴보면 많은 문제점도 지니고 있다. 그 이유는 주택과 주택시장이 지니고 있는 특수성 때문이다.

L. B. Smith는 주택시장의 특성으로 내구성과 이질성(다양성), 공간적 고정성, 정부의 관여를 들고 있다(Lawrence, et al., 1988: 34~41). 이러한 특수성 때문에 정부가 주택시장에 깊숙이 개입하여야 되는 당위성이 존재하고, 아울러 국민소득 2만 불을 지향하는 현재의 시점에서 주택정책의 새로운 패러다임이 요구되는 것이다. 따라서 우리나라 주택정책의 역사와 공과를 살펴보고, 정부개입의 효과와 역기능의 시사점을 찾아 볼 필요가 있다.

우리나라 주택정책을 살펴보기 위해서는 종횡으로 즉, 시대별 변화와 더불어 주택정책의 분야별 변화를 연계시키며 분석하여야 할 것이다. 주택정책을 분야별로 살펴보면 주택건설 및 공급문제, 택지의 적정 확보문제, 주택금융 문제, 주택관리 문제, 노후·불량주택정비문제 그리고 임대주택 등 사회정책 문제 등으로 세분될 수 있다. 여기서는 우리나라 주택정책을 시대별로 특징지어서 주택관련 계획수립 및 법률의 제정과정과 우리나라 주택정책의 사회정치적 측면을 살펴보고자 한다(천병호, 2004: 47~53).

(1) 1960년대

우리나라는 1960년대 이전까지 의·식·주 문제 중 식량문제가 최우선적인 것이었기 때문에 주택의 양적, 질적 부족과 같은 주택문제를 사회적 최우선 관심사로 인식하지는 않았다. 다만, 전시 이재민 등에 대한 구호적인 차원에서의 주택문제 해결 노력이 기울여졌을 뿐이다. 1960년대 들어 국가 주도하의 산업화를 추진하기 위한 체제를 구축하는 한편 1962년 제1차 경제개발 5개년계획이 수립되면서 경제정책의 한 부분으로 초기적 형태의 주택정책이 마련되었다.

1960년 12월 1일에 「전국 인구 및 국세조사」가 실시되었는데, 당시 총 가구수는 437만 8천 가구, 총 주택수는 346만 4천호, 부족한 주택수는 91만 4천호로 주택보급률은 79.1%였다. 이렇게 주택이 부족한 상황에서 총 주택수 중 10.2%는 주택의 기능을 수행하지 못해 재건축이 불가피한 폐기주택이고, 27.3%는 개수해야 할 불량주택이었다. 특히 도시의 주택부족률은 37.9%나 되었다.

<표 3-5> 1960년 전국주택현황

구 분	인 구 (천 명)	가구수 (천 가구)	주택수 (천 호)	주택부족수 (천 호)	주택보급율
전 국	24,989	4,378	3,464	914	79.1%
도 시	6,997	1,261	783	478	62.1%
농 촌	17,992	3,117	2,681	436	86.0%
서울·부산	–	658	386	272	58.7%

자료: 장성수(1994), 「1960~1970년대 한국아파트의 변천에 관한 연구」, 서울대학교 대학원 박사학위논문, p.56.

이러한 심각한 주택부족 문제를 해소하기 위한 대책을 수립하고 주택건설을 담당할 행정기구를 정비하여 주택건설을 촉진하기 위한 준비를 갖추자는 것이 당시 주택정책의 중요한 골자였다. 당시는 한정된 자원을 취약한 산업기반 시설의 확충에 우선적으로 집중 투자하여야 되었기 때문에 주택부문에 대한 정부의 관심은 미미하였다. 다만 주택정책의 필요성이 제기되어 주택관련 제도와 체제가 어느 정도 틀을 갖추게 되었다. 건축법(1962), 도시계획법(1962), 대한주택공사법(1962), 주택자금융자법(1962), 공영주택법(1963), 토지구획정리사업법(1966), 한국주택은행법(1969)등이 이 기간에 집중적으로 제정, 개정되었다(김정호·김근용, 1998: 43).

우리나라 최초의 주택관련 법률인 「공영주택법」의 목적은 '저소득 국민에게 저렴한 분양 또는 임대주택을 공급하기 위하여 중앙정부가 사업주체인 지방자치단체와 대한주택공사에게 주택건설자금의 일부를 장기저리로 대부(貸付)하거나 사업주체가 대지조성사업을 하는 경우에는 비용의 일부를 보조'할 수 있도록 하는 것이다. 이 법은 공공부문의 주택건설에 있어 중앙정부가 사업주체에 대한 지원의 규모와 절차를 규정하여 공공주택건설제도의 골격을 형성하였다. 또한 공영주택건설과 대지조성에 있어 부대시설 및 간선시설의 설치와 이에 대한 지원제도를 도입하여 주택건설과 대지조성에 대한 기준을 마련하였다. 이 기간동안 주택건설을 위한 공공투자의 규모는 미미했으며, 민간자력 건설에 의존할 수밖에 없었다. 따라서 민간부문의 주택건설투자비율을 늘리는 반면 조세의 감면, 주택건축허가의 절차 간소화, 주택자재생산의 육성 등 일련의 지원책을 강구했다. 이런 지원책의 하나로 주택금고(1969년 한국주택은행으로 개칭)가 1967년 설립되었으며 주택금고는 자본금 1백억 원의 주택건설 자금지원 전담금융기관이었다.

이 시기에 부동산가격의 상승과 주택에 대한 수요가 많아 민간주택건설 붐이 일어났다. 이때 정부는 '1가구 1주택'이라는 구호를 내걸고 주택건설 20년 계획을 수립했다. 그 내용은 1967년~1986년까지 총 509만 3천호의 주택을 건설하여 주택난을 해소한다는 것이었다. 신규주택의 대량공급과 함께 서울의 불량주택지를 철거하고 도시미화를 위하여 1967년 3월부터 7월 사이에 무허가 주택 2만 동을 철거할 계획도 수립하였다. 또한 1967년부터 대도시, 특히 서울에서 일어난 부동산 투기가 일반물가상승을 자극하자 투기억제를 위해 1968년 1월에 「부동산 투기억제 세법」이 제정되었다. 세무당국에 의한 부동산 자금출처 조사가 시행되었으며, 4월에는 '부동산투기억제세'가 징수되었다.

　　1960년대 주택정책의 성과라면, 공영주택 확대를 위한 법제도가 마련되었다는 것이다. 이 기간 중 주택건설 실적을 살펴보면 제1차 경제개발계획 기간(1962~1966)중 32만호, 제2차 경제개발계획 기간(1967~1971)중 54만호를 건설하였는데, 이 중 공공분야에서 건설한 물량은 12.5%인 11만호에 불과하였다. 그러나 당시 인구의 자연증가와 사회적 증가가 계속되고, 급속히 진전되는 도시화, 도시 내 노후불량주택의 증가, 농업에서 공업으로의 산업구조변화에 따라 가구분화 현상이 진행되어 신규수요가 급격히 증가했기 때문에 주택건설물량이 증가 했어도 도저히 수요를 충족시킬 수는 없었다. 이처럼 주택부문이 타 부문에 비하여 투자 우선순위에서 밀려났을 뿐만 아니라 이때부터 비로소 주택관련 법제 등이 형태를 갖추기 시작하였고 볼 수 있다.

(2) 1970년대

　　제1차 및 제2차 경제개발5개년계획(1962~1971)이 어느 정도 성공적으로 수행되면서 도시화와 공업화가 급속히 진전되었다. 아울러 소득증대와 핵가족 제도의 확산에 힘입어 1960년대에 80%를 상회하던 주택보급률이 1970년대에 들어 급격히 떨어졌다. 특히 1972년 서울의 인구가 600만 명을 넘어서게 되면서 대도시를 중심으로는 60%에도 미치지 못하는 주택부족 현상이 사회문제로 대두되었다. 대도시의 주택난은 인구의 자연증가, 핵가족화, 도시화 등의 급진전으로 주택의 수요가 급증하였을 뿐만 아니라 지가(地價)상승과 건축자재의 품귀가 원인이었다.

　　1972년 10월 이후 유신체제가 진행되면서 산업구조의 전환과 함께 분배구조의 개선, 사회개발의 당위성이 강조되었다. 이러한 맥락에서 정부는 주택을 대량으로 건설하여 대도시 중산층에게 공급하는 정책을 추진하는 한편 부동산 투기를 억제하는 정책을 추진하였다. 제3차 경제개발계획 중 주택부문은 5년간 80만호의 주택을 건설하여 1976년에 주택보급률을 78.9%로 높이고자 했다. 이를 위해 민간부문투자에 의존했던 기간과는 달리 공공부문 투자를 확대하여 공공부문과 민간부문 투자비율을 7 : 3으로 정하였다. 이 같은 내용을 포함하여 1972년 12월 정부는 주택건설촉진법을 제정하여 주택공급을 확충하기 위한 노력을 경주하였고, 이의 일환으로 같은 해 장기 주택건설계획을 수립하여 1981년까지 10년간 250만 호의 주택을 공급하려 하였다(유두석, 2003: 24~34). 또한 대도시 주변부에서 시행되는 신(新)시가지 조성사업을 촉진하기 위하여 「특정지구개발촉진에 관한 임시조치법」을 1975년 12월 31일까지 한시법으로 제정하였다.

주택건설촉진법의 목적은 '주택이 없는 국민에 대한 계획성 있는 주택의 공급과 이를 위한 자금의 조달·운용과 건실한 주택용 건축자재의 생산·y 공급에 관하여 필요한 사항을 정하려는 것'으로 1970년대와 1980년대는 물론 오늘날까지 이 법은 우리나라 주택건설부문의 근거가 되고 있다. 이 법이 제정되면서 「공영주택법」은 폐지되었다. 이전의 공영주택법은 저소득 국민을 대상으로 하였으나 주택건설촉진법은 무주택국민을 대상으로 하고 있어 정책대상의 범위가 확대되었다는 점에 주목해야 한다. 주택건설촉진법과 함께 제정된 「특정지구개발을 위한 임시조치법」은 대도시 주변지역에서 시행되는 신시가지 조성사업을 촉진함으로써 질서 있는 도시를 건설한다는 취지에 따른 것이다. 이 법에 따라 건설부장관은 '주택건설촉진지구'와 '재개발촉진지구'를 지정할 수 있으며, '주택건설촉진지구' 안의 주택, 그 대지와 지구 내 특정건축물 및 대지에 대해서는 부동산투기제세, 영업세, 등록세, 취득세, 재산세, 도시계획세, 면허세를 면제하도록 했다.

대량 주택건설을 위한 제도를 정비했지만, 1973년 석유파동으로 세계경제는 최악 상태에 빠졌고 국내경제도 매우 심각한 타격을 받았다. 물가는 폭등하는데도 경기는 침체되어 정부는 경기부양책으로 주택투자를 대폭 증액할 계획으로 1972년~1976년까지의 주택건설 목표를 당초 80만 호에서 83만 호로 증가시켰다[19].

---

19) 주택투자 확대와 건설호수의 증가에도 불구하고 당초 목표 주택보급률을 78.3%로 하향, 수정하였다. 이것은 농촌근대화 계획으로 추진하고 있는 농촌주택건설과 개

주택건설촉진법의 제정으로 무주택 국민의 주택문제 해결을 위한 견인차 역할을 수행하였으나, 당시 경제성장과 산업기반 확충에 투자의 우선순위가 있어 주택공급 실적은 계획대비 90% 달성에 그쳤으며, 무주택 저소득층을 위한 임대주택에 대한 프로그램도 극히 미비 하였다. 그래서 정부는 인구의 도시집중, 핵가족화 등으로 매년 낮아지는 주택보급률을 높이기 위하여 주택건설투자를 지속적으로 확대하였다. 그리고 주택건설사업을 효율적으로 시행하기 위한 자금의 조달·운용과 택지의 개발·공급과 주택의 공급질서를 확립하기 위하여 1977년 12월 31일 주택건설촉진법을 전면 개정하였다. 전면 개정된 주택건설촉진법은 이전의 주택건설촉진법과 달리 그 대상이 '무주택자'에서 '모든 국민'으로 확대되었으며, "국가는 국민의 주거생활의 안정과 향상을 보장하기 위하여 필요한 시책을 종합적으로 계획·실시하여야 한다"고 규정하여 주택과 관련된 국가의 책무를 강하게 규정하고 있다.

그러나 1970년대 말 주택가격이 급격히 상승하자 주택가격의 안정이 중요 정책과제로 대두되었고, 이에 따라 1978년 주택공급 우선정책에서 다시 규제정책인 "주택가격안정과 투기 억제를 위한 주택공급에 관한 규칙"을 제정하였는데, 그 내용은 국민주택청약부금에 가입한 사람에게 공급우선 순위를 부여하는 것이었다. 같은 해 8월에는 토지거래허가 및 신고제, 기준시가 고시지역 확대, 토지개발공사 설립 등 일련의 투기억제 대책을 수립하였다. 또 이 시기에 신규주택 가격을 일정수준 이하로 억제하는 분양가 상한제를 도입하여 시행하였다. 이와 같은 강력한 정책으로 1978년에 30만호를 건설하는 등 주택가격은 어느 정도 안정을 되찾게 되었으나 주택수요의 위축으로 미분양 사태를 초래하였다. 주택수요가 상위계층의 투기적 수요로 이루어져 있음에도 정부의 억제정책은 이를 충분히 감안하지 못하여 정부의 정책대응에 미숙함이 드러난 결과였다. 따라서 1960년대와 1970년대를 대표할 수 있는 임대주택정책은 매우 미약하다고 표현할 수 있는 것이다.

축을 촉진시키는 과정에서 당초 22만호로 책정했던 감실호수가 30만호로 증가했기 때문이다(윤혜정·장성수, 1997: 140).

(3) 1980년대

1980년대 한국주택정책의 특징은 전형적인 시행착오적 방법의 원형이었다. 주택의 대량공급이 절실하다고 판단되어 주택공급을 위한 적극적인 지원정책을 추진하려 했으나 감당하기 힘들 정도의 부동산 투기로 인해 주택가격 안정화정책을 시행하게 된다. 이로 인하여 다시 주택경기가 얼어붙어 주택공급이 이루어지지 않자 또 다시 주택경기활성화 정책을 시행하는 등 갈팡질팡하는 정책을 반복하여 일관성을 상실한 모습을 보이고 있다.

정치적 혼란이 극심했던 1980년대에는 제2차 유류파동의 여파와 정치적 격변에 따른 경기불황을 해소하기 위한 주택경기활성화 조치의 하나로 '주택 500만호' 건설이 발표되기도 하였으나, 곧 계획물량을 축소하여 1982년~1987년까지 연 30만호의 주택을 건설한다는 계획을 발표하였다. 이 가운데 약 43.2%를 공공부문이 건설하며, 주택건설사업을 지원하기 위해 1981년 4월 7일에는 '국민주택기금'을 설치하였다. 이 기금은 국민주택의 건설과 택지개발 등 주택건설과 관련된 사업에 한하여 사용하도록 하였다. 1980년 12월 택지개발촉진법을 제정하여 부족한 택지난을 해소하여 주택공급을 활성화하려 하였다. 또한 1981년 양도소득세 면세기간 연장, 주택자금 융자조건의 개선, 1982년 양도소득세 대폭 완화, 국민주택 전매기간을 단축하는 조치 등을 취하였다.

그러나 주택경기가 과열되자 다시 강력한 경기 진정 정책을 마련하였는데 1982년 말 투기억제 대책, 1983년 민영임대주택에 대한 채권매입제도 도입 등이 있다. 따라서 1980년대 전반기는 각종 주택 관련 규제의 강화 시기였다고 할 수 있다. 제5공화국 들어서 주택공급을 획기적으로 늘리기 위하여 10년간 500만 호 건설계획을 수립하기도 하였으나 시행되지는 못하였다[20].

---

20) 1988년 주택 200만호 건설계획이 수립되었으며, 정책목표는 주택공급확대, 주택가격의 안정, 그리고 저소득층의 주거안정 기반의 확립이었다. 이 계획은 최초로 소득계층별로 주택정책을 수립하였다는 점에서 우리나라 주택정책의 획기적 전환점을 마련하였다고 볼 수 있다.

또한 기존의 분양가 상한제하에서는 주택사업자들이 양질의 주택을 제 값에 공급하기 어렵다고 보아, 1989년부터 분양가 '원가연동제'를 실시하였다. '원가연동제'는 정부가 고시한 건축비에 택지가를 반영하여 분양가격을 정하는 방법으로 민영주택에 자율화의 여지가 생겼다는 점에서 주택건설을 크게 자극하여 200만호 건설을 조기에 달성하는 하나의 원인이 되었다. 그러나 이러한 가격규제는 필연적으로 가수요를 유발하여 주택 투기현상을 지속시켰다. 1980년대 주택정책과 관련하여 주목을 끄는 점은 1984년 서민 주거안정을 위하여 임대주택건설촉진법을 제정하였다는 점이다(유두석, 2003: 62). 그 당시 정부가 추진하였거나 추진하고 있는 임대주택 프로그램을 살펴보면, 첫째, 영구임대주택은 정부가 무주택 저소득층을 위하여 최초로 공급한 본래적 의미의 장기공공임대주택이었으나 1989년부터 1993까지 19만호가 공급되었고 현재는 주택이 협소하고(전용 9평), 영세민 등이 입주를 꺼려 수요가 감소한데다 정부가 재정적 부담 때문에 지원을 할 수 없어 건설이 중단되었다. 둘째, 5년 공공임대주택은 영구임대주택건설이 중단된 이래 주로 민간기업이 국민주택기금에서 저리의 자금을 융자받아 건설하였으며, 우리나라 제도권 임대주택 재고의 53%를 차지하는 임대주택의 대표적인 형태로 자리 잡았다. 마지막으로 외환위기 이후 서민층을 위해 주택공사가 건설비의 30%~40%를 재정 및 기금에서 지원받아 건설하는 전용 18평 이하의 국민임대주택은 30년 이상 장기간 거주가 가능하므로 저소득층의 주거안정에 효과가 클 것으로 기대된다. 또한 이시기에는 주택사업자가 소형주택 공급 의무 비율을 적용케 하는 등 제반 조치를 시행했다는 점이다. 이 시기에 처음으로 단순한 주택공급의 촉진이라는 측면을 넘어서 비록 영세민은 아니나 저소득층을 위한 임대주택정책에 관심을 두었다.

정부의 주택 정책에 있어서 시장경제적 접근뿐만 아니라 사회정치적 고려도 가미되었다는데 큰 의의를 찾을 수 있다. 우리나라 주택정책은 1980년대에 들어 주택정책의 본질에 접근해 가는 시기라고 할 수 있다.

(4) 1990년대

1960년대 이후 만성적인 주택공급부족으로 주택시장을 불안하게 하였던 주택가격 상승세는 1980년대에도 계속되었다. 특히 1980년대 후반부터 더욱 급등한 주택가격이 1990년까지 지속되어 주택가격 상승률이 68%까지 나타나고 있다. 이에 따라 정부는 대규모 주택공급을 위한 정책으로 1988년부터 시작된 200만호 주택건설계획을 실시하였고, 실제로 주택이 공급되기 시작한 1991년을 기점으로 주택가격 상승세는 많이 둔화되었다[21]. 주택가격 하락의 주요 요인은 일차적으로 주택공급이 크게 확대되어 나타난 현상이다. 또한 무주택 우선 공급 등 실수요자 위주의 주택공급과 주택전산망의 구축을 통한 투기억제시책 등도 주택가격의 안정추세를 유지하는데 기여하였다. 200만호 건설계획기간 동안 공급된 주택은 총 272만호로서 목표를 36%나 초과 달성하였다. 이 계획의 실행으로 인하여 주택보급률이 크게 향상되었다.

주택보급확대 정책은 그 이후에도 계속되어 1993년부터 시작한 신경제5개년계획(1993~1997)에서도 285만호라는 대량의 주택건설계획을 수립하였으며 실제로 목표를 10%이상 초과한 312만호의 주택을 건설 공급하였다. 부문별로는 공공부문이 116만호, 민간부문이 196만호를 건설하였으며, 지역별로는 수도권이 137만호(44%), 기타지역에서 175만호(56%)를 건설하였다. 공공부문의 개입축소 방침에 따라 영구임대주택 프로그램은 이미 계획된 부분만 예산을 지원토록 하고 실질적으로 이 프로그램은 종료하였다. 또한 5년 및 50년제 공공임대주택의 공급목표는 당초 10만호로 설정하였으나, 추진과정에서 3만호로 축소·조정하였다. 공공임대주택에 대한 재정지원도 축소되어 당초 호당 70%를 지원하려던 계획이 50% 수준으로 낮추었다.

---

21) 그러나 200만호 주택건설은 결과적으로 노임 및 지가가격의 상승, 수입의 증가, 국제수지의 악화, 특히 물가상승 등 국민경제에 상당한 악영향을 주는 등 국가경제에 부작용도 많이 주었다는 평가도 있다.

그러나 외환위기가 닥치자 대출금리가 급등하고 주택수요가 위축됨에 따라 주택가격이 크게 하락하였다. 특히 주택전세가격의 급락은 세입자들이 전세금 반환을 요구하는 초유의 주택시장 상황을 가져오기도 하였다. 또한 주택건설업자의 70%~80%가 주택건설을 중단하고 있었으며, 대부분 파산이 되었거나 부도위기에 몰려 있었고, 등록업체의 10% 정도만이 주택사업을 계속 수행하고 있었다. 하지만 이들 역시 주택시장의 상황이 빠른 시일 내에 호전되지 않는 한 사업을 계속 할 수 없는 불투명한 처지에 놓여 있었다. 이런 상황에서 정부에서는 1998년에 주택경기 활성화를 통한 내수진작과 신규고용 창출을 위해 총 8조 9,900억원 규모의 활성화 자금이 주택시장에 지원되었고, 지원된 금액의 67%는 분양중도금 대출에 사용되었으며 나머지는 미분양주택 자금과 전세반환자금 등에 사용되었는데 그 당시 활성화대책의 그 주요내용은 다음과 같다(천병호, 2004: 51).

첫째, 1998년 5월 22일의 주택경기 활성화 대책에서는 양도소득세 감면, 둘째, 1998년 6월 22일의 주택경기 활성화 자금 지원방안에서는 신규 주택분양중도금 대출 등이, 셋째, 1998년 9월 25일에는 민영주택 분양가 자율화 등의 건설산업 활성화 방안이, 넷째, 1998년 12월 12일에는 재건축, 재개발 활성화 방안 등의 건설·주택경기 활성화 방안 등이 나왔다.

1990년대를 총체적으로 살펴보면 향상된 경제수준에 걸맞게 국민의 증대된 주거욕구를 충족시키기 위하여 정책당국은 의욕적으로 주택공급을 활성화하였다고 볼 수 있다. 동시에 그러한 과욕이 임금과 물가상승이라는 국민경제에 예기치 못한 부작용을 가져왔고 주택의 투기수요를 조장하였다. 따라서 정부는 투기억제와 동시에 주택공급을 의욕적으로 추진하려 하였다. 그러나 외환위기는 또다시 우리나라 주택정책에 추가적 시련을 주었고 정책당국의 지나친 주택경기 조장은 다시 미증유의 주택투기를 야기시켰다.

(5) 2000년대

2000년에도 장기간 침체되어 있는 주택시장을 회복시키기 위한 주택경기 활성화 대책 등이 지속적으로 추진되면서 서민주거안정을 위한 지원대책이 마련되었다. 서민주거안정을 위한 지원시책으로 2조 8,911억원의 자금 대출을 통해 9만 6천호의 신규임대주택을 건설·지원하였으며, 특히 재정이 30% 지원되는 국민임대주택 1만호의 신규 건설에 착수하여 5천호를 최초로 공급하였다. 근로자·서민 전세자금 지원을 대폭 확대하였으며, 호당 대출한도를 확대시키기도 하였다. 그 밖에도 2000년 9월에 최저주거기준제도를 도입하고, 10월 이후부터 주거환경 우수주택 시범인증제도를 실시하였다. 외환위기 직후 급락했던 전세가격에 대한 반등과 위축되었던 주택수요가 살아나면서 2000년도 상반기부터 아파트를 중심으로 주택거래가격의 상승현상이 나타났다. 이와 함께 전세가격이 크게 오르는 가운데, 시중금리의 하락과 증시의 불안정으로 인해 전세보증금의 전부 또는 일부를 월세로 전환하는 현상이 나타났다.

외환위기 이후 정부는 주택경기를 활성화시키기 위하여 거의 모든 정책수단을 동원하였다. 주택경기 활성화 조치는 시기적으로도 1998년부터 시작하였다. 그러나 강남지역에서 주택의 과열양상이 나타나기 시작하였던 2001년까지도 정부는 주택경기 활성화 대책에 주력하였다.

그 세부내용을 보면 첫째, 서민주거생활 안정을 위한 전월세 종합대책(2001.3.13), 둘째, 건설 산업 투자적정화 방안(2001.5.23), 셋째, 임대주택활성화대책(2001.5.26), 전월세안정대책(2001.7.26), 서민주거생활안정대책(2001.9.14) 등이며, 주요 내용은 서민들의 주택구입자금 대출금리를 인하하고, 임대주택공급을 확대하기 위한 택지 확보방안, 국민임대주택의 건설 확대 등이었다. 그 결과 사상 초유의 주택투기가 조장되었으며 주택가격의 지역적 차별화 현상이 더욱 뚜렷해졌다. 수도권과 지방의 주택가격 상승률이 다르고 서울과 서울을 제외한 수도권지역 주택가격 상승률이 다르며, 또한 강남권과 비강남권이 다르고, 강남권내에서도 특정지역과 기타지역의 주택가격 상승률이 크게 달랐다. 뿐만 아니라 2002년 말 전국 주택재고율이 100%에 달하며 수도권 역시 과거와 달리 상당한 주택재고율을 기록하고 있음에도 불구하고 주택투기현상이 발생되었다는 점에 주목하여야 한다. 따라서 정부는 2002년에 들어서서 주택시장 동향점검 및 대응방안(2002.1.8), 주택시장안정대책(2002.3.6), 서민주거안정대책(2002.5.20), 주택시장안정대책(2002.8.9 / 9.4), 부동산시장안정대책(2002.10.11) 등을 발표하였다. 2003년 5월에는 「주택건설촉진법」을 「주택법」으로 전문 개정하였으며, 이 주택법에서 주택정책의 기본이념을 명확히 제시하고, 종래 건설 및 공급 위주의 정책에서 복지·환경·관리 등 새로운 방향으로 정책을 전환하였다.

위 개정의 내용 중 특기할 것은 주택건설촉진법상 재건축 관련 규정을 새로 제정된 「도시 및 주거환경 정비법」으로 이관하고, 기존 주택을 고쳐 기능을 높일 수 있도록 리모델링조합 설립방법을 규정하여 주민 80% 동의만 확보하면 리모델링을 추진할 수 있는 법적근거를 마련했다는 점이다. 이는 이전의 주택정책이 공급위주로 추진되었던 것과 비교하여 주택보급률이 높아진 시점에서 주택재고의 질적관리를 위해 주택정책의 영역이 확대되고 있다고 평가할 수 있다. 이러한 사실은 더 이상 과거적 접근방법에 의하여 주택문제를 다루어서는 안 되며, 주택수요자들의 욕구가 다양해지고 주택시장이 확연히 이원화되고 있기 때문에 미래지향적인 차원에서의 새로운 발상 전환이 필요한 시기라고 볼 수 있다.

4) 과거 임대주택정책의 특징과 성과

1960년대초 경제사회발전계획의 일부분으로 실시된 주택정책은 만성적 주택재고의 부족을 해결하는데 전력해 왔다. 아울러 1970년대와 1980년대에는 주택과 토지투기를 근절하고 예방하는 일이 주택정책의 중요한 영역을 차지하였다. 주택의 대량공급과 부동산 투기예방을 위해 정부는 주택시장 개입을 강화해왔다. 신규주택분양가격규제, 채권입찰제, 양도소득세, 지정업체와 등록업체의 구분, 선분양제도 등이 대표적인 주택정책 프로그램이다

(하성규, 2000: 12). 먼저 임대주택정책의 특징을 살펴보기 전에 1960년 대부터 현재까지 주택정책과 관련된 제도의 변천과정을 통해 본 우리나라의 주택정책의 특징과 문제점을 정리하면 다음과 같다.

첫째, 지난 40여 년간 우리나라 주택정책 추진과정은 주택문제 해결을 위해 국가에 의한 주택시장 개입의 지속적인 확대와 이에 따른 주택건설 및 공급의 제도화 과정이라고 할 수 있다. 주택건설 부문에서 정부 역할의 증대는 1960년대 후반과 1970년대 대한주택공사나 지방정부를 통한 공공주택의 대량건설이라는 형태로 이루어 졌다. 1977년의 「주택건설촉진법」전면 개정과 뒤이어 「주택공급에관한규칙」, 「공동주택시설기준」등이 정비되면서 민간이 건설하여 공급하는 20세대 이상의 주택도 모두 공공의 규제를 받게 되었다. 이 과정에서 주택의 건설량은 증대되었으나 정부의 주택시장에 대한 개입 폭의 확대로 인하여 주택건축과 관련된 각종 규제, 주택공급 규칙을 통한 주택의 공급에 관한 방법과 공급대상의 선정, 신규 공급주택 가격에 대한 규제 등 주택시장에 대한 규제가 지속되어 시장기구를 통한 주택생산 및 공급 체계의 정비는 제대로 이루어지지 않았다. 특히 1982년부터 1997년까지 신규주택에 대해서는 정부가 결정한 가격 이하로 분양하는 가격통제가 지속되었으며, 현재까지도 부분적으로 남아 있다. 이런 정부의 시장개입으로 인하여 주택시장기능이 왜곡되어 주택산업의 구조적 문제 즉, 생산규모는 비대해졌으나 산업구조는 취약하다는 기형적 구조를 가져왔다.

둘째, 그동안 추진된 주택정책의 기조는 신규주택건설을 통한 주택재고의 증가였다. 이로 인해 정부의 주택부문 투자는 대부분이 신규주택의 건설에 투자되었으며, 신규주택건설 물량의 증가가 정책의 성공여부를 가름하는 지표로 간주되었다. 수도권의 주택공급은 가구의 증가와 주택수요에 부응하는 결과로 해석할 수 있다. 문제는 신규주택의 보급률과 성취지수 등에 근거해 보면 지역별 주택공급은 형평성 있게 공급되지 못했다는 문제점을 발견할 수 있다. 그리고 1960년대 초 연간 주택건설량은 약 7만호였으나 1990년대에 들어서는 60만 호 이상의 주택을 건설, 공급하는 신규공급 위주의 정책은 주택생산 능력을 증대시켰으나 기존 주택의 재고관리를 등한시함으로써 신규주택과 재고 주택간의 질적인 차이를 일으키게 되었다. 특히 1960년의 「건축법」, 1963년의 「공영주택법」이 제정되기 이전에 건설되었던 주택의 재고관리는 도외시되기도 하였다. 특히 대도시 지역의 공동주택공급과 아파트단지의 개발을 통해 신규주택공급은 양적, 질적으로 개선되어 왔으나 농촌지역의 기존주택은 방치되어 왔다. 결과적으로 도농간 주택의 질적 격차는 심화되었다. 도시지역은 주택개량 및 도시재개발사업을 통해 노후불량주택의 질적 개선이 제도적으로 이루어졌으나 농촌지역에는 재개발제도가 존재하지 않는다. 도시 내에서도 기존의 단독주택 밀집지역과 신규 공동주택 건설지역간의 주택의 질적인 격차도 나타났다. 심지어 1980년대의 합동개발방식에 의한 주택개량재개발사업 조차도 1960년대 이전에 지어진 주택들의 질적 수준을 개선하는 것이 아니라 신규주택 건설을 위한 택지 확보수단으로 이용되는 불합리성을 연출하게 되었다. 그 원인은 이제까지의 도시정책이 개발을 통한 성장과 발전을 도모할 수 있는 과정을 확보하는데 초점을 두어왔기 때문이다(소진광, 2003: 47).

셋째, 사회재 또는 집합재라는 주택의 특성으로 인해 거시경제 활성화를 위한 수단으로 주택정책이 이용되고 있다는 점이다. 물론 건설경기 활성화를 통한 경기 부양이 바람직하지 않은 것은 아니지만, 주택이 수요에 비해 양적으로 부족한 상황에서의 경기부양책은 투기 유발책이 되어 버렸고, 투기로 인한 과열양상이 벌어지면서 다시 투기억제책을 통해 경기를 억제하는 악순환이 지난 30년간 지속되고 있다. 그러다 보니 주택수요에 적합한 주택의 공급이나 주택 시장 내 가격안정 등 시장건전화를 위한 정책들은 제 기능을 다 하지 못하고 사장되어 버렸다. 그 결과 주택부문 중 공공이 개입해야 할 주택소요계층에 대한 정책이 마련되지 못하고 있으며, 민간의 자율에 맡겨야 할 중형 주택시장에 공공부문이 지나치게 개입하여 공공투자의 효율성을 떨어뜨리고 있다.

다음으로 1984년 서민주거안정을 위하여 임대주택건설촉진법을 제정이후부터 현재까지의 임대주택정책 특징과 문제점을 정리하면 다음과 같다.

첫째, 우리나라 주택정책의 추진과정에 항상 걸림돌이 되었던 것은 주택건설 투자재원의 부족이었다. 1960년대 초 경제적 빈곤기에는 주택부문에 투자할 여력이 없었으며, 이어 1970년대와 1980년대에 들어서도 경제성장과 제조업투자 위주의 경제기조에 따라 주택부문 투자는 극히 저조하였다. 이처럼 주택부문의 투자가 부족한 가운데 신규주택의 건설과 분양에 자금이 집중됨으로써 재고주택관리 및 저소득층을 위한 공공임대주택에 대한 투자는 거의 이루어지지 않았다. 공공임대주택의 건설은 극히 부진하였으며, 대부분이 일정기간 임대 후에 분양 전환되고 있어 임대주택 재고를 축적하지 못하였다. 이로 인해 우리나라 전체 주택소요가구의 절반이 임대주택에 거주하고 있음에도 불구하고 공공임대주택은 총 주택재고의 5.9% 남짓한 수준이다. 결국 이러한 공공임대주택의 재고부족은 주택시장 내에서 자력으로 주택문제를 해결할 수 없는 저소득층을 공공이 충분히 지원하지 못한다는 것이기 때문에 저소득층은 그들의 낮은 소득으로 부담할 수 있는 질 낮은 거처에서 거주할 수밖에 없다.

둘째, 공공과 민간의 역할이 모호하다. 공공부문의 주택공급은 빈곤층과 소외계층을 위한 것이 1차적 목적이다. 그러나 우리나라의 공공부문은 민간부문에서 공급되는 주택과 큰 차이가 없이 분양목적의 주택이 더 큰 비중을 차지해 왔다. 공공기관에서 공급주택의 대부분을 분양목적으로 하고 있음은 공공의 역할과 기능을 의심케하는 부분이다.

셋째, 주거빈곤의 상존이다. 모든 주민들이 주거생활의 안정을 누리고 있는지 여부를 판단할 수 있는 기준이 분명하지 않다. 주민 모두에게 최소한 확보되어야 할 주거의 최저선 판단기준은 '최저주거기준'이다. 이러한 최저주거기준이 설정되고 주거환경의 변화에 따라 적용되어야 함에도 불구하고 임대주택개발이나 건축시 반영되지 못하고 있다. 주거빈곤은 주거의 최저기준에도 미치지 못하는 빈곤 상태라고 정의할 수 있다. 정부는 2004년 6월 15일 최저주거기준 공고를 통하여 가구구성별 최소주거면적과 용도별 방의 개수를 정하여 정책적으로 활용하고 있으나 다소 늦은 감이 있다[22].

　넷째, 주거불평등이 여전히 상존하고 있다. 주거불평등은 상대적 의미를 담고 있으며 주거과소비와 주거빈곤이 상존하는 가운데 불평등이 더욱 커지고 있다. 주거불평등 문제는 사회적 불평등과 상호 작용한다. 지난날 주택정책의 특징으로 공급을 확대하기 위한 배분체계는 주택과소비를 조장하는 결과를 초래했다. 이러한 주택과소비의 결과 주택이 투기와 가수요의 대상이 되어 일부 중산층 이상의 사람들에게 이재의 수단으로 이용되기도 했다. 하지만 상대적으로 주거빈곤이 심각한 저소득층을 대상으로 한 임대주택은 재고의 부족으로 인한 전·월세 상승으로 오히려 주거빈곤이 심화되는 빈익빈 부익부라는 사회적 문제를 야기 시키고 있다. 여기에는 임대주택단지가 위치한 지역이 슬럼화 되고 있어 일반국민들 사이에 임대주택은 저소득층만 거주한다는 나쁜 선입감 발생의 요인으로 작용하고 있다.

　마지막으로는, 공공임대주택 건설 참여주체 및 공급체가 다양하지 못하고 중앙정부의 집행기능에 집중되어 있다는 점이다. 아래의 〈표 3-4〉를 보면 2002년 말 현재 우리나라의 공공임대주택의 총 재고는 1,021,477호로 전체주택 12,357,000호의 8.3%에 불과하다. 더구나 영구임대주택은 1993년 이후로 건설되지 않아서 190,077호로 더 이상 증가되지 않고 있으며, 일정기간 후 분양되는 건설임대주택이 공공임대주택의 절반 이상인 59.3%를 차지하고 있다.

---

22) 2004년 6월 15일 건설교통부 공고 2004-173호에 나타난 내용을 보면 3인 가구 기준으로 방2개, 총 주거면적은 8.8평이며 4인 가구 기준으로 방은 3개, 총 주거 면적은 11.2평을 기준으로 하고 있다.

〈표 3-6〉 임대주택 재고 현황(2002년말 기준)

(단위: 호·세대)

구분	계	영구임대	50년 공공임대 (재개발/주거환경포함)	건설임대	국민임대	사원임대 (5년/10년/50년)	매입임대
2002	1,021,477	190,077	87,828	605,631	10,828	38,412	88,701
		18.6%	8.6%	59.3%	1.1%	3.8%	8.7%

자료: 건설교통부(2003).

그나마 건설허가를 포함하고 있는 임대주택 건설실적 〈표 3-5〉을 보면 2002년 말 기준으로 총 임대주택 건설실적 1,455,541호 중 국민임대주택 건설실적이 118,782호로 8.1%를 차지하고 있어 점차 증가추세에 있는 것으로 나타났다. 하지만 여전히 주택공사가 국민임대주택 건설실적 중 차지하는 비중이 98%를 차지하고 있어 지자체의 참여가 매우 저조한 것으로 나타나고 있다. 이것은 지자체에서 국민임대주택을 건설하게 될 경우, 인근 지가의 하락으로 인하여 해당 주민들의 재산가치의 하락과 동시에 조세의 하락이 지자체의 국민임대주택 건설을 회피하는 주원인으로 판단된다.

〈표 3-7〉 임대주택 건설실적

(단위: 호·세대)

구 분	총 임대주택 건설실적	국민임대 건설실적		
		주택공사	지자체	합 계
2002	1,454,541	116,580	2,202	118,782 (8.1%)

자료: 건설교통부(2003)에서 재구성.

<표 3-8> 우리나라 임대주택 정책의 개관

시 기	주요 정책	주요 내용
1960~1970	임대주택제도의 부재	–
1982.3	[임대주택육성방안] 발표	임대주택을 건설·공급하는 기업에 대한 정책적 지원
1984.12	「임대주택건설촉진법」 제정	임대주택에 대한 택지, 금융, 조세지원의 확대를 통한 임대주택건설의 촉진
1989.2	주택 200만호 건설계획 발표	영구임대주택 공급 계획 발표
1993.12	「임대주택법」 제정 –임대주택 건설 활성화 기반 조성	–다양한 소득계층을 대상으로 다양한 임대주택 공급 유도 –민간임대사업자 육성: 매입임대사업 도입 등 민간사업자의 공공임대사업 참여확대
1999.1	임대주택의 임대의무기간 장기화 –국민임대주택(10년, 20년) 제도 도입 –국민임대주택 5만호 건설 발표	임대주택의 전용면적이 전용 50㎡미만은 20년, 전용 50㎡이상은 10년으로 함 (임대주택법시행규칙 개정: 1999.1.28)
2001.3.16	[서민주거생활 안정을 위한 전월세 종합대책]에서 국민임대주택 10만호 건설발표(1998~2002년까지 5만호, 2001~2003까지 5만호)	
2001.8.15	8.15 경축사에서 국민임대주택 20만호 건설발표	
2002.4.3	건설교통부 대통령 업무보고 관련 국민임대주택 50만호 등 장기공공임대주택 100만호 건설발표	
2002.5.20	서민주거안정대책(대통령 주재 경제장관 간담회) –국민임대주택 100만호 건설(2003~2012) 계획 발표	
2002.9.4	국민임대주택의 임대기간 30년으로 연장	중형 공공임대주택의 임대료 등 자율화 병행(임대주택법시행령 개정)
2002.12.26	임대주택조합제도 도입(임대주택법 개정): 민간부문 임대주택 건설 확대를 위함	
2003.3.5	국민임대주택 단지 10개 지구 개발제한 구역 해제	
2003.5.22	[국민임대주택건설등에관한특별법안] 국회 제출	

시 기	주요 정책	주요 내용
2003.5.28	〔저소득층을 위한 주거 복지지원〕	소득양극화 현상 심화에 대한 대책강구 - 소득 2~4분위 저소득층에 대해 2007년 까지 국민임대주택 50만호 건설(장기임 대주택 재고량을 3.4% → 6.4%)
2003.9.3	〔서민, 중산층 주거안정 지원대책〕	장기 공공임대주택을 대폭 확대 - 10년 동안 장기공공임대주택 150만호 건설 (3.4% → 15%)

자료: 진미윤(2003), "국민임대주택 100만호시대의 주택정책 과제", 「주택도시」78호,
대한주택공사 주택도시연구원, p.75.

2. 공공임대주택사업의 추진실태 평가

1) 공공임대주택사업의 추진 실태 평가

(1) 주택정책의 원칙 부재

주택정책은 사회복지를 강조하는 입장과 시장체제를 강조하는 입장이 분
명히 구분되어야 하며, 시장기능의 자율성 강화와 저소득층을 위한 복지정
책적 측면이 적절하게 균형을 유지해야 한다. 그동안 주택정책은 국가가 독
점적으로 계획을 세워 추진하여 왔으나 정책이념의 불분명으로 정책결과가
시장에서 혼돈의 반복으로 나타나고 있다. 우리나라 임대주택정책의 목표는
주거안정이었으며 목표집단은 무주택자와 임차인이었다. 그러나 주거안정을
기하려는 목표가 이들의 자가소유율을 높이고자 하는 것인지 임대주택재고
를 확대하여 주거안정을 도모하고자 하는 것인지 불분명하다. 정책의 목표
가 자가소유율도 높이고 무주택자의 주거안정도 도모하고 주택보급률도 높
이는 등 여러 가지 목표가 혼재되어 있는 것이 사실이다. 저소득층을 위한

주택공급도 일관성이 없었고 계층별, 소득수준별로 정책 대상과 목표가 차별화 되어 있지 않다. 주택공급의 결과는 자가소유가 가능한 가계의 자산증식적 또는 투기적 수요를 바탕으로 이루어 졌고 미비한 제도적 수단은 파행적 주택시장을 양산하였다.

(2) 경기조절 수단으로 이용

1960년대 이후 시대별 주택정책의 흐름은 국가발전계획상의 경제개발계획의 한 부문으로 수립되었으며 주택정책이 경기조절을 위한 수단으로 이용되어 왔음을 알 수 있다. 주택시장의 시대적 특성은 경기진작을 위해 주택경기를 활성화하면 몇 년 후에 시장이 과열되어 주택시장의 불안으로 나타났고, 다시 투기 등 시장 불안 요인을 잠재우기 위해 각종 억제책을 강구하는 등 활성화 시책과 시장과열억제대책이 반복되어 왔다. 이러한 현상은 2004년 현재에도 지속되고 있으며 IMF 이후 더욱 뚜렷한 시장 기조를 드러내고 있다. 경기조절 수단으로 전락한 주택은 정부의 주거안정가치와는 반대의 결과를 가져왔고 주택시장의 불안정은 해결이 불가능한 사안으로 인식되고 있다.

(3) 자가소유 중심의 주택제도 및 정책

1960년대 이후 현재까지 정부의 주택목표는 1가구 1주택과 주택보급률 100% 달성이 중요한 정책목표였다. 이렇듯 수십 년 동안 지속되어온 자가소유 중심의 주택공급정책 및 제도는 오히려 주택시장의 만성적인 불안정 원인의 시발점이었다고 볼 수 있다. 2003년 현재 주택보급률은 100% 달성하였으나 임차가구의 비중은 줄어들지 않고 있으며, 주택시장의 불안정으로 인한 주거불안은 여전히 지속되고 있다. 과거 40여 년 동안 주택공급체계를 보면 분양주택과 임대주택으로 양분되며, 분양주택 위주의 제도와 주택공급이 확대되었고 주택정책은 경기조절수단으로 이용되어 왔다.

소유위주의 정부정책은 국민으로 하여금 주택에 대해 소유개념을 갖게 하여 소유욕구의 확대를 가져왔고 내 집 마련이 삶의 목표인 듯한 인식을 주어 분양주택의 만성적인 부족과 주택가격의 지속적인 상승을 초래하였다. 자가(自家)보유 촉진정책은 경쟁적인 풍토를 조성하여 주택을 재산증식을 위한 투자수단으로 이용하게 하였다. 그리고 적절한 억제조치가 없는 가운데 주택을 매개로 하여 단기차익을 추구하려는 투기가 양산되어 주기적으로 사회적 문제를 가져왔다. 자가소유욕구를 촉진시킨 대표적인 제도를 살펴보면 분양가 규제, 분양권 전매허용, 투기억제수단으로서 세법수단의 미비를 들 수 있다.

첫째, 분양가 규제(1972~1998)는 주택수요자의 주택구입 부담을 완화하여 주택구입을 촉진한 긍정적 효과도 있었으나 신규주택분양가격을 규제하여 주택분양을 통해 재산증식이 가능하게 만들었다. 분양권 당첨은 곧 재산증식이라는 사회적 인식을 확대하여 신규분양시장의 과열을 조장하였다.

둘째, 분양권 전매 허용은 건설경기 침체에 따라 경제전반에 미치는 부정적인 영향을 반전시키기 위한 하나의 방안으로 주택경기 활성화를 도모하고자 시도하였다.

투기억제수단으로 세법수단의 미비점도 주택을 재산증식형 투자재로 인식하게 하여 주택을 거주목적이 아닌 투기목적의 사회적 인식을 확대하였고, 주택보유기간을 극단적으로 단기화 시키는 결과를 가져왔다. 따라서 정부의 정책은 소외계층을 최대한으로 줄여 사회안정을 유지해 나가기 위해 주거문제 해결을 위한 각종 지원책을 마련하고 있는데 임대주택제도를 적극적으로 활성화시켜 주택문제를 해결하고 또한 국가경제에 크게 이바지 할 직접적인 수단이 되어야 할 것이다(이내영, 1990: 336).

(4) 공공의 역할 부족

우리나라의 임대주택제도는 사회관습과 밀접한 관련이 있으며, 주택은 소유가 우선이어서 임대주택은 제도적으로 후순위에 머물거나 비중이 적었다. 또한 정부의 정책의도를 보면 임대주택은 공공임대, 소형, 저소득형이라는 고정된 틀 안에서 정책이 입안되었다. 따라서 그동안 공급된 임대주택은 공공임대주택 위주였다. 지금까지 임대주택의 사회적 역할을 보면 임대주택이 곧 저소득층을 위한 것도 아니었고, 공공의 역할이 효과적으로 달성된 것도 아니었다. 공공임대주택 공급량 자체가 부족하였으며, 공급된 공공임대주택도 분양보조수단에 불과하여 장기에 걸쳐 안정적으로 거주할 수 있는 임대주택으로서 실효성이 적었다.

2002년 기준 임대주택재고의 약 60%이상이 5년 후 분양전환용 단기임대주택이며, 장기임대주택은 전체 주택재고의 약 2.3%에 불과하여 주거안정을 위한 공공임대주택의 역할과 기능에 한계성을 드러내고 있다. 결국 공공임대주택은 소유가능한 분양형 임대주택을 공급하여 자가를 확대하는 방편으로서의 역할에 한정될 수밖에 없었다.

주택시장에서 공공의 역할은 민간과 뚜렷이 구분되지 않았다. 공공의 역할은 저소득층의 주거안정에 초점을 두어야 하기 때문에 60㎡이하의 임대주택 공급에 주력하고 저소득층의 주거복지 및 최저주거기준에 근거한 주택정책의 실현을 위한 역할에 전념하는 것이 바람직하다. 그러나 공공부문도 주택사업의 수익성을 고려하여 중산층을 위한 분양주택을 공급하여 왔고 최근에 이르러서는 공공이 시장 진입범위를 확대하고 있는 실정이다. 공공임대는 저소득층의 주거안정을 위해 역할을 수행하기 때문에 택지, 금융, 세제지원 등에 차이를 두었고 사회적 인식을 공유할 수 있었다. 따라서 공공의 정책목표와 대상은 보다 분명하게 정립되어야 한다. 임대주택정책에서 공공부문의 역할은 근본적으로 사회복지적인 측면을 강조해야 하고 시장의 수익성 보다는 공공성의 목표를 재정립해야 한다.

(5) 사적임대주택의 역할과 주거불안정 양산

장기 안정적인 제도권 임대주택의 취약성은 전세와 같은 비제도권의 사적임대주택에 의존할 수밖에 없었다. 전세와 같은 사적임대는 제도권 임대주택이 부족한 가운데 나름대로 역할을 하여 왔으나 제도권 밖에 있어 적절한 통제가 불가능하였고 전세가격은 지속적으로 불안하여 임차인의 주거불안은 해결되지 않고 있다. 전세가격의 지속적인 상승으로 인한 임차시장 불안은 주택을 소유한 것만이 주거안정을 획득하고 재산증식을 할 수 있다는 인식을 주었고 정부의 주택소유위주 정책과 맞물려서 시민의 주거불안정을 확산시켰다.

2) 공공임대주택사업 환경 실태 평가

공공임대주택사업의 환경은 주로 외부적 환경, 즉 경쟁체제의 형성 여부와 정부간 협조관계의 정도로 나누어 볼 수 있다.

여기서 먼저 본 연구에서 중요시하는 점은 경쟁체제의 형성 여부이다. 여기서 경쟁체제의 형성 여부란, 단순히 공공부문과 민간부문간 수익성 경쟁을 추구하는 체제만을 의미하는 것이 아니다. 물론 공공부문과 민간부문간 경쟁을 통해 주거공간의 품질수준이 확보되는 것은 민관경쟁체제가 추구하는 목표이다. 그러나 공공부문이 정책을 주도하는 현실에서 민간부문과 지나친 수익성 경쟁을 추구함으로써 임대주택건설에 참여하고자 하는 영세한 민간부문간 위축시킬 수 있는 구조로 형성되어서는 안 될 것이다.

앞서도 언급한 바와 같이 현대의 사회환경은 과거의 공공기관이 절대적 주체가 되어 공공서비스를 생산·제공하는 체제가 아닌 다원화된 권력구조만큼이나 시민의 욕구도 고도화·다원화되어 있다. 이러한 현실에서 고도화된 시민의 욕구를 충족시키기 위한 방안으로는 건전한 경쟁의 도입과 이를 통한 개인의 경제 활동의 자유증진, 즉 선택권 강화가 요청되고 있다. 이와 같은 서민·저소득층의 주거안정 기능을 훼손하지 않는 범위에서의 경쟁체제 확립이나 민영화의 고려는 공공임대주택에서 다음의 장점을 발휘할 수 있기 때문에 더욱 심도 깊게 고민하고 적용을 고려해야 한다.

첫째, 서비스를 비용을 절감할 수 있다는 점에서 공공임대주택이 소요하는 택지조성비용과 재정지원비 절감 등의 효과를 산출할 수 있다. 각종 행정비용을 절감하고 공급자간 경쟁으로 가격의 인하를 기할 수 있어 민간의 기술과 경영기법이 도입되어진 임대주택 공급은 국가에 의한 공공임대주택 공급보다 덜 낭비적이라는 것이다.

둘째, 각종 서비스는 그 성격상 사용하는 사람이 선택하는 것이 만족도와 선택의 책임감을 높일 수 있으므로 국가에 의한 공공임대주택 공급보다는 현금제공을 통해 민간이 건설하는 임대주택을 선택·활용하는 것이 만족도를 높일 수 있는 길이다. 즉 재원을 자유로이 사용하게 됨으로써 사람들로 하여금 자기의 선호에 따라 스스로의 계획을 작성하고 그에 따라 행동할 수 있게 해주어야 한다는 것이다. 공공임대주택과 같이 일방적으로 설계해서 제공한 주택에 자신의 주거생활을 맞추어 간다는 것이 아니라 자기의 결정에 따라 선택할 수 있도록 한다는 의미에서 결과적으로 일종의 사회적 권력 재분배 효과를 가진다는 것이다.

셋째, 실물공급에서 현금공급으로의 전환은 가장 취약한 계층에 유리한 방향으로 소득을 재분배하는 효과를 거둘 수 있다. 예를 들어 공공임대주택을 공급할 경우 지원되는 재정자금은 세금에서 나오는데, 공급된 공공임대주택에 사정이 있어[23] 입주를 하지 못하게 되는 저소득층의 경우 세금(직접 및 간접세)만 내고 혜택은 받지 못한다. 이에 비해 주거비 보조나 어린이 수당 등의 현금보조는 세금 내는 돈보다 받는 돈이 많으므로 소득재분배의 효과를 가져 올 수 있다.

넷째, 복지체제에서의 순 수혜자와 순 기부자간의 구분이 노출되는 것을 방지할 수 있다는 점이다. 미국의 공공임대주택 단지나 우리나라의 영구임대주택단지의 경우 거주자들은 흔히 외부 사람들에게는 사회적으로 누를 끼치는 비생산적 집단이나 사회적 낙오자로 오인되기 쉽다. 현금보조의 경우

---

[23] 직장과의 거리가 너무 멀어서 사실상 입주가 불가능한 경우, 가구원 수에 비해 주거공간이 협소한 경우, 임대료와 관리비 등이 지불가능한 범위를 넘어선 경우 등 다양한 원인이 있을 수 있다.

는 누가 보조를 받는지 겉으로 드러나지 않기 때문에 이러한 문제를 피할 수 있는 것이다(임서환, 1999: 198).

이와 같이 공공임대주택에 경쟁체제를 도입하거나 민영화를 강화하는 것은 효율성 증진뿐만 아니라 고객대상집단의 관점에서도 저소득층의 삶의 질 향상을 위한 효과성 확보에도 긍정적인 영향을 미친다. 그래서 우리나라의 공공임대주택 사업에도 민간의 참여를 보장하고 경쟁체제를 형성하기 위한 제도적 요건을 갖추고 있다. 하지만 실제로 시장에 영향을 미칠 수 있는 정도로 참여되고 있는지에는 의문이 있다. 특히 장성수(2005: 26)에 의하면, 1997년 전체 임대주택 건설물량 중 84.4%를 공급했던 민간건설업체는 2003년 12.7%, 2004년 4.4%로 그 실적이 매년 큰 폭으로 줄어들고 있어 전체 임대주택 시장에서 차지하는 현재 비중은 극히 미미하다는 것이다.

〈표 3-9〉 사업주체별 임대주택 건설실적

(단위: 호, %)

구 분	임대주택 전체			
	합 계	지방자치단체	대한주택공사	민간건설업체
2000년	95,932 (100.0)	1,741 (1.8)	30,953 (32.3)	63,265 (65.9)
2001년	102,557 (100.0)	2,438 (2.4)	40,908 (39.9)	59,211 (57.7)
2002년	86,586 (100.0)	4,033 (4.7)	55,403 (64.0)	27,150 (31.4)
2003년	78,492 (100.0)	10,331 (13.2)	58,185 (74.1)	9,976 (12.7)
2004년	96,117 (100.0)	8,000 (8.3)	83,886 (87.3)	4,231 (4.4)

자료: 건설교통부; 장성수(2005), p.26에서 재구성.

공공택지 공급 사업일정을 고려할 때, 향후 최소 2~3년간 민간임대주택의 공급 공백 문제가 대두될 우려가 있다. 2000년 이후 민간건설 임대주택

감소 원인을 살펴보면, 주택건설업체로서는 임대주택사업은 분양사업에 비해 저수익 구조의 사업이며, 자금의 회전기간이 긴 사업으로서 주로 주택시장 침체기에 참여하는 특성을 보이고 있다. 최근 2~3년간 분양주택에 대한 높은 수요로 인해 분양주택사업은 자금회수가 원활하며 높은 수익성이 보장된 반면, 임대주택사업은 국민주택기금 대출에 따른 표준건축비 적용, 임대주택의 낮은 수익성 및 수익구조의 문제, 회계처리상의 문제, 관리인력 확보 부담, 집단민원 등 사업상 추진을 어렵게 하는 장애요인이 산재하여 임대주택사업의 참여를 기피하고 있다.

이와 같이 임대주택의 환경적 상황을 보면 지방자치단체나 민간건설업체의 참여 및 실적은 점차 큰 폭으로 하락하고 있는데 반해, 중앙정부 시행자인 대한주택공사만이 독점에 가까운 실적을 보이고 있다. 이러한 원인은 임대주택사업이 수익성이 낮아 원천적으로 민간업체의 참여가 저조함에도 불구하고, 국민주택기금 대출을 통한 사업재원 확보에 실질적인 도움을 주지 못하고 있기 때문이다. 즉 거치기간과 임대기간의 불일치 문제를 들 수 있는데, 국민주택기금의 융자금액 상환조건이 15년 이내의 임대기간 동안 거치 후 20년 분할상환'으로 유동성의 여지가 없이 확정되어 있어 민간사업자가 임대사업으로 지속하고자 할 경우 사업주체가 기금을 모두 상환해야 하는 부담요인으로 작용하고 있어 사실상 임대주택 참여를 막는 장애물로 작용하고 있기 때문이다.

이처럼 임대주택 시장은 정부가 경쟁력 확보를 위한 필요에 따라 민간부문의 참여를 장려하면서도, 제도적으로는 민간업체의 손실을 발생시킬 수 있는 여건을 만들고 있는 모순된 상황에 빠져 있는 부분이 있다. 그러므로 임대주택 사업에 공정한 경쟁체제의 확립은 아직 요원한 것이라 평가할 수 있다. 이에 따라 고객대상집단은 선택의 폭을 제한받게 되고, 정부가 획일적으로 설계하여 공급하는 임대주택에만 맞춰서 삶을 영위해야 하는 상황에 직면하게 된다.

제 3 장
공공임대주택사업의 정책마케팅 분석

민간 기업이 많은 시간과 노력 그리고 막대한 비용을 들여 신제품을 시장에 출시하였다고 생각해 보자. 이때 소비자 반응이 예측했던 바와 다르게 나타난다면 투자재원의 손실뿐만 아니라 기업에 대한 시장과 소비자의 신뢰 하락 등 심각한 경영상황을 초래하게 된다.

민간 기업에서는 그러한 노력이 실패되지 않도록 하기 위해 연구개발을 통해 새로운 기술과 디자인을 도입할 것이다. 또한 사전(事前)시장조사를 실시하여 소비자의 니즈(needs)와 욕구(wants)에 맞는 좋은 제품을 만들기 위한 전사적인 노력을 할 것이다. 그러나 많은 노력을 하여서 정말 좋다고 여겨지는 신제품을 출시하더라도 모든 신제품이 시장에서 다 성공하는 것은 아닐 것이다. 소비자가 그런 제품이 새로 나왔다는 사실조차 모른다면, 또는 제품의 이름은 듣긴 하였지만 어디에 쓰는 제품인지 모른다면, 그리고 신제품의 어떤 점이 기존 제품과 다르고 더 좋은지를 소비자가 알아주지 못한다면 그 성공은 보장 받기 어렵다. 신제품의 가격이 너무 비싸다면, 가격은 적당한데 제품이 가까운 매장에 진열되어 있지 않은 경우에도 해당 제품의 성공은 장담하기 어려울 것이다. 이처럼 하루가 다르게 쏟아져 나오는 신제품, 또는 신모델의 제품이 시장에서 성공할 수 있도록 기업은 제품 개발에 버금가는 합리적인 유통구조와 가격체계, 고객에의 접근과 대응을 위한 광고, 판촉 등 마케팅 계획을 수립한다.

위와 같은 시나리오에서 정부가 만일 민간기업과 같다면, 정부의 새로운 정책은 기업의 신제품에 해당된다. 기업이 시장에서 경쟁력을 가지려면, 소비자의 니즈에 맞추어 새로운 제품을 꾸준히 개발하여 출시하여야 하는 것과 마찬가지로 정부도 국민의 지지를 받으려면 상세한 조사기법을 통하여 민심을 이해하고 새로운(또는 보완적인) 정책개발을 통하여 국민의 애로사항을 해소할 수 있어야 한다. 또한 국민이 정부가 해주기를 바라는 바를 실현시킬 수 있는 현실타당한 정책을 제시하고 실행하여야 한다. 그러나 기업의 신제품이 항상 소비자의 주목을 받지 못하거나 소비자의 시장에서 선택되지 못하는 경우가 있는 것처럼, 정부가 많은 노력을 하여 개발한 새로운 정책들이 여론과 민심의 시장에서 기대만큼의 호응을 받지 못하는 경우도 있다. 아무리 새롭고 좋으며, 현실타당한 정책이라도 막상 그러한 정책이 있는지도 모르는 사람들이 많다면, 정책을 인지하고 있기는 하지만 어떤 점이 좋은 것인지 알지 못한다면, 혹은 이전의 비슷한 정책과 어떤 차이가 있는지를 잘 모른다면, 정책의 내용이 복잡하여 국민이 이해하기 어렵다면, 많은 물건이 진열되어 있는 대형매장에서 소비자가 새로 나온 제품을 알아보지 못하고 지나치는 것처럼 정부 정책에 대한 일반 국민의 관심과 이해는 적을 수밖에 없다.

기업이 많은 노력과 비용을 들여 개발한 신제품이 시장에서 성공할 수 있도록 하기 위해 광고와 판촉과 같은 다양한 마케팅 플랜을 세우고 실행하는 것처럼, 정부도 수많은 검토와 갈등 속에서 창출된 정책이 국민에게 전달되고 국민이 그 정책을 이해하고 수용할 수 있도록 하기 위해서는 정책의 마케팅 마인드(mind)와 플랜이 있어야 한다. 물론 여기서의 마케팅 플랜은 단순한 광고의 기획과 실행만은 의미하는 것이 아니다. 실제로 민간기업이 완성도와 실용성이 뛰어난 제품을 만들지 못하고 광고만을 열성적으로 할 경우 멀지 않은 시간에 제품은 고객의 외면을 받고, 오히려 과장광고에 의한 기업이미지의 손상만을 받게 될 것이다. 그러므로 마케팅이란 광고에 대한 고객의 니즈와 욕구를 해소해주는 것이 아니라, 제품에 대한 고객의 욕구해소에 중심이 있다는 점을 명확히 할 필요가 있다.

고객수용성이 뛰어난 제품이 나타나기 위해서는 국민 대다수가 관심을 갖고 사회적 파급효과가 큰 분야일수록 정책의 수립과 집행에 국민여론의 수

렴이 필요하다. 정책의 결정과 집행과정에서 정책과 관련된 이해당사자 또는 이익집단간의 첨예한 입장 대립이 예상될 때, 그 정책이 성공적인 집행을 이루기 위해서는 국민을 설득하는 과정이 필요성을 갖게 된다. 이와 같이 정책마케팅은 민간의 경영마케팅과 비유해 볼 때 어떠한 과정과 노력이 요구되는지를 이해할 수 있다.

1. 공공임대주택의 고객세분화 분석

공공임대주택사업이 제시하고 있는 가장 중요한 필요성은, 무엇보다도 도시지역의 주택부족현상의 심화와 주택가격 급등으로 인한 저소득층의 주거안정 문제를 완화하는데 있다. 주택은 가계가 소비하는 재화 중 단위가격이 가장 높은 재화이므로 이에 대한 부담능력이 없는 저소득층이 존재하게 된다. 이들에 대한 주거문제 악화는 저소득층의 생활기반 붕괴의 불안을 야기하여 시장경제의 존립을 위협하게 되므로 시장소외 계층의 주거문제해결을 위하여 정부가 개입하게 된다. 즉 무주택서민가구들은 외부의 지원 없이는 주택구입능력이 없기 때문에 공공임대주택에 의한 필요성이 대두된다.

공공부문 뿐만 아니라 시장 전체의 임대주택 공급은 독신가구와 노인인구의 증가, 그리고 여성의 경제활동증가 등 인구구조 변화에 의해서도 수요가 발생하고 있다. 이들 독신가구와 노인가구, 여성세대주 가구들은 상대적 저소득층에 포함되거나, 자가주택 구입 필요성이 없는 경우(독신가구) 등의 이유로 자가주택보다는 임대주택에 거주하게 된다. 이에 의해 고객집단에 대한 대략적 분류를 해 보면 첫째, 저소득 계층이 우선 고객대상자에 포함될 수 있고, 둘째, 노인가구·독신가구 등 가족구성의 특성에 따라 분류될 수 있다.

이하에서는 고객세분화의 기준, 인구통계적 특성(연령, 성별, 소득수준,

교육수준 등)과 지역적 특성(도시와 농촌 등), 그리고 심리적 특성(소비자의 관심사항과 기대수준 등), 편익적 특성(제품과 서비스의 제공으로 기대되는 편익수준) 중 공공임대주택사업과 같은 정책의 특성에 적합한 고객세분화 기준인 '인구통계적 특성', '지역적 특성'에 따라 고객을 분류하여 본다.

1) 인구통계적 특성에 의한 고객세분화 분석

고객세분화 기준에서 인구통계적 특성은 여타 설문조사에서도 하위변수로 활용하는 바와 같이 연령·성별·소득수준·교육수준 등이 해당될 수 있다. 그리고 마케팅 환경에서는 상기의 기본적인 항목 이외에도 시장형성에 영향을 줄 수 있는 최대의 사항을 고려해야 할 필요가 있다. 특히 공공임대주택과 같은 주거공간은, 이를 활용하고자 하는 집단구별이 나이의 많고 적음, 여자·남자, 소득의 고·저 외에도 독신(獨身) 여부, 장애 여부도 분류될 수 있는 기준이다.

이들은 본 연구의 고객정의 및 분류에 의하면, 국가가 지정한 임대료 및 관리비를 지불해야 하는 구매자(buyer)에 해당하는[24] 집단으로, '특정 고객'임과 동시에 '서비스 수혜고객'에 해당된다고 볼 수 있다. 특히 시장임대료에 비해 50% 이하 수준의 임대료로 주택을 제공받는 측면에서는 서비스 수혜고객으로서의 성격이 더욱 강하다고 할 수 있다.

공공임대주택정책의 사용자(user)에 해당하는 집단은 '이해관계자'가 가장 우선시 된다고 볼 수 있다. 여기서 이해관계자란 공공임대주택 건설지역의 인접지역 주민과 같이 공공임대주택 건설과 입주로 인해서 주변환경 악화의 가능성을 우려[25]하는 심리적 비용을 지불하고 있는 주민집단이 될 것

---

24) 비용지불의 대가로 서비스를 수령하는 집단.

25) 공공임대주택은 1982년 「임대주택 육성방안」이 발표된 후 지속적으로 추진되어 오고 있어, 그 시행 역사만큼이나 일반인들도 그 개괄적 성격에 대해서는 비교적 넓게 인식되어 있다. 그러나 공공임대주택은 저소득층 집단주거지로서의 성격을 가지고 있어 폭행사건·쓰레기 투기·방뇨 및 배변·공공시설 및 기물에 대한 파괴행위

이다. 또한 공공임대주택을 건설하는 것은 지방자치단체와 대한주택공사 등 정부기관 뿐만 아니라 민간건설업체도 참여될 수 있음으로 공공임대주택을 건설하는 민간업체도 영향을 주고받는[26] 이해관계자에 포함된다.

이렇듯 인구통계적 특성에 의한 고객세분화의 의의는, 정책이 목표로 해야 할 대상집단을 명확히 구분하고, 이들에 대해 차별적이고 정확한 서비스가 수혜되고 있는가를 판단할 수 있는 기준을 제시하는데 있다. 또한 정책집행에 대한 2차적 효과를 미리 검토할 수 있는 기회를 제공한다는 점에서도 그 의의가 있다. 자세한 내용은 제품과 유통 등 정책마케팅의 요인에 의해 보다 상세한 설명이 될 수 있지만, 공공임대주택은 주로 저소득층의 주거안정에 목표된 바에 따라 고객선정의 문제점을 제시하면 다음과 같다.

먼저 영구임대주택의 경우 입주자격이 도시(법정)영세민에 한정되었으며, 공공임대주택의 경우에도 저소득층과 장애인이 포함된 가구, 노인부양가구 등 인구통계적 근거에 따라 고객대상을 세분화하고 있다. 이와 같이 정책목표 대상자에 대한 집단을 세분화하고 있다면, 세분화의 효과는 분화(分化)된 고객집단에 대해서 정확하게 서비스가 공급되어야 의의를 찾을 수 있다. 그러나 임대주택 사업은 몇 차례에 걸쳐 대량 입주 포기사태가 발생하자, 그 요건을 대폭 완화한바 있다. 즉 1990년 최초로 공급된 중계시범단지 영구임대주택에서는 입주자의 40%에 달하는 대상자들이 입주를 포기하는 등 대규모 입주자 미달사태가 발생하였다. 이에 따라 영구임대주택 정책은 축소되기에 이르렀으며, 공급규모가 축소되었음에도 입주자 미달사태가 발생하자 입주자 자격요건을 완화하기에 이르렀다(임재만, 2002: 5~8).

등 반달리즘(Vandalism) 뿐만 아니라 음주, 소란, 고층 낙하물 투척 등 공공생활 침해행위가 빈번하게 발생하여 지역주민들의 우려와 거부감을 나타내게 하고 있다(장영희, 2003: 26).

26) 공공임대주택을 건설하는 민간업체는 국가 재정의 지원을 받아 사업을 진행할 수 있고, 수익 창출이 가능하다. 또한 사업 수행을 통해서는 공공임대주택 공급량 재고에 기여하게 된다. 이에 비해 건설업체는 임대료 등에 있어서 건설교통부의 표준임대료규칙에 의해 통제를 받게 되어 시장에서와 같은 수익은 기대하기가 사실상 어렵다.

〈표 3-10〉 영구임대주택 입주자 자격기준의 변화

	자 격 기 준
초 기	● 생활보호대상자 중 거택보호자, 자활보호자, 의료부조자 ● 보훈대상자 중 일정 소득수준 이하의 의료부조자
1992. 6	● 저소득 모자가정 ● 청약저축 가입자 중 일정 소득수준 이하인 자
1993. 10	● 철거세입자 ● 일군 위안부

여기서 문제가 되는 것은, 입주자 자격요건 완화로 영구임대주택 입주자 중 수급권자인 고객대상자의 비중이 절반 이하로 축소되었다는 점이다.

〈표 3-11〉 대한주택공사의 영구임대주택 입주자 현황(2001년 7월 기준)

생활보호대상자(47.5%)			일반입주자(52.5%)			합 계	입주 대기자	연평균 퇴거 세대
의료 부조자	보훈 대상자	모자 가정	청약 저축	생활보호 해제가구	철거이 주민 등			
62,590	2,153	1,745	44,860	28,590	140	140,078	31,585	7,476

자료: 진미윤(2001), p.118.

이러한 원인에 대해서 이영환(1992)의 조사에 의하면, 서울시 중계동 시범지역에 입주를 포기한 고객대상자의 31% 중 63.3%가 임대료와 관리비 부담을 지적하고 있다. 즉 기본적으로 저소득층에 대한 정책은 소득향상 프로그램과 동시에 진행되어야 그 효과를 거둘 수 있는 것임에도 보증금과 임대료는 비록 시세보다 크게 낮게 설정되었지만, 자체관리를 하도록 방치된 임대주택의 관리비 수준은 일반공동주택에 비해 결코 낮은 수준이 아니었던 것이다. 뿐만 아니라 간접적으로는 직주(職住)분리에 따른 생계문제와 교통비 증가, 저소득층 집단생활에 따른 생활비의 증가 등의 문제가 있는 것으로 나타나고 있다.

영구임대주택 정책집행 과정에서 나타난 입주포기는, 정책의 오류가 있음에도 입주자격 요건 완화라는 단기적 시각에서 입주 미달사태를 해결하려 시도한 것으로 볼 수 있다. 종합적인 주거복지 정책으로 시행되기 보다는 경제적 논리로 미리 설정된 재원에 의해 단순히 정책의 집행에만 관심을 두었기 때문이다. 영구임대주택의 공급재원은 정부가 총비용의 85%를 부담하고 나머지는 임대보증금으로 충당하도록 계획하였으나, 임대 이후의 관리비 재원에 대해선 아무 대책이 없었던 것이다. 이는 고객대상자의 경제수준을 고려하지 않고 설정된 보증금과 임대료 체계, 그리고 관리비의 사용자 부담 원칙에 따라 저소득층·불우계층(독거노인, 장애인)의 주거환경을 오히려 악화시킴으로서 고객을 위한 주택사업이 오히려 고객에게 선택권 제공의 여지도 없고, 비용도 감당하지 못하는 사태로 이어지게 만들었다.

2) 지역적 특성에 의한 고객세분화 분석

공공임대주택 공급의 정책목표인 저소득층·불우계층(독거노인, 장애인) 고객의 주거안정 달성을 위한 선행조건은 바로 고객이 입주할 수 있는 위치에 건설되어야 한다는 점이다. 즉 임대주택 소요와 실제 건설지역이 일치하지 않는다면, 영구임대주택 공급 사례에서 볼 수 있듯이 고객의 외면을 당하고 목표했던 정책효과를 산출하기는 어려울 것이다. 이와 같은 문제 극복을 위해서는, 공공임대주택 건설계획의 수립시 지역별 배분과 실제 수행가능성에 대한 다양한 측면[27]의 검토가 요구될 것이다. 그러나 대표적인 공공임대주택정책인 국민임대주택 100만호 건설계획이 발표될 당시에도 연도별 건설물량 배분은 이루어졌으나 지역별 배분은 발표되지 않았다. 2004년 건설교통부에서 「주택종합계획(2003~2012)」을 수립하면서 비로소 연도별 물량계획과 지역별 공급물량 배분의 기준이 마련된 바 있다.

---

27) 예를 들어, 택지조성 가능성과 재원조달의 가능성, 그리고 주변 지역주민의 수용 가능성 등의 선행 평가가 필요하다.

　　실제로 고객의 욕구에 일치하는 제품(정책)을 생산·판매하기 위한 과정으로 볼 때, 위의 과정은 상당한 문제가 제기될 수 있다. 즉 전 국가적 서비스 제공을 위해서는 전체물량 계획을 수립 후 지역적으로 배분하는 절차를 수행할 것이 아니라, 반대로 각 지역별 고객의 수요와 공급가능성을 파악하고, 이를 근거로 향후 수요량의 추정을 더하여 전체 물량이 결정되어야 하는 것이다. 이런 문제는 곧 현실화되는데, 실제 지역별 건설실적에서 상당 지역의 추진량이 배분량에 미치지 못하고 있는 것(18개 지역 중 7개 지역)으로 나타나고 있다. 이는 '유통'요인 분석에서 상세히 논의해 본다.

2. 공공임대주택의 제품 요인 분석

1) 정책간 고객·목표의 차별성

　　2002년 현재 우리나라 제도권 임대주택 재고는 전체주택의 8.3%로 국민의 정부출범 초기인 1998년 5.5%에 비해 2.8%가 늘어난 것을 알 수 있으며 지속적으로 소폭이나마 증가한 것을 알 수 있다. 그러나 전체 물량의 증감 실태를 살펴보는 것보다 중요한 것은, 저소득층과 특정 주민계층을 목표로 분류되어 있는 각종 공공임대주택사업시행이 분화된 주민계층에게 수혜될 수 있도록 차별성 있는 정책내용을 명시하고 시행하는가 하는 점이다.

　　이를 검토해 보기 위해서는 법적으로 확립되어 있는 공공임대주택정책의 성격에 따라 종류를 분화하고 그 법적 내용을 분석하여 차별화된 고객지향성을 살펴볼 필요가 있다.

〈표 3-12〉 우리나라 전체주택 대비 제도권 임대주택 비율

구 분	전체주택 (천호, %)	제도권 임대주택						
		합 계	영구 임대	50년 공공 임대	건설 임대[1]	사원 임대	국민 임대	매입 임대
1998	10,867 (100)	592.8 (5.5) (100)	190.0 (1.7) (32.0)	49.0 (0.5) (8.3)	316.1 (3.0) (53.3)		–	37.7 (0.3) (6.4)
1999	11,181 (100)	659.8 (5.9) (100)	190.0 (1.7) (28.8)	64.8 (0.6) (9.8)	311.4 (2.8) (47.2)	39.1 (0.3) (5.9)	–	54.5 (0.5) (8.3)
2000	11,472 (100)	753.5 (6.6) (100)	190.0 (1.7) (25.2)	79.0 (0.7) (10.5)	383.5 (3.3) (50.9)	35.1 (0.3) (4.7)	–	65.7 (0.6) (8.7)
2001	11,892 (100)	919.7 (7.7) (100)	190.0 (1.6) (22.7)	86.0 (0.7) (9.4)	527.6 (4.4) (57.4)	35.3 (0.3) (3.8)	3.0 (0.0) (0.3)	77.6 (0.7) (8.4)
2002	12,357 (100)	1,021.4 (8.3) (100)	190.0 (1.5) (18.6)	87.8 (0.7) (8.6)	605.6 (4.9) (59.3)	38.4 (0.3) (3.8)	10.8 (0.1) (1.1)	88.7 (0.7) (8.7)

자료: 건설교통부·대한주택공사(2003), 「서민주거안정을 위한 주택백서」, p.130.
주 1): 여기에 속하는 것이 5년 공공임대주택과 민간건설중형임대주택임.

(1) 영구임대주택

1991년 처음으로 입주가 이루어진 영구임대주택은 영세민의 주거안정을 목적으로 공급된 주택이었기 때문에 1990년 제정된 「영구임대주택입주자선정기준및관리지침」에 근거하여 입주자를 선정하였다. 당시 자격은 생활보호법에 의한 거택보호자와 자활보호자, 의료부조자 그리고 보훈대상자 중 의료보조자의 소득수준 이하인 자를 입주대상으로 하였으며 경쟁시 배분기준으로 점수제가 운영된 바 있다.

그러나 생활보호대상자 가운데 주택규모, 지불능력, 생활권 변동 등을 이유로 입주희망가구가 많지 않아 영구임대주택의 계획호수를 25만호에서 19

만호로 줄였으며, 영구임대주택의 공급호수를 줄였음에도 불구하고, 여전히 입주자 미달사태가 발생함에 따라, 1992년 6월 입주자의 자격요건을 크게 완화하여 저소득 모자가정, 월 5만 원 이하 주택청약저축 가입자까지 영구임대주택에 입주할 수 있게 하였다. 나아가 1993년 10월에는 입주대상이 일본군위안부, 철거세입자로까지 확대되었다. 영구임대주택 입주자 선정기준이 변경됨에 따라 영구임대주택이 건설 중이던 1993년 6월에는 주택공사 영구임대주택 전체 입주자의 62.7%가 생활보호대상자 등 법정 영세민이었으나, 영구임대주택의 입주가 완료된 1995년 12월에는 법정영세민의 비율이 40.1%로 감소되었다.

「영구임대주택입주자선정기준및관리지침」은 1995년 「주택공급에관한규칙」제31조(영구임대주택의 입주자 선정 등에 대한 특례)가 신설됨에 따라 폐지되었다. 제31조의 주요내용은 영구임대주택의 입주자격에 대한 우선순위 규정, 영구임대주택에 입주해도 청약자격을 상실하지 않는다는 것, 그리고 영구임대주택을 관리하는 시·도지사, 대한주택공사는 입주자격·입주자 선정 및 관리 등에 관한 세부적인 사항과 입주계약, 입주자 관리, 퇴거요건, 특별수선충당금의 적립, 관리비 보전 등 영구임대주택 운영·관리에 필요한 사항을 따로 정할 수 있도록 한 것이다. 현재 영구임대주택에는 「주택공급에관한규칙」제31조(영구임대주택의 입주자 선정 등에 대한 특례)에 의해 아래의 〈표 3-13〉과 같은 조건을 가진 무주택세대주가 입주할 수 있다.

현재 영구임대주택의 1/4에 해당되는 4만7천호가 서울에 건설되었으며, 부산, 대구, 광주, 대전, 인천 등 6대 도시에 전체 공급량의 2/3가 건설되었다. 영구임대주택의 기본 거주기간은 2년이나, 계약자가 국민기초생활보장법상의 수급자인 경우는 계속 거주가 가능하다. 수급대상에서 탈락하는 경우는 원칙적으로 영구임대주택에서 나가야 하지만, 어려움을 감안하여 재계약시 30% 인상된 보증금 및 임대료를 내면 계속 거주하도록 하고 있다.

〈표 3-13〉 영구임대주택 입주자 자격

법 령	내 용
31조 1항	「국민기초생활보장법」에 의한 수급자
31조 2항	「국가유공자예우등에관한법률」에 의한 국가유공자 또는 유족
31조 3항	「일제하군대위안부에대한생활안정지원법」제3조 규정에 의하여 보건복지부장관에게 등록한 일군위안부
31조 4항	「모자복지법」시행규칙 제3조의 규정에 의하여 보건복지부장관이 정하는 기준에 해당하는 보호대상 모자가정
31조 5항	「북한이탈주민의보호및정착지원에관한법률」제2조 제1항의 규정에 의한 북한이탈주민
31조 6항	「장애인복지법」제29조의 규정에 의하여 장애인등록증이 교부된 자
31조 7항	65세 이상 직계존속을 부양하는 자로서 1호의 수급자 선정기준의 소득평가액 이하인 자
31조 8항	1호내지 제4호의 규정에 준하는 자로서 건설교통부장관 또는 시·도지사가 영구임대주택의 입주가 필요하다고 인정하는 자
31조 9항	청약저축가입자

자료: 주택공급에관한규칙 제31조를 토대로 작성.

(2) 50년 공공임대주택

1992년 공급되기 시작한 50년형 공공임대주택의 입주대상자는 청약저축가입자로 「주택공급에관한규칙」의 순위별 기준이 적용된다. 청약저축가입자와 별도로 철거세입자, 보훈대상자 등 특별공급이 가능하다. 건설재원의 50%는 정부재정, 20%는 국민주택기금, 10%는 건설주체, 나머지 20%는 이주자의 임대보증금으로 조달하도록 되어 있다. 임대보증금은 건설원가의 20%를 받으며, 종전의 장기·영구임대주택과 달리 원가연동제를 적용하여 임대조건을 결정토록 하였기 때문에 급지별 차등적용이 없는 것과 임대료와 임대보증금을 상호 전환할 수 있도록 하는 특징이 있다.

50년 공공임대주택은 재개발·주거환경개선사업지구의 세입자용으로 건설되는 임대주택까지 포함하여 79,039호가 있으나, 1996년 이후에는 세입자용 50년 공공임대주택만 건설되고 있다. 1992년분과 1993년분에 한정하여 재정 50%, 기금 20%, 입주자 30% 재정지원이 이루어졌으나, 1994년 이후 재정지원이 중단되면서 건설비 기금융자가 70%로 상향되었다.

<표 3-14> 사업주체별 50년임대 임대현황

(2002년말 현재)

계	주택공사	지자체
87,828호	25,352	62,476
100%	28.9%	71.1%

자료: 건설교통부(2003), 「주택업무편람」, p.315.

(3) 5년 공공임대주택

1992년 수립된 제7차 경제개발계획에서는 영구임대주택의 건설을 중단하고 아울러 종전의 장기임대주택을 대신하기 위해 임대기간 5년과 50년으로 구분되는 공공임대주택 25만호 건립계획을 수립하였다.

5년형 공공임대주택의 입주자격은 주택건설촉진법의 하위법령인 「주택공급에관한규칙」에 규정되어 있다. 동 규칙에 의하면 공공임대주택의 입주자격은 무주택세대주가 가입할 수 있는 청약저축에 가입하고 매월 약정납입일에 월납입금을 24회 이상 납입해야 제1순위가 된다. 제1순위로 공공임대주택의 임대가 이루어지지 않을 때에 한해서 청약저축 가입 후 6월이 경과한 제2순위자에게 청약자격이 생기며, 2순위에 의해서도 임대가 이루어지지 않을 때 제1순위와 제2순위를 제외한 자인 제3순위자에게 자격이 생긴다. 순위 간에 경쟁이 생길 때를 대비해서 40㎡를 초과하는 주택의 공급순차는 ㉠ 5년 이상 무주택세대주로 매월 약정납입일에 월납입금을 60회 이상 납입한 자 중 저축총액이 많은 자, ㉡ 3년 이상 무주택세대주로 저축총액이 많은 자, ㉢ 저축총액이 많은 자, ㉣ 납입횟수가 많은 자, ㉤ 부양가족이 많은 자, ㉥ 당해건설기간에 장기간 거주한 자로 규정되어 있다. 40㎡이하 주택의 공급순차는 ㉠ 5년 이상 무주택세대주로 납입횟수가 많은 자, ㉡ 3

년 이상 무주택세대주로 저축총액이 많은 자, ㉢ 저축총액이 많은 자, ㉣ 납입횟수가 많은 자, ㉤ 부양가족이 많은 자, ㉥ 당해건설기간에 장기간 거주한 자로 규정되어 있다.

5년형 공공임대주택에 대한 지원은 국민주택기금의 호당 융자가 있으며, 1992년 이후 2001년까지 민간건설중형임대를 포함하여 735,345호가 공급되었으나, 분양전환으로 2001년 말 현재 527,533호가 있다.

(4) 민간건설 중형공공임대주택

민간건설 중형공공임대주택이란 IMF 경제위기 이후인 1998년 주택시장의 활성화를 도모하기 위해 민간이 건설하는 전용면적 60~85㎡까지의 임대주택에 대해 국민주택기금 지원이 검토됨에 따라 공급되기 시작한 주택이다. 융자액은 60~70㎡, 70~80㎡, 85㎡ 규모에 따라 3,500만원에서 5,000만원의 범위에서 지원된다. 입주자격은 청약저축, 청약예금, 청약부금 가입자이다. 이자율은 임대기간 중엔 5.5%, 분양전환 이후엔 9.0%가 된다.

(5) 사원임대주택

1990년 창설된 근로자주택제도 중 사원임대주택은 공급초기에는 10인 이상 상시종업원을 가진 제조업체와 운수 및 청소업체에 종사하는 기혼근로자로서 부양가족이 있어야 하며 신청공고일 현재 1년 이상 무주택세대주를 대상으로 공급하는 주택이었다. 그러나 점차 기준이 완화되어 그 대상이 운송업, 위생서비스업, 전기·가스 및 중기업, 운수창고 및 통신업, 위생 및 유사 서비스업으로 확대되었다. 1995년 8월에는 수도권 외의 지역에서 업종제한을 폐지하였으며, 1999년 1월에는 수도권에서도 업종제한이 폐지되었다. 또한 기혼근로자의 경우에는 배우자도 세대주로 간주되어 근로자 주택을 공급받을 수 있게 되었다. 2000년에는 사원임대주택의 배분기준 즉 입주자격은 5인 이상의 상시종업원을 가진 사업체에 종사하는 무주택세대주로 변화되었다. 다만 입주가구의 소득에 대해서는 10년 이상 근속근로자의 경우에는 제한이 없으며, 그렇지 않은 근로자는 전년도 도시근로자의 가구당 월평균 소득 이하이어야 하는 기준이 있다.

사원임대주택에 대한 입주자격과 관련해서는 「근로자주택의 공급 및 관리에 관한 규정」을 참고할 수 있다. 사원임대주택은 근로자의 주거안정을 목적으로 공급된 주택으로 영구임대주택과 비교할 때 배분기준과 임대기간에 제한이 있는 점에서 공공임대주택으로서의 한계는 있지만 주택을 필요로 하는 가구의 주거생활 안정에 기여하는 점에서 공공적인 성격이 있다고 할 수 있다. 사원임대주택의 도입 당시에는 임대의무기간이 50년이었으나 현재는 임대주택법 시행령 개정을 통해 5년으로 단축되었으며 1990년 이래 2001년까지 73,339호가 공급되었으나 현재 남아 있는 주택재고는 2001년 말 기준 35,346호이다. 건설은 주택공사, 지방공사, 민간건설업체, 고용자가 행한다.

(6) 국민임대주택

1998년 국민의 정부 출범과 함께 공급된 국민임대주택은 10년형과 20년형이 있었다. 10년형의 경우 당해 전년도 도시근로자 가구의 월평균 소득의 70% 이하이면서 청약저축에 가입한 무주택세대주에게, 20년형은 무주택세대주로 당해 전년도 도시근로자 가구의 월평균 소득의 50% 이하인 자에게 공급하되, 청약저축 가입조건은 없었다.

2002년 5월 2003년부터 2012년까지 100만호 건설계획이 수립되면서 저소득계층의 소득수준을 고려하여 주택규모 및 지원수준을 다양화하여 Ⅰ형(14~15평), Ⅱ형(16~18평), Ⅲ형(19~20평)의 3가지 형태로 다양하게 공급하게 된다. 2002년 9월에는 임대의무기간도 30년으로 통일되었으며, 1998년부터 2003년까지 주택공사와 지자체에 의해 190,573호가 건설되었다.

국민임대주택은 재정과 기금의 지원을 받아 건설하기 때문에 지역에 따라 차이는 있지만 시중 전세가에 비해 저렴한 임대료의 주택을 공급할 수 있었다.

<표 3-15> 국민임대주택 임대조건과 시중전세가 비교

구 분	평형	시중전세가[1]	임대조건[2]	시중전세가 대비	주거비 경감
수원매탄	21	60,000천원	30,000천원	50%	30,000천원
대전관저	25	45,000천원	28,000천원	62%	17,000천원

자료: 대한주택공사 내부자료.
주 1): 시중전세가 및 임대조건은 2002년 12월 현재 기준임.
　 2): 임대조건은 월임대료를 보증금으로 환산한 금액임.

　또한 임차인 자격을 소득 4분위 이하의 소득계층에 속하는 무주택세대주로 한정한 점에서 저소득층을 위한 주택으로 공급한다는 방침을 실현한 것으로 평가할 수 있다. 우리나라의 임대주택은 주로 청약저축에 가입한 가구에게 공급하는 것이었으나, 국민임대주택 중 50㎡미만인 경우는 청약저축 가입과 무관하게 무주택세대주로서 당해 세대의 월평균소득이 전년도 도시근로자 가구당 월평균 소득의 50% 이하인 가구에게 공급되기 때문이다. 물론 50㎡이상 국민임대주택에 대해서는 여전히 청약저축 가입자를 조건으로 하는 점에서 주택청약저축을 완전히 배제하지 않았음을 알 수 있다. 청약저축 가입을 조건으로 공공임대주택을 배분하는 것은 다른 사람보다 열심히 노력하는 사람을, 그렇지 않은 사람보다 우대한다는 원칙에 입각한 것으로 평가될 수 있으므로 그 기준이 공정성에 현저히 위배되는 것으로 볼 수는 없을 것이다. 국민임대주택 건설 이전 우리나라의 대표적인 장기공공임대주택인 영구 임대주택과 특징을 비교하면 아래 <표 3-16>과 같다.

<표 3-16> 국민임대주택과 영구임대주택 비교

구 분	국민임대	영구임대
건설목적	저소득층의 주거안정	영세민의 주거안정
건설시기	1998~2012	1989~1992
건설호수	190,573호(1998~2003) -주공: 180,081 -지자체: 10,492	190,077호 -주공: 140,078 -지자체: 49,999

구 분	국민임대	영구임대
건설규모	전용 18평 이하	전용 7~13평
건설재원	●정부재정 20.2%(호당 1,135만원) ●국민주택기금 40% ●입주자부담 29.8% ●사업자부담 10%	●정부재정 85%(호당 2,060만원) ●입주자 15%
공급대상	●50㎡ 미만 －도시근로자월평균 소득의 50% 이하인 무주택세대주 (2003년말 기준 1,469,590원) ●50㎡ 이상 －도시근로자 월평균소득 70% 이 하인 청약저축가입 무주택세대주 (2003년말 기준 2,057,426원)	●생활보호대상자 등 법정영세민
표준임대 조건	건교부고시 제2003-224호(2003.9.4) ●표준임대보증금: 주택가격의 20% ●표준임대료 －감가상각비: 내용년수 50년, 잔 존가액 10%, 정액법 －수선유지비: 건축비의 0.4% －화재보험료, 기금이자: 실지금액 －자체이자: 사업자부담금×1년만 기정기예금이자율×0.5	건교부고시 제568호(1990. 9. 1) 1급지(서울) 보증금 50,400/㎡ 임대료 1,008/㎡ 2급지(광역시 및 수도권 위성 도시) 47,800 967 3급지(인구 30만 이상 도청소재지) 45,300 907 4급지(기타) 43,000 862

자료: 대한주택공사 내부자료.

(7) 10년 장기공공임대주택

10년 장기공공임대주택은 2003년 9월 서민·중산층 주거안정 지원대책을 통해 3.4%에 불과한 장기공공임대주택 재고를 15%로 제고하기 위해 국민임대주택 100만 호와 함께 추진하는 임대기간 10년의 장기공공임대주택으로 2012년까지 50만 호 건설을 추진 중이다.

2004년 3월 17일 임대주택법시행령 제9조 제1항 제3호가 신설되어 법적 근거를 마련하였다. 민간부문 주도로 국민주택기금과 공공택지를 지원받아 전용 25.7평 이하로 건설하여 소득 5~6분위의 중산화 가능계층이 입주토록 유도할 계획으로 중산화 가능계층의 다양한 주거 수요에 맞추어 평형 확대 등 주택의 품질을 제고하였다. 민간의 장기임대주택 건설을 촉진하기 위하여 공공택지 공급비율을 확대하고 공급가격과 국민주택기금 융자금리를 인하하는 등 5년 공공임대주택과 차별화된 인센티브를 제공하였다. 2004년 주택공사에서 시범사업으로 1,000호 건설을 추진 중이다.

(8) 매입임대주택

임대주택법의 제정(1993.12.27, 법률제4629호)으로 도입된 매입임대주택은 원래는 미분양된 주택을 전용하려는 의도에서 도입되었으나, 민간의 제도권 임대주택을 육성하는 방향으로 활용되고 있다. 매입임대사업을 촉진하기 위해 매입자금으로 국민주택기금이 지원되는 점에서 공공임대주택의 한 가지 유형에 속하나 임대사업자로서 등록과 임대의무기간(3년) 외에는 규제가 없다. 매입임대주택의 공급을 확대하기 위하여 처음에는 5호 이상의 주택을 매입하도록 하였으나, 1999년 이후 임대업자의 등록기준을 2호 이상으로 완화하고 국민주택기금 운용계획에 매입임대주택 부분이 포함되면서 이전 보다 매입임대주택 사업이 활성화 되고 있다. 임대사업을 활성화하기 위해 임대사업자 등록기준을 5호에서 2호로 완화하고(임대주택법시행령 제6조제1항 개정, 1999. 11. 12) 등록권한을 기존 건설교통부장관에서 시장, 군수 또는 구청장으로 이양(임대주택법 제9조제1항 개정, 2000. 1. 12)하였다. 등록권한을 시·도 등 지방자치단체로 이양한 것이다.

매입임대주택 사업은 꾸준히 증가추세를 보이고 있으나, 시기적으로 매입임대주택 사업자의 증가가 가시적으로 드러난 것은 1997년이다. 1996년에 비해 사업자수가 473명에서 3,357명으로 크게 늘어났으며, 매입임대호수도 4,702호에서 28,116호로 현저히 증가하였다. 이후 1997년도만큼 갑작스런 증가는 보이지 않으나 임대사업자 및 임대호수는 매년 늘어나고 있다.

<표 3-17> 매입임대주택사업 현황

구분	1994	1995	1996	1997	1998	1999	2000	2001	2002.4
사업 자수	29	121	473	3,357	4,452	6,301	9,699	10,365	14,490
임대 호수	783	1,885	4,702	28,116	37,686	52,246	68,729	72,339	99,045
사업 자당 임대 호수	27.0	15.6	9.9	8.4	8.5	8.3	7.1	7.0	6.8

자료: 건설교통부 · 대한주택공사(2003), 「서민주거안정을 위한 주택백서」, p.139.

2002년 4월 현재 매입임대사업자의 평균 임대호수가 6.8호로 나타나고 있다. 임대사업자 및 임대호수는 늘어나는 반면, 임대사업자 당 임대호수가 줄어들고 있다는 것은 소규모의 매입임대사업자가 많다는 것이며 이들 소규모 매입임대사업의 활성화 가능성을 보여준다.

그러나 공공건설부문 뿐만 아니라 민간의 소규모임대사업자의 활성화 가능성으로 인해 공급의 확대를 도모할 수 있다 하더라도 실제 고객대상자에 대한 명확한 제품의 전달가능성에 대해서는 근본적인 의문이 존재할 수 있다. 그것은 바로 청약저축가입자가 거의 모든 정책내용의 대상자로 포함되어 있다는 것이다. 실제로 각 정책은 그 대상자에 대해서 저소득층 · 근로자 및 서민 · 법정 영세민 등 구체적 범위를 설정하면서도 하위대상자에 청약저축가입자를 포함하고 있어, 국가의 보호대상자 이외의 집단을 추가로 설정하고 있다는 문제가 있다. 이를 보면 청약저축가입자라는 무제한적인 고객집단은 각 정책이 목표하는 범위에 상관없이 자유로운 정책선택이 가능해지게 되며, 실제 각 정책이 목표해야 할 대상집단은 선택의 폭을 제한받게 되는 결과가 된다. 이런 결과를 살펴보면 차별화된 대상집단에 대한 정책효과를 달성할 수 있는 근간은 상당히 저해된다고 평가될 수 있다.

〈표 3-18〉 임대주택의 유형별 특성

구 분		임대기간	규모	사업주체	특 성
공공건설임대	영구임대	영구	전용 40㎡ 이하	-주택공사 -지자체	-공급목적: 영세민 주거안정 -공급시기: 1989~1992년 -입주대상: 생활보호대상자, 의료부조자, 보훈대상자 -건설재원: 건설비의 85% 국가재정
	사원임대	5년	85㎡ 이하	-주택공사 -지방공사 -민간업체 -고용자	-공급목적: 근로자의 고용안정과 주거안정 -공급시기: 1990년~현재 -입주대상: 5인이상 고용사업체의 무주택세대주인 피고용자 -건설재원: 기금에서 35~40백만원 융자
	50년임대	50년	60㎡ 이하	-주택공사 -지자체	-공급목적: 무주택국민과 저소득층의 주거안정 -공급시기: 1992년~현재 -입주대상: 무주택청약저축가입자, 특별공급 (보훈대상자, 일본군위안부, 철거민, 장애인) -건설재원: 1992년~1993년사업분 재정지원 50%, 기금 20%, 1994년 이후는 규모별 기금지원
	5년임대	5년	85㎡ 이하	-주택공사 -지방공사 -민간업체	-공급목적: 무주택 서민의 주거안정 -공급시기: 1992년~현재 -입주대상: 무주택 청약저축가입자 -건설재원: 기금에서 45~60백만원 융자
	국민임대	30년	60㎡ 이하	-주택공사 -지자체	-공급목적: 저소득층의 주거안정 -공급시기: 1998년~현재 -입주대상: 50㎡ 미만-전년도 도시근로자 가구당 월평균소득 50% 이하인 무주택세대주 50㎡ 이상-전년도 도시근로자 가구당 월평균소득 70% 이하인 청약저축가입무주택세대주 -건설재원: 재정지원 10~40%, 기금 40%
	10년임대	10년	85㎡ 이하	-주택공사 -지방공사 -민간업체	-공급목적: 중산, 서민층 주거안정 -공급시기: 2004년~ -입주대상: 무주택 청약저축가입자 -건설재원: 기금에서 45~60백만원 융자

구 분	임대기간	규모	사업주체	특 성
민간건설 임대	5년	제한 없음	-민간업체	-공급목적: 중산층의 주거안정 -입주대상: 사업자 자율선정 -건설재원: 자체자금 및 임대보증금
매입임대	3년	제한 없음	-개인 -법인	-공급목적: 민간임대주택의 공급확대 -공급시기: 1994년~현재 -입주대상: 사업자 자율선정 -정부지원: 기금에서 호당 6,000만원 융자

2) 정책목표의 정확성

(1) 임대주택 양적 측면의 정확성

그간 주택의 양적 확대를 위한 정부의 주택정책에 힘입어 전체적인 주택보급율이 확대되어 2002년에는 주택보급율이 100%를 상회하는 등 우리나라의 양적인 주택공급은 크게 향상되었다.

〈표 3-19〉 연도별 주택보급율

(단위: %, 천 가구, 천 호)

연도	전 국			수도권			서 울		
	보급율	주택수	가구수	보급율	주택수	가구수	보급율	주택수	가구수
1970	78.2	4,360	5,576	64.5	1,057	1,638	56.8	584	1,029
1980	71.2	5,319	7,470	60.2	1,646	2,732	56.1	968	1,724
1990	72.4	7,357	10,167	63.3	2,798	4,423	57.9	1,458	2,518
2000	96.2	11,472	11,928	86.1	4,731	5,494	77.4	1,973	2,548
2002	100.6	12,358	12,286	91.6	5,239	5,719	82.4	2,103	2,551

자료: 건설교통부(2003), 「주택업무편람」, p.287.

그러나 주택보급율이 100%를 상회하여도 모든 가구가 주택을 보유하게 되는 것은 아니다. 왜냐하면 도시 저소득층은 자력으로 주택을 구입할 능력이 없기 때문이다. 어느 사회나 국가든 간에 주택을 구입할 수 없는 계층이 있고 이들을 위해 임대주택 공급이 필요한 것이다. 2000년말 현재 총 가구 중 임차가구가 43%이며, 특히 서울 등 수도권은 전·월세로 거주하는 가구가 절반을 넘고 있음에도 불구하고 저소득층의 주거안정을 도모할 수 있는 공공소유의 장기임대주택은 3.4%에 불과하여, 수도권의 전·월세난이 반복적으로 발생하고 있다.

<표 3-20> 주거점유 형태별 거주 가구 수

구 분	계	자 가	전 세	월 세	무 상
전 국	14,312천 가구 (100%)	7,753 (54.2)	4,040 (28.2)	2,113 (14.8)	406 (2.8)
수도권	6,502천 가구 (100%)	3,095 (47.6)	2,336 (35.9)	940 (14.5)	131 (2.0)

자료: 건설교통부(2003), 「주택업무편람」, p.292.

더구나 임대료 부담을 나타내는 RIR[28]은 1993년 25.8%에서 1999년 18.3%로 낮아졌다가, 2002년 21.3%로 다시 상승함으로써 임차가구의 주거비 부담이 증감함을 알 수 있다. 과중한 주거비 부담은 저소득층의 소비생활을 압박하여 생활필수품에 대한 소비를 억제하고, 나아가 건강이나 교육, 문화, 사교생활에 대한 지출을 제한함으로서 이들의 자립, 자활능력의 배양을 저해하고 빈곤이 다음 세대까지 되물림되는 결과를 초래하게 된다(박신영, 2004: 35).

---

28) RIR: Rent to Income Ratio-수입 대비 주거비 비율.

〈표 3-21〉 연도별 RIR 현황

구 분	1993	1997	1998	1999	2000	2001	2002
RIR(%)	25.8	19.4	27.4	18.3	20.7	20.7	21.3

자료: 박신영(2004), p.35.

(2) 임대주택 질적 측면의 정확성

전반적인 주거수준 향상에도 불구하고 저소득층의 주거상태는 여전히 열악한 상황이다. 아래의 〈표 3-22〉에서 볼 수 있는 바와 같이 소득 1~2분위 계층의 주거면적은 17평에 미달해 전체 평균의 70% 남짓한 실정이고, 소득 1분위 계층은 평균 건축년수가 16년이나 되는 노후주택에 거주하며 주거시설 역시 매우 낙후되어 있다.

〈표 3-22〉 소득계층별 주거실태

구 분		1분위 소득 이하	2분위 소득 이하	3분위 소득 이하	4분위 소득 이하	5분위 소득 이하	7분위 소득 이하	10분위 소득 이하	평 균
주거면적평균(평)		15.7	16.8	18.0	18.7	19.5	21.6	24.8	21.2
평균방수(개)		2.7	2.9	3.1	3.3	3.3	3.6	3.9	3.5
점유 형태 (%)	자 가	33.9	25.0	35.0	34.7	45.7	50.9	67.2	50.7
	전 세	25.3	38.9	35.0	40.2	33.0	35.9	24.6	31.6
	보증부월세	21.3	19.4	16.4	17.4	13.2	10.0	6.1	11.4
	월 세	12.6	8.3	5.1	3.9	4.0	0.9	0.7	2.8
	사글세	6.9	6.9	7.1	3.5	2.9	1.5	1.0	2.8
	기 타	0.0	1.4	1.4	0.3	1.2	0.8	0.4	0.7
주거 시설 (%)	입식부엌	81.0	98.6	95.2	98.1	98.5	99.1	99.5	97.7
	수세화장실	73.0	93.1	91.2	96.8	96.9	98.2	98.9	95.9
	온수목욕탕	75.3	87.5	93.8	96.1	96.0	98.4	99.6	96.2
주거경과년수(년)		16.5	13.1	11.6	11.6	11.5	10.7	10.3	11.2

자료: 건설교통부(2004), 「주택종합계획(2003~2012)」, p.8.

2000년 현재 최저주거기준 미달가구는 3,344천 가구로 전체 가구의 23.4%에 달하고 있다. 현대식 부엌 및 수세식 화장실을 갖추지 못한 시설기준 미달 가구가 2,383천 가구(71.3%)로 가장 많으며, 면적기준 미달가구는 1,306천 가구(39.1%), 침실기준 미달가구는 496천 가구(14.8%)로 나타난다. 특히 최저주거기준 미달가구는 5.3%인 176천 가구는 시설, 면적 및 침실기준에 모두 미달하는 심각한 주거상태를 보이고 있다.

〈표 3-23〉 최저주거기준 미달가구 현황

전체가구수 (천 가구)	최저주거기준 미달가구수	기준미달유형			
		면적기준 미달가구	시설기준 미달가구	침실기준 미달가구	면적·시설·침실 모두 미달가구
14,311.8	3,344 (23.4%)	1,306 (39.1%)	2,383 (74.3%)	496 (14.8%)	176 (5.3%)

자료: 건설교통부(2004), 「주택종합계획(2003~2012)」, p.12.

〈표 3-24〉 최저주거기준의 실태[29]

가구원 수(인)	표준 가구구성	실(방) 구성[1]	총주거면적(㎡)
1	1인 가구	1K	12(3.6평)
2	부부	1DK	20(6.1평)
3	부부+자녀1	2DK	29(8.8평)
4	부부+자녀2	3DK	37(11.2평)
5	부부+자녀3	3DK	41(12.4평)
6	노부모+부부+자녀2	4DK	49(14.8평)

주: 가구구성별 최소주거면적 및 용도별 방의 개수는 가구원 수 및 가구구성별(부부, 자녀 성별, 나이 등)로 필요한 침실면적과, 부엌·화장실 등 기타 면적을 합산하여 산정함
주 1): K-부엌, DK-식사실 겸 부엌. 숫자는 침실(거실겸용 포함) 또는 침실로 활용이 가능한 방의 수.
※ 이 밖에도 필수적인 설비의 기준에는, 상수도 또는 수질이 양호한 지하수 이용시설이 완비된 전용입식부엌, 전용수세식화장실 및 목욕시설 확보가 포함되며,
※ 주택의 구조·성능 및 환경기준에는 다음이 사항이 포함된다.
  -영구 건물로서, 내열·내화·방열·방습에 양호한 재질 확보
  -적절한 방음·환기·채광·난방 설비 구비
  -소음·진동·악취·대기오염 등 환경요소가 법정기준에 적합
  -홍수, 산사태, 해일 등 자연재해로 인한 위험이 현저하지 않을 것.

이와 같은 최저주거기준 미달가구의 주거실태를 살펴보면, 최저주거기준에 미달하는 일반가구의 주거밀도를 나타내는 1인당 주거면적 및 방 당 가구원 수는 각각 6.2평, 1.23명으로, 일반가구의 1인당 주거면적 및 방당 가구원 수와 비교할 때 최저주거기준 미달가구의 주거 밀도는 상당히 열악한 상태임을 알 수 있다. 거주유형은 단독 및 다가구주택에 거주하는 가구 비율이 83.8%로 절대 다수를 차지하여, 전체 일반가구의 이들 주택에 거주하는 가구 비율인 49.6%에 비해 월등히 높게 나타나고 있었다. 또한 점유형태 분포는 자가 거주율이 42.9%에 그치며 전세 22.5%, 보증부월세 18.7%, 월세 및 사글세 11.9%로 나타나, 전체 일반가구보다 자가 거주율은 낮고 월세 거주율은 2배 이상 높은 수치를 보이고 있다. 주거시설 현황의 경우 입식부엌을 갖춘 가구 비율이 71.2%, 수세식화장실을 갖춘 비율은 29.1%, 온수목욕탕을 구비한 가구 비율은 50.7%로 나타나는데, 이는 전체 일반가구에 비해 월등히 낮은 비율이다.

<표 3-25> 최저주거기준 미달가구의 주거실태

구 분		일반 가구	혈연 가구	1인 가구	소년소녀 가장가구	편부 가구	편모 가구	노인 가구
기준미달가구수 (천가구)		3,344.0	2,393.4	890.2	9.5	69.0	237.4	189.8
평균 가구원수(명)		2.8	3.5	1.0	4.9	2.7	2.6	2.6
주거 면적 (%)	9평 미만	35.0	28.1	51.8	70.1	47.4	43.0	9.3
	9~19평미만	43.9	47.5	35.5	23.6	38.0	40.4	48.8
	19~29평미만	16.8	19.5	10.4	4.7	11.8	13.6	33.6
	29~39평미만	3.2	3.8	1.6	1.1	2.1	2.2	6.5
	39평 이상	1.1	1.2	0.6	0.4	0.8	0.8	1.9

---

29) 주택법 제5조의 2 및 동법시행령 제7조의 규정에 의하여 국민이 쾌적하고 살기좋은 생활을 영위하기 위하여 필요한 최저주거기준을 설정하여 2000. 10월 고시(건설교통부 고시 제2000-260호(2000. 10. 2))하였고, 2004년 6월 8일 건설교통부에서 기고시한 최저주거기준을 우리의 주거현실과 정부재정여건을 감안하여 재검토한 후 확정 발표하였다.

구 분	일반 가구	혈연 가구	1인 가구	소년소녀 가장가구	편부 가구	편모 가구	노인 가구
주거면적평균(평)	13.1	14.1	10.4	8.1	11.4	12.1	17.9
1인당 주거면적평균(평)	6.2	4.6	10.4	5.0	4.5	5.0	7.7
평균방수(개)	2.5	2.9	1.8	1.7	2.4	2.5	3.0
방당 가구원수(명)	1.23	1.41	0.71	1.31	1.41	1.29	0.96

구 분		일반 가구	혈연 가구	1인 가구	소년소녀 가장가구	편부 가구	편모 가구	노인 가구
주택 유형 (%)	단 독	58.0	56.1	63.6	53.4	55.2	55.2	89.5
	아파트	6.0	8.0	0.7	3.0	7.1	9.7	1.4
	연립주택	1.8	1.9	1.4	1.6	1.8	1.5	0.6
	다가구주택	25.8	25.5	24.8	31.6	28.9	26.4	5.8
	다세대주택	1.0	1.2	0.4	0.7	0.7	0.6	0.2
	오피스텔	0.1	0.1	0.2	0.2	0.5	0.1	0.0
	기 타	7.3	7.2	9.0	9.4	5.9	6.5	2.4
점유 형태 (%)	자 가	42.9	44.0	35.0	9.0	26.4	35.2	86.6
	전 세	22.5	25.8	16.5	15.8	24.4	22.7	6.1
	보증부월세	18.7	18.4	19.8	24.4	27.7	25.8	2.6
	월 세	5.9	3.9	13.2	17.9	8.7	6.1	1.1
	사글세	6.0	4.5	9.7	24.6	7.9	6.4	1.2
	기 타	4.1	3.4	5.8	8.4	4.8	3.7	2.4
주거 시설 (%)	입식부엌	71.2	79.5	49.4	51.8	66.5	70.7	72.8
	수세화장실	29.1	36.2	9.0	18.1	26.6	29.6	7.7
	온수목욕탕	50.7	59.9	26.2	32.2	42.7	47.9	43.7
주택경과년수(년)		22.2	21.1	25.4	21.3	22.3	21.1	29.1

거주하는 주택의 평균연령은 22.2년으로 전체 일반가구보다 약 9년이나 더 오래된 노후한 주택에 거주하고 있는 실정으로 최저주거기준 미달가구의 40.7%는 20년 이상을 같은 주택에 거주해 이주에 따른 주거향상을 하지

못하고 있으며, 특히 이들 중에서 자가 가구는 71.5%가 20년 이상 같은 주택에 거주하고 있는 것으로 나타나고 있다. 이런 현상은 주거의 상향 이동을 통해 전체 가구의 주거 수준을 향상시키려는 중산층 위주의 주택정책이 충분한 효과를 내지 못하고 있다는 사실을 보여주고 있다.

이를 다시 역으로 판단하면, 중산층 위주의 주택정책 보다는 저소득층과 무주택자 위주의 주택정책 전환은 매우 적절한 것이라고도 보여진다.

3) 정책서비스 제공의 일관성(신뢰성)

민간자금에 의존하면서 국가가 행정적 수단으로 시장을 규율하는 우리나라의 주택공급체제는 급속한 경제성장, 산업·기술발전, 소득증가에 따른 수요와 가계여유자금의 증가로 대량의 주택건설, 공급을 이룩하였다. 그러나 이 공급체제에서는 주택공급 확대를 위해 투기성 자금의 주택시장 유입을 허용하거나 나아가 조장하기까지 해야 했는데, 이는 여유가계자금이나 심지어 기업의 운영자본까지도 비생산적 부문에 집중시킴으로써 자본이 가치 창출보다는 창출된 가치의 배분에 참여해서 이득을 보려는 행태(rent-seeking behaviour)를 반영시켰고, 그 결과 주택과 토지의 거품가격을 조성하여 부의 불평등 문제를 야기하였으며 생산요소 가격 인상 등의 부작용을 낳았다.

주택공급의 이러한 파급효과 때문에 주택정책은 경기대책이나 물가대책에 종속되었다. 국민임대주택의 공급확대도 전세가격 급등으로 도시 저소득층의 주거불안이 다시 사회문제화 한 2001년, 물가대책 차원에서 추진된 면이 강하다. 이처럼 경기대책, 물가대책, 자본의 비생산적 활동 규제 등에 종속된 결과, 주택정책은 주택소요, 특히 저소득층의 주택소요에 일관성 있게 대응하지 못하였다. 이는 주택공급이 이른바 부동자금으로 불리는 투기성 자금의 흐름에 크게 의존한 결과인 것이다. 주택정책은 한편으로는 투기로 인한 자산적 부의 불균형 분배 방비 또는 개선을 부르짖으며 다른 한편으로는 경기부양, 경제 활성화, 내수 진작, 고용기회 창출 등을 위해 투기적 수요를 부추기지 않을 수 없는, 부동산 정책의 모순적 구도에 의해 조건지어질 수밖에 없었다.

주택정책이 지난 40여 년간 투기억제책과 투기조장책의 반복 속에서 일관성을 유지하지 못하고 임기응변적 양태(ad hoc style)를 벗어나지 못했던 것은, 우리나라 정부의 전반적 정책추진 방식이 '정교하고 신중한 계획과 논의'를 거쳐 정책을 결정하기보다 일단 일을 시작하고 결과를 본 후 정책을 수정하고 적절한 배합이 나올 때까지 반복하는 스타일이었던데 기인하는 바도 있겠지만, 주택시장의 움직임에 일일이 대응할 수밖에 없었던 우리나라 주택시스템의 구조적 조건에 기인한 것이었다고 할 수 있다. 뿐만 아니라 우리나라의 공공임대주택정책은 고객대상자의 욕구에 상대적으로 민감한 지방자치단체의 주도가 아니라, 중앙정부 위주로 이루어져 있어 지방정부의 참여가 저조하고, 일관성 있는 공급체계의 부재로 공급되는 임대주택의 입주대상가구의 기준이 유동적인 측면이 있다. 또한 임대주택에 대한 지원은 대부분 신규 주택건설에 집중되고 있고, 주거복지와 관련된 정책기반은 미미하다는 점에서 더욱 정책적 일관성의 문제를 나타내고 있다. 이렇듯 실제 고객의 욕구에 민감하게 반응할 수 있는 지방자치단체 위주의 공공임대주택정책이 마련되지 못하고, 중앙정부 차원에서 검토한 기준에 의해 정책이 수립되면 여러 세부적 기준 또한 미비하게 된다. 즉 우리나라 임대주택공급은 공공부문은 대한주택공사와 지방자치단체가 하고 있고 민간부문은 주택건설업체와 건축주로 나누어진다. 그런데 민간부문에 있어서 건설업자를 임대업자로 간주하고 있는데, 건설업자와 임대업자는 성격상 상이한 형태를 가진 별개의 사업자이다. 그러나 우리나라에서는 임대업자와 건설업자가 명확하게 구별되고 있지 않다. 그러다 보니, 공급적 측면으로 볼 때도, 정책의 지속성 문제를 지적될 수 있는 것이다.

임대주택은 주택의 영구성이 길어 장기적인 투자가 되어야 하는 특성 때문에 정책의 특수성, 일관성이 임대주택에 대한 투자를 유도하는 관건이 된다. 그리고 투자자금 회수기간의 장기성, 초기 투자액의 다량소요, 임대료 규제 등 임대주택의 특성으로 인하여 민간의 일반적 투자를 제한하게 되므로, 현재의 임대주택수요에 부응하고 주택시장의 안정을 위해서는 임대주택이 지속적으로 공급될 수 있는 정책이 필요한 것이다.

3. 공공임대주택의 유통 요인 분석

유통은 제품 배포에 관한 것으로 제품·서비스가 구매자에게 전달되는 방법을 의미하고, 정책마케팅에서는 정책이 국민에게 전달하는 방법과 과정을 말한다. 즉 생산자로부터 소비자에게 제품을 전달하기 위한 과정에서 구매의 편리성, 접근성을 고려하는 것이라고 볼 수 있다.

그렇다면 본 연구의 사례인 공공임대주택정책에서는 고객인 입주대상자의 공공임대주택 사용의 접근가능성, 사용의 편리성 등에 대해서 분석할 필요가 있다. 특히 공공임대주택 사용의 접근가능성은, 주 고객인 저소득층의 입주자격과 관련된 접근가능성이 하위변수로서 검토할 수 있고, 사용의 편리성은 주택만족도와 주변환경의 만족도 등을 통해 알아 볼 수 있다.

1) 공공임대주택정책의 접근성

현재 공공임대주택의 입주자는 「주택공급에관한규칙」과 「서울시영구임대주택운영및관리규칙」에 따라 선정되고 있다. 영구임대주택은 국민기초생활보장 수급자 등 정해진 조건에 해당하는 신청가구를 대상으로 점수제에 따라 주택을 배정하고 있다. 50년 공공임대주택 중 재개발·주거환경임대주택

은 철거세입자들에게 우선 배정이 이루어지고 있으나, 그 밖의 일부 주택은
청약저축가입자의 신청에 따라 추첨에 의해 배정되고 있다.

<표 3-26> 공공임대주택 입주자격

유 형	입주자격	선정방법
영구임대 (전용 7평~12평)	① 국민기초생활보장 수급자 ② 국가유공자 ③ 일군위안부 ④ 저소득 모자가정 또는 부자가정 ⑤ 북한이탈주민 ⑥ 장애인(정신지체, 정신장애, 3급 이상의 뇌병변장애의 경우에는 배우자를 포함함) ⑦ 65세 이상 직계존속을 부양하는 자로서 국민기초생활보장 수급자 선정기준의 소득평가액 이하인 자 ⑧ 서울시장이 입주가 필요하다고 인정하는 자 ⑨ 청약저축 가입자 ※ 자격요건을 상실한 자가 계속 거주를 희망하는 경우에는 2회까지 계약갱신 가능(서울시영구임대주택운영및관리규칙 제8조 제4항)	●1순위: ①~⑥ 해당자 ●2순위: ⑦~⑧ 해당자 ●3순위: ⑨ 해당자
공공임대 (전용 10평~15평)	●청약저축 가입자 ●택지개발 철거세입자 ●도시계획 철거세입자 ●임시이주자 ●시의 승인을 받은 기타 공급대상자(국가유공자, 북한이탈주민 등)	●일반공급: 청약저축가입자 ●특별공급: 기타 (공급물량의 10%)
재개발임대 (전용 7평~10평)	●당해 또는 타 재개발사업지구 철거세입자 ●도시계획 철거세입자 ●시장이 정한 처분방법에 따라 선정된 자	
주거환경임대 (전용 7평~10평)	●1순위: 당해 주거환경개선사업지구 세입자 ●2순위: 타 주거환경개선사업지구 세입자 ●3순위: 청약저축 가입자	

그리고 국민임대주택은 입주대상 계층의 소득을 기준으로 가구 특성, 당해 지역 거주기간, 청약저축 가입회수(50㎡ 이상인 경우) 등을 감안하여 점수제로 입주자 선정이 이루어지고 있다.

<표 3-27> 국민임대주택 입주 신청자격 및 입주자 선정 순위

전용면적		입주자격
50㎡ 미만	신청자격	무주택 세대주로서 당해세대의 월평균소득이 전년도 도시 근로자 가구당 월평균 소득의 50% 이하인 자
	입주자 선정순위	-제1순위: 당해 주택이 건설되는 시·군·자치구에 거주하는 자 -제2순위: 당해 주택이 건설되는 시·군·자치구의 인접 시·군·자치구 중 사업주체가 지정하는 시·군·자치구에 거주하는 자 -제3순위: 제1,2순위 이외의 자
50㎡ 이상	자격요건	무주택 세대주로서 당해세대의 월평균소득이 전년도 도시 근로자 가구당 월평균소득의 70%이하인 자
	입주자 선정순위	-제1순위: 청약저축에 가입하여 2년이 경과한 자로서 매월 약정 월납입금을 24회 이상 납입자 -제2순위: 청약저축에 가입하여 6월이 경과한 자로서 매월 약정 월납입금을 6회이상 납입자 -제3순위: 제1,2순위 이외의 자

자료: 대한주택공사(2003b)에서 재구성.

전용면적 50㎡ 미만의 주택은 입주대상 계층의 소득을 기준으로 당해 지역 거주기간, 세대주 나이, 부양가족수, 65세 이상 직계존속의 부양여부, 세대원 중 장애인이 있는 경우 등을 감안하여 점수제로 입주자 선정이 이루어진다. 전용면적 50㎡ 이상의 주택은 이와 더불어 청약저축의 납입회수를 추가하여 선정한다. 하지만 제1순위에 해당하는 자로서 최고 입주자 모집 공고일 현재 65세 이상 직계존속을 1년 이상 부양하고 있는 무주택세대주는 공급량의 10% 범위 내에서 우선 공급을 받을 수 있다.

〈표 3-28〉 동일순위 경쟁시 배점기준

전용면적	구 분	3점	2점	1점
50㎡ 미만	① 세대주 나이	50세 이상	40세 이상	30세 이상
	② 부양가족 수	3인 이상	2인 이상	1인 이상
	③ 65세 이상 직계존속(배우자 직계 존속포함)을 1년 이상 보양한 자	3점		
	④ 세대원 중 장애인이 있는 경우	3점		
	⑤ 중소기업기본법 제2조 제1항의 규정에 의한 중소기업 중 제조업에 종사하는 근로자(임원 제외)	3점		
50㎡ 이상	①~⑤	50㎡ 미만인 주택과 동일		
	⑥ 당해주택건설지역 거주기간	5년 이상	3년 이상	1년 이상
	⑦ 청약저축납입회수	가. 각 순위별 최저 납입회수보다 12회 이상 추가납부자: 2점		
		나. 각 순위별 최저 납입회수보다 6회 이상 추가납부자: 1점		

자료: 대한주택공사(2003b)에서 재구성.

2002년 12월말 현재 서울시 임대주택 유형별 입주자 특성을 살펴보면, 영구임대주택의 입주자 구성은 법정영세민 39.5%, 자격탈락자 49.0%, 청약저축가입자 등이 11.5%로 나타났다. 서울시의 경우 전국 평균에 비해 자격탈락자가 15.6% 정도 높은 것으로 나타났다.

〈표 3-29〉 서울도시개발공사[30] 직영관리 영구임대주택의 입주자 현황

(단위: 가구, ( )안은 %)

관리호수	청약 저축 가입자	기초생활보장 수급자		국가유공자		모자·부자가정		북한이 탈주민	일군 위안부	공가·계 약해지
		자격 유지자	자격 탈락자	자격 유지자	자격 탈락자	자격 유지자	자격 탈락자			
22,370 (100.00)	1,839 (8.22)	8,221 (48.62)	10,877 (48.62)	387 (1.73)	31 (0.14)	228 (1.02)	51 (0.23)	2 (0.01)	3 (0.01)	731 (3.27)

자료: 서울도시개발공사, 2003년 내부자료.

<표 3-30> 전국 영구임대주택의 입주자 현황

구 분	전 체	법정영세민	자격탈락자	청약저축가입자 등
가구수	190,077	91,052	63,521	35,504
비율(%)	100.0	47.9	33.4	18.7

자료: 건설교통부, 2003년 내부자료.

반면에 공공·재개발임대주택은 철거세입자가 54.7%로 가장 많고, 그 다음으로 청약저축가입자가 28.7%로 나타났다.

<표 3-31> 서울도시개발공사 직영관리 공공·재개발임대주택의 입주자 현황

(단위: 가구, ( ) 안은 %)

관리호수	청약저축가입자	국가유공자	장애인	북한이탈주민	철거세입자	임시이주자		공가·계약해지
						위험시민아파트	도시계획	
16,417 (100.00)	4,445 (27.08)	825 (5.03)	101 (0.62)	491 (2.99)	8,978 (54.69)	346 (2.11)	323 (1.97)	908 (5.53)

이상과 같이 공공임대주택은, 그 입주자격의 명시화를 통해 나름대로 고객의 세분화를 이루고 있으며, 고객집단으로 분류될 수 없는 사용자의 접근을 배제하고 있다. 그렇다면 고객집단에 해당되는 입주대상자들의 접근성은 어떠한가를 살펴보면 몇 가지 문제점이 발견된다.

먼저 재개발임대주택, 주거환경임대주택을 포함한 50년 공공임대주택은 택지 및 재원부족문제로 인해 주로 도시계획 및 재개발사업 철거민과 청약저축 가입자에게 공급되고 있다. 특히 재개발임대주택과 주거환경임대주택의 경우는 해당 사업지역의 세입자 등에게 우선 공급되고 있는데, 사실상 소득과 관계없이 50년 동안 입주가 가능하기 때문에 퇴거가 거의 이루어지지 않고 있다. 실제로 서울시 재개발임대주택의 전출율(轉出率)은 3% 내외로

---

30) 2004년부터 「SH공사」로 개명되었음. 본 연구에서는 자료의 생산시기 당시 기관명으로 칭함.

거의 모든 가구가 소득에 상관없이 거주하고 있어, 부족한 공공임대주택 제
고를 제대로 활용하기 어렵게 하고, 신규로 발생되는 고객대상자[31]의 접근
가능성을 저해하는 원인으로 작용하고 있다.

<표 3-32> 재개발임대주택 전출현황

구 분	1998년	1999년	2000년	2001년
총 입주세대수	11,899	18,486	30,742	37,265
퇴거세대수	349	613	827	1,224
전출율(%)	2.93	3.32	2.69	3.28

자료: 서울시, 2002년 내부자료.

　위와 관련한 두 번째로는, 시장임대료에 비해 월등히 낮은 현행 임대료
체계는 입주자들의 주거이동을 저해하는 요인으로 작용하고 있다. 사실상
소득이 상승한 입주자는 공공임대주택정책이 목표하는 고객대상자에서 제
외되어야 함에도 불구하고, 현행 임대주택의 임대료는 민간임대주택의
10%~50% 수준이어서 일단 임대주택에 입주하면 다른 주택으로의 이주
가 거의 이루어지지 않고 있다. 영구임대주택의 경우 역시 국민기초생활보
장 수급탈락자에게 할증임대료를 부과하고 있으나, 그 수준이 매우 낮아
자격탈락자의 퇴거가 거의 이루어지지 않고 있는 실정이다.

<표 3-33> 국민기초생활보장 수급탈락자에 대한 할증임대료 사례

구 분		할증내용	하계5단지(전용면적 10평)의 사례	
			보증금	임대료
국민기초생활보장 수급자		-	1,840,000원	42,700원
수급탈락자	1차 재계약시	이전 임대료에 30% 할증	2,392,000원	55,500원
	2차 재계약시	이전 임대료에 30% 할증	3,110,000원	72,200원

---

31) 소득하락에 의한 빈곤층 편입자.

그러나 현실상 이들의 퇴거는 간단한 일이 아니다. 현재 영구임대주택 입주자 중에는 국민기초생활보장 수급탈락자가 50%에 육박하고 있다. 그래서 서울시는 이들에 대해 청약저축에 가입시켜 공공임대주택 입주신청을 유도하고 공공임대주택 공급을 확대하여 입주시키는 대책을 마련하고 있다. 하지만 공공임대주택의 경우 영구임대주택에 비해 임대료가 3배~5배 정도가 높아 자격탈락자들의 거센 반발이 예상되고 있다. 장영희(2003: 18)에 의하면, 이들 중 약 2/3가 소득 1분위에 해당하는 극빈층으로, 실제 공공임대주택 임대료 부담은 매우 어려운 실정이었다. 위와 같은 생존 문제 해결이 곤란한 상황에서, 실질적으로 공공임대주택정책의 접근성과 고객지향성을 저해하는 사례는 불법전대(轉貸)와 유(有)주택자의 불법입주로 볼 수 있다.

즉 불법전대는 임대주택의 시장임대료에 비해 공공임대료가 매우 저렴하여 발생되고 있다. 임대주택법 제22조에는 전매·전대자 및 알선자에 대해서는 2년 이하의 징역이나 2,000만 원 이하의 벌금에 처하도록 규정되어 있다. 특히 재개발임대주택은 저소득층이 아닌 재개발사업 및 도시계획 철거세입자에게 주로 공급됨으로써 입주 이후 프리미엄과 함께 음성적으로 불법전대되는 경우가 다른 공공임대주택에 비해 종종 나타나고 있다.

<표 3-34> 서울시 공공임대주택 불법전대 및 유(有)주택자 현황

유 형	점검 대상수	적출건수 (비율)	전대점검결과 위반자				재산조회 결과 유주택자
			소 계	전 대	임시주택	기 타	
합 계	70,949	671(0.95%)	227	161	36	30	444
재개발임대	32,323	378(1.17%)	155	131	-	24	223
영구임대	22,200	136(0.61%)	7	6	-	1	129
공공임대	16,426	157(0.96%)	65	24	36	5	92

자료: 서울시, 2002년 내부자료.

그러나 현재 이들 불법전매·전대자 등 부정입주자 발견시 관리주체는 전매·전대자에 대해서는 관할 경찰서에 고발함과 동시에 매수자 또는 전차 (轉借)자에게는 자진퇴거를 명할 수 있다. 불응시 가옥명도소송 절차를 밟고 있다. 하지만 관리주체가 주택명도소송을 제기하는 경우 판결까지 6개월 이상이 소요되고, 전차자가 행정기관 등에 민원을 제기하는 등 절차상의 문제로 퇴거가 용이하게 이루어지지 않고 있다.

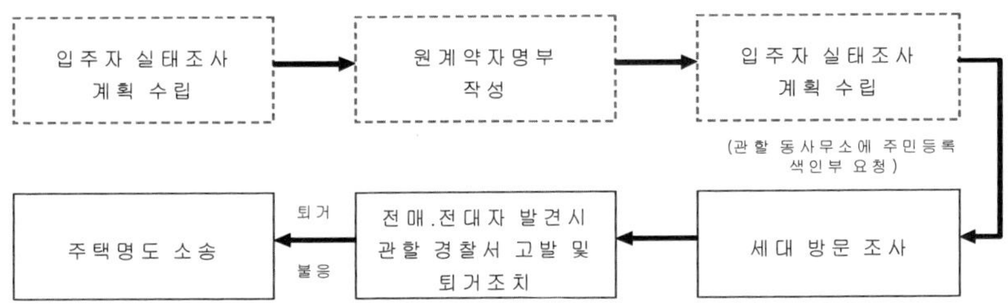

〈그림 3-3〉 불법전매·전대자 관련 업무처리 과정

뿐만 아니라 위와 같이 퇴거명령 불응에 따른 소송절차에 진입하여도, 불법전대를 입증하는 전대자-중개업자-전차자 사이의 이면계약서 등이 발각되지 않으면, 형사고발되어 재판에 회부되더라도 대부분 벌금 100만 원 이하로 판결이 나기 때문에 전대(轉貸)의 불법활동은 지속되게 된다. 전차자의 입장에서 보면 불법전매 및 전대행위로 적발되어 전차자를 퇴거조치 할 경우 임대보증금은 임대사업자와 원입주(예정)자가 정한 금액만 원입주(예정)자에게 반환하도록 되어 있어 전차자의 경제적 손실에 따른 민원이 발생하고 있다. 이런 문제점은 특히 공공임대주택 관리사무소 등의 면접조사를 수행하면 더욱 극명히 드러나는데, 현장에서 파악하는 문제점은 다음과 같다.

첫째, 1년에 2회 주택소유자의 파악을 건설교통부에 의뢰하고 있지만, 명의신탁 및 가구주가 아닌 세대원의 주택소유 등은 파악이 쉽지 않은 문제가 있다.

둘째, 전대계약서 등 확실한 물증이 있어야만 경찰서장에게 고발할 수 있다는 실정상의 문제가 있다. 그러나 현실상 심증이 있고 물증이 확보된 경우는 드문 것이 사실이다. 물증이 부족한 경우에는 법원에 명도소송을 신청해야 하며, 이는 기간이 오래 걸리고 소송에 패하는 경우 소송비까지 부담해야 하기 때문에 해결의 실마리를 찾기가 어렵다는 점이 있다.

셋째, 사후처리문제 등이 임대주택법에 명확히 규정되어 있지 않아, 입주자 실태조사가 형식적으로 이루어지고 있다는 문제가 있다. 관리사무소와 입주자들 간의 불편한 관계 또는 갈등관계 조성의 원인이 되고 있으므로 입주자 실태조사에 대한 구체적인 명시조항이 필요하다. 또한 강제력이 관리주체에게 주어져야 공공임대주택의 정확한 배분이 이루어질 수 있을 것이라 지적되고 있다.

마지막으로 지적되는 공공임대주택의 유통 측면에서 문제점은, 공공임대주택을 필요로 하는 지역별 분배의 문제라 할 수 있다. 즉 국민임대주택 공급의 정책목표인 저소득층의 주거안정 달성을 위한 선행조건은 바로 입주대상 계층이 입주할 수 있는 위치에 건설되어야 한다는 점이다. 만약 고객인 입주대상 계층이 입주할 수 있는 위치와 실제 건설이 일치하지 않는다면, 고객인 입주대상자들에게 외면당하고 목표했던 정책효과를 거둘 수 없기 때문이다. 이것이 만약 경영마케팅의 입장에서 발생될 경우 해당 제품은 유통체계의 문제로 말미암아 큰 실패를 경험할 수도 있는 중대한 문제 중 하나이다.

국민임대주택 100만호 건설계획이 발표될 당시 연도별 건설물량 배분은 이루어졌으나 지역별 배분은 발표되지 않았고, 2004년도 2월 건설교통부에서 「주택종합계획(2003~2012)」을 수립하면서 비로소 연도별 물량계획과 지역별 국민임대주택의 공급물량 배분의 기준이 수립되었다. 「주택종합계획(2003~2012)」에서는 공공부문의 지원이 필요한 저소득계층을 건설교통부에서 정한 최저주거기준을 토대로 면적, 시설, 침실기준 중 하나라도 주거상태가 미달하는 가구를 대상으로 하였고, 지역별 국민임대주택의 소요는 최저주거기준 미달가구 중에서 1인 가구 및 농촌가구(면지역 거주 최저주거기준미달가구)를 제외한 가구 수로 파악하였다. 최저주거기준 미달가구의 주거향상을 위한 공공주택의 소요량은 아래의 〈표 3-35〉에서 볼 수 있듯이 1,490.3천호로 나타났으며, 수도권이 726.7천호로 절반을 차지한다.

이러한 지역별 공공지원주택 소요량의 비율을 토대로 향후 국민임대주택

공급계획 물량 1,000천호를 지역별로 배분하면 동(同)기간 동안 수도권에는 487.6천호, 지방에 512.4천호의 국민임대주택을 공급해야 할 것이다.

〈표 3-35〉 지역별 공공지원이 필요한 주택소요의 전망(2003~2012)

(단위: 천 가구, 천 호, %)

구 분	최저주거기준 미달가구	공공지원주택 소요가구	국민임대주택 배분
전 국	3,344.0(100%)	1,490.3(100)	1,000
수도권	1,126.0(33.7)	726.7(48.8)	487.6
중부권역	699.1(20.9)	527.7(35.4)	354.1
서부권역	132.4(4.0)	84.8(5.7)	56.9
남부권역	168.4(5.0)	89.9(6.0)	60.3
북부권역	53.2(1.6)	9.2(0.6)	6.2
동부권역	73.8(2.2)	15.1(1.0)	10.1
서 울	571.9(17.1)	436.2(29.3)	292.7
인 천	114.6(3.4)	78.7(5.3)	52.8
경 기	440.4(13.2)	211.8(14.2)	142.1
지 방	2,217.1(66.3)	763.5(51.2)	512.4
부 산	277.2(8.3)	202.2(13.6)	135.7
대 구	186.2(5.6)	126.2(8.5)	84.7
광 주	77.5(2.3)	53.1(3.6)	35.6
대 전	70.3(2.1)	52.2(3.5)	35.0
울 산	61.1(1.8)	32.4(2.2)	21.7
강 원	150.6(4.5)	44.3(3.0)	29.7
충 북	117.1(3.5)	28.2(1.9)	18.9
충 남	152.3(4.6)	15.3(1.0)	10.3
전 북	171.5(5.1)	34.0(2.3)	22.8
전 남	243.1(7.3)	27.0(1.8)	18.1
경 북	365.2(10.9)	63.4(4.3)	42.5
경 남	291.6(8.7)	65.5(4.4)	44.0
제 주	53.3(1.6)	19.7(1.3)	13.2

자료: 건설교통부(2004), 「주택종합계획(2003~2012)」, p.29.

그러나 1998년 이후 2003년까지 건설실적을 국민임대주택 100만호 배분기준과 비교해 보면 상당한 괴리가 있음을 알 수 있다.

〈표 3-36〉 국민임대주택 배분기준과 지역별 건설실적 비율 비교

구 분	국민임대주택 배분1) (천 가구)	국민임대주택 건설실적2) (천호)			차이 (%)
		계	주 공	지자체	
전 국	1,000(100%)	190.6(100)	180.1	10.5	-
수도권	487.6(48.8)	96.6(50.7)	87.1	9.5	+1.9
중부권역	354.1(35.4)	29.9(15.7)	22.0	7.9	△19.7
서부권역	56.9(5.7)	12.8(6.7)	12.8	-	+1.0
남부권역	60.3(6.0)	37.4(19.6)	35.9	1.6	+13.6
북부권역	6.2(0.6)	8.6(4.5)	8.6	-	+3.9
동부권역	10.1(1.1)	7.9(4.1)	7.9	-	+3.1
광역시	312.9(31.2)	43.8(23.0)	43.1	0.7	△8.2
부 산	135.7(13.6)	11.7(6.1)	11.7	-	△7.5
대 구	84.7(8.5)	9.9(5.2)	9.9	-	△3.3
광 주	35.6(3.6)	11.1(5.8)	10.4	0.7	+2.2
대 전	35.0(3.5)	6.4(3.3)	6.4	-	△0.2
울 산	21.9(2.2)	4.8(2.5)	4.8	-	+0.3
지 방	199.5(20.0)	50.2(26.3)	49.8	0.4	+6.3
강 원	29.7(3.0)	5.5(2.9)	5.2	0.4	△0.1
충 북	18.9(1.9)	7.3(3.9)	7.3	-	+2
충 남	10.3(1.0)	5.1(2.7)	5.1	-	+1.7
전 북	22.8(2.3)	5.7(3.0)	5.7	-	+0.7
전 남	18.1(1.8)	4.6(2.4)	4.6	-	+0.6
경 북	42.5(4.3)	7.3(3.8)	7.3	-	△0.5
경 남	44.0(4.4)	12.4(6.5)	12.4	-	+2.1
제 주	13.2(1.3)	2.3(1.2)	2.3	-	△0.1

주 1): 건설교통부(2004), 「주택종합계획(2003~2012)」, p.29.
주 2): 국민임대주택 건설실적은 대한주택공사 내부자료 재구성.

　이는 「주택종합계획(2003~2012)」에서의 국민임대주택 지역별 배분이 택지 확보 가능여부를 고려하지 않은 순수 소요만을 전제로 한 배분으로서 실제 택지 확보 가능여부와는 상당한 차이가 있기 때문이다. 임대주택 소요와 실제 국민임대주택 건설실적을 비교해 볼 때 수도권 중부권역·남부권역, 광역시에서 부산·대구, 지방에서 충북·충남지역이 소요와 건설실적에 상당한 차이를 보이고 있다.

　지역별 차이를 살펴보면 수도권 중부권역은 서울, 고양, 성남, 부천, 광명, 과천 등 인구 밀집지역으로 임대주택 소요가구는 많고 전체 소요에서 차지하는 비중은 높지만 수요증가 속도는 둔화되고 있고, 이미 개발이 완료되어 확보 가능한 택지 부족으로 인해 상대적으로 건설이 부진하다. 수도권 남부권역은 수원, 오산, 용인, 화성 등 최근 집중적으로 개발되고 있는 지역으로 택지 확보의 용이함과 장기적으로는 인구 증가에 다른 소요 증가가 예상되어 국민임대주택 건설이 상대적으로 많은 상황이다.

　광역시에서 부산지역은 개발 가능한 택지의 고갈과 슬럼화를 우려한 지자체 및 시의회의 국민임대주택 건설반대 등으로 건설이 부진하고 대구지역 역시 개발가능 택지의 부족으로 건설에 어려움이 있다.

　지방에서는 충북과 충남지역은 현재 소요는 적으나 행정수도 지방이전 등으로 향후 개발가능성과 인구증가와 함께 소요 증가가 예상되므로 건설이 증가추세에 있다. 또한 영남권의 경우 개발이 완료된 산업지역으로 인구 집중도가 높아 소요가 많으나 도시팽창이 어느 정도 이루어져 가용택지 확보 곤란으로 소요에 대응하는 건설이 이루어지지 못하고 있다.

　이상에서 살펴본 바와 같이 임대주택 소요와 실제 건설의 불일치는 택지 확보의 어려움으로 인해 발생하고 있어, 입주대상 계층이 입주할 수 있는 지역에 국민임대주택을 공급하기 위해서는 신규 건설 외에도 매입임대 등 다양한 공급방식의 검토가 요구된다.

2) 공공임대주택 사용의 편리성

정책의 유통은, McCarthy(1960)의 개념에서 비롯되었으며 본 사례연구에서는 Kotler(1994) 4C 개념과의 연계(유통－편의성)를 통해, 제품·서비스가 구매자에게 전달되는 방법과 과정을 논의하는 것이 초점이 된다. 즉 이것은 생산자로부터 소비자에게 제품을 전달하기 위한 과정에서 구매의 편리성, 접근성을 고려하는 것이라고 볼 수 있으며, 이 중 접근성은 앞서 논의한 바와 같이 고객대상자의 정책서비스 수혜참여의 가능성으로 논의될 수 있다. 이밖에 유통 측면에서 고려할 점은 바로 서비스 사용의 편의성(또는 편리성)에 있다. 여기서 검토할 서비스의 사용성은 주택만족도와 주변환경의 만족도 등을 통해 알아볼 수 있다.

먼저 현재 주택만족도와 관련한 공공임대주택의 관리현황을 살펴보면, 관리의 기준은 임대주택법 제17조에 의거하고 있다. 또한 서울시에 있는 공공임대주택은 주택소유에 따라 서울시도시개발공사(현 SH공사)와 대한주택공사 산하의 주택관리공단에서 관리하고 있다. 2002년 12월 현재 서울시 소유의 공공임대주택 관리는 서울도시개발공사에서 7만 9천호를 직영관리하고 있으며, 2004년 이후부터는 서울도시개발공사의 개명(改名)기관인 SH공사에서 관리하고 있다. 그밖에 단지규모가 적은 재개발·주거환경임대주택 3천호는 위탁관리하고 있는 실정이다.

<표 3-37> 서울시 공공임대주택 관리현황

구 분	서울도시개발공사 직영관리(79,401호)					위탁관리(2,858호)	
	영구임대	공공임대	재개발임대	주거환경	다가구임대	주거환경	재개발임대
평형(전용)	7~12	7~15	8~10	7	6~25	7~10	8~10
관리호수	22,370	16,417	38,669	734	1,211	1,076	1,782

서울도시개발공사의 관리업무는 크게 임대사업자로서의 관리업무와 주택

관리 주체로서의 관리업무로 분류할 수 있다. 임대사업자(주택소유자)로서의 관리업무는 주택 및 그 부대시설의 보수 및 개선, 입주자와의 계약업무, 입주자 입·퇴거업무, 소송업무 등을 포함한다. 그리고 주택관리 주체로서의 관리업무에는 주택 및 부대시설의 유지관리, 경비업무, 청소업무, 소독업무 및 단지 질서유지 등이 포함된다. 이러한 각종 관리업무는 포괄적인 주거환경의 만족도를 상승시키는 요인으로 작용하기는 어렵지만, 개개 입주자들이 주거 만족도 향상에는 영향을 줄 수 있다. 그러나 장영희(2003: 44~48)의 연구에 의하면, 공공임대주택 입주자들의 주택 및 주거환경 만족도는 그리 높지 않은 것으로 나타나고 있다. 이를 정리해보면 다음의 사항으로 요약된다.

먼저 영구임대주택 거주자들은 대중교통, 편의시설, 학교 및 교육여건, 엘리베이터 등에 대해서는 만족도가 높고 규모(면적), 주방, 화장실 등에 대해서는 만족도가 낮아, 불만족에 가까운 요인도 많게 나타났다. 그 중 주거환경의 대표적인 요인인 편의시설과 대중교통 연계 정도에 있어서는 만족하는 비율이 50%를 넘는 것으로 조사되고 있다.

〈표 3-38〉 영구임대주택의 주택 및 주거환경 만족도

(단위: 명, %)

구 분	매우 불만족	불만족	보 통	만 족	매우 만족	만족도 점 수
규모(면적)	10(3.95)	106(41.90)	73(28.85)	58(22.92)	6(2.37)	2.78
방 수	8(3.16)	82(32.41)	74(29.25)	80(31.62)	9(3.56)	3.00
화장실	10(3.95)	85(33.60)	89(35.18)	65(25.69)	4(1.58)	2.87
주 방	5(1.99)	95(37.85)	87(34.66)	60(23.90)	4(1.58)	2.85
엘리베이터	12(5.06)	41(17.30)	82(34.60)	98(41.35)	4(1.69)	3.17
편의시설	3(1.20)	39(15.54)	81(32.27)	119(47.41)	9(3.59)	3.37
대중교통	12(4.84)	42(16.94)	47(18.95)	132(53.23)	15(6.05)	3.39
학교 및 교육여건	3(2.65)	12(10.62)	55(48.69)	34(30.09)	9(7.96)	3.30

주: 만족도 점수는 매우 불만족=1, 불만족=2, 보통=3, 만족=4, 매우 만족=5로 했을 때의 평균값임.

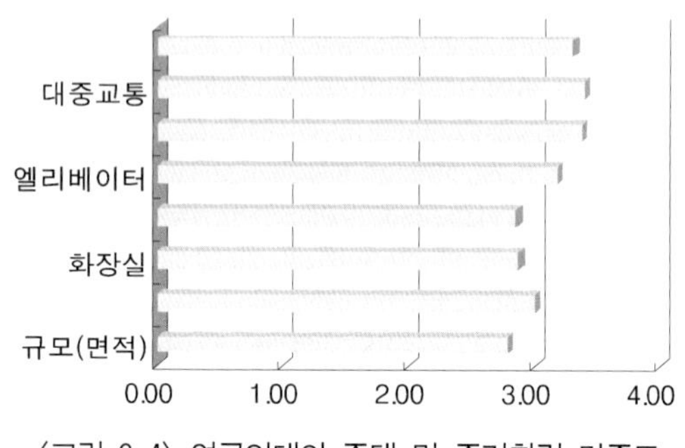

〈그림 3-4〉 영구임대의 주택 및 주거환경 만족도

한편 공공임대주택 거주자의 만족도는 대체적으로 영구임대주택 거주자보다 낮은 것으로 나타났다. 엘리베이터, 학교 및 교육여건, 화장실, 대중교통 등에 대해서는 만족도가 높은 반면, 규모(면적)와 방수에 대한 만족도는 매우 낮았다. 특히, 규모의 경우 불만족 비율이 50% 이상으로 나타났다.

〈표 3-39〉 국민임대·공공·주거환경·재개발의 주택 및 주거환경 만족도

(단위: 명, %)

구 분	매우 불만족	불만족	보 통	만 족	매우 만족	만족도 점 수
규모 (면적)	116(15.18)	311(40.71)	163(21.34)	160(20.94)	14(1.83)	2.52
방 수	81(10.62)	267(34.99)	218(28.57)	183(23.98)	14(1.83)	2.71
화장실	39(5.10)	164(21.47)	227(29.71)	301(39.40)	33(4.32)	3.16
주 방	76(9.95)	260(34.03)	209(27.36)	198(25.92)	21(2.75)	2.77
엘리베이터	47(6.65)	114(16.12)	225(31.82)	303(42.86)	18(2.55)	3.19
편의시설	50(6.57)	208(27.33)	240(31.54)	244(32.06)	19(2.50)	2.97
대중교통	54(7.10)	184(24.18)	165(21.68)	318(41.79)	40(5.26)	3.14
학교 및 교육여건	21(4.98)	69(16.35)	162(38.39)	154(36.49)	16(3.79)	3.18

주: 만족도 점수는 매우 불만족=1, 불만족=2, 보통=3, 만족=4, 매우 만족=5로 했을 때의 평균 값임.

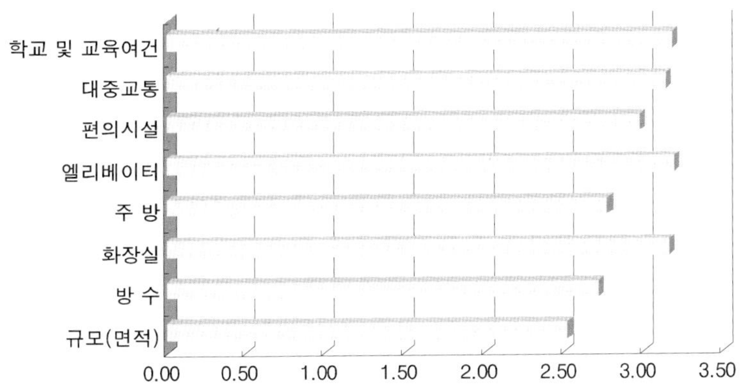

〈그림 3-5〉 국민임대·공공·주거환경·재개발의 주택 및 주거환경 만족도

영구임대 거주자와 공공임대 거주자 모두 규모와 방수에 대한 만족도가 낮은데, 이는 임대주택의 면적이 협소하고, 방 수도 대부분 2개인 것과 관련이 있다. 영구임대의 경우 4인 가구 중에 88.9%, 5인 이상 가구 중에 84.8%가 방 2개 12평 미만에서 살고 있는 것으로 나타나, 서울시 4인 가족 최저 주거기준인 전용면적 12평에 미달인 것으로 나타났다. 영구임대와 마찬가지로 공공임대의 경우도 4인 가구 중에 89.1%, 5인 이상 가구 중에 63.1%가 방 2개 12평 미만에서 살고 있는 것으로 나타나, 주거밀도가 매우 높은 상황이다. 이와 같이 주거공간의 협소함은 아무리 환경의 개선과 관리의 향상이 있다 하여도 주택에 대한 불만족을 지속적으로 가중시킬 뿐이다.

주거공간이 협소한 문제는 거주기간의 길이와도 관계가 있을 수 있는데, 거주기간이 길어지면 자녀의 출생, 장성 등 새로운 공간에 대한 소요가 끊임없이 발생될 수 있기 때문이다. 그래서 그 결과를 보면, 거주기간별 만족도는 거주기간이 짧을수록 주택에 대한 만족도가 높고, 주거환경에 대한 만족도는 낮은 것으로 나타나고 있다. 반면에 거주기간이 길어질수록 주택에 대한 만족도는 낮아지는데 비해, 주거환경에 대한 만족도는 상승하는 것으로 나타났다.

<표 3-40> 거주기간별 주택 및 주거환경 만족도

구 분	2년 미만	2년~ 4년 미만	4년~ 6년 미만	6년~ 8년 미만	8년 이상
규모(면적)	3.01	2.54	2.46	2.55	2.42
방 수	3.12	2.78	2.72	2.72	2.59
화장실	3.47	3.11	3.05	2.93	2.92
주 방	3.28	2.71	2.69	2.79	2.45
엘리베이터	3.44	3.12	3.00	3.24	3.15
편의시설	2.74	3.00	2.96	3.17	3.55
대중교통	3.05	3.11	3.21	3.44	3.11
학교 및 교육여건	3.01	3.11	3.19	3.20	3.74

주: 만족도 점수는 매우 불만족=1, 불만족=2, 보통=3, 만족=4, 매우 만족=5로 했
   을 때의 평균값임.

이와 같이 거주기간이 늘어날수록 주택 내부에 대한 만족도가 저하되는
것은, 현재의 공공임대주택은 중산층 아파트를 축소한 경우에 지나지 않아
저소득층 주민들이 행태적 특성이 반영하고 생활에서 요구되는 기본적 공간
을 반영한 설계가 이루어지지 못하고 있는 것으로 풀이해 볼 수 있다. 또한
자녀의 성장 등으로 특정 공공임대주택에서의 주거가 곤란할 경우를 타 공
공임대주택으로 이동할 수 있는 지원체제가 미비하여 불만족 요인이 가중되
는 경우도 있을 수 있다. 뿐만 아니라 주택의 노후에 적합한 보수·관리가
이루어지고 있지 않은 경우도 상정해 볼 수 있다. 특히 전체 주택건물과 주
변시설에 대한 만족도는 주목할 만한 변화를 보이지 않는 반면 주택 내부의
변화가 큰 이유는 역시 가구 구성의 특성과 관리적 차원에서 문제점을 추측
해 볼 수 있는 것이다.

공공임대주택에 입주한 가구들 중에는 물이나 전기 등 생활기초시설이 더
욱 열악한 환경에서 거주한 주민도 많아 지금의 주택시설에 대체로 만족하
는 경우도 적지 않지만, 가구 수를 고려하지 않는 구조 등은 여전히 문제가

되고 있다. 즉 좁은 공간은 자녀가 성장하면서 더욱 문제가 되고 있는데, 사춘기 남매가 한 방을 쓰거나 자녀 때문에 부부가 각 방을 사용하는 경우도 있고, 부부와 자녀의 구분 없이 주거공간이 활용되는 문제가 나타나고 있다(홍인옥, 2003: 28)

다음으로 주거환경 관련된 관리상태의 만족도에 대해서는 불만사항 만을 조사해 볼 때 개선사항을 쉽게 확인할 수 있는 결과가 도출되었다.

<표 3-41> 공공임대주택 단지내 불만사항

구 분	영구임대		국민임대·공공·주거환경·재개발		전 체	
	응답 자수	비율 (%)	응답 자수	비율 (%)	응답 자수	비율 (%)
건물의 노후 및 하자	42	18.75	136	24.29	178	22.70
청소상태	25	11.16	77	13.75	102	13.01
위험, 범죄 등 안전문제	45	20.09	20	3.57	65	8.29
소음문제	55	24.55	188	33.57	243	30.99
관리사무소 직원과의 관계	5	2.23	13	2.32	18	2.30
주민들 사이의 관계	23	10.27	28	5.00	51	6.51
수선요청에 느린 대응 / 불만족	13	5.80	49	8.75	62	7.91
편의시설 / 주차장 부족	–	–	26	4.64	23	2.93
기 타	16	7.14	23	4.11	42	5.36
합 계	224	100.00	560	100.00	784	100.00

즉 관리상태에 대해서는 소음문제(31.0%), 건물의 노후 및 하자(22.7%), 청소상태(13.0%) 등에 가장 불만이 많은 것으로 나타나고 있다. 영구임대주택의 경우에는 소음문제, 위험·범죄 등 안전문제, 건물의 노후 및 하자 순으로, 공공임대주택의 경우에는 소음문제, 건물의 노후 및 하자, 청소상태 순으로 많은 불만이 도출되고 있었다.

4. 공공임대주택의 가격 요인 분석

정책마케팅에서 논의되는 가격의 측면이란, 직접 제품이나 서비스를 구매하는 고객이 지불하게 되는 경제적·심리적 육체적 비용과 직접 구매하지는 않지만, 서비스의 직·간접적으로 영향을 받게 되는 사용자가 부담하게 되는 심리적 비용까지도 포함된다.

이하에서는 이러한 가격의 측면을, 경제적 부담에 따른 '직접비용'과, 육체적·심리적 부담에 따른 '간접비용'으로 구분하여 분석해 본다.

1) 직접비용 분석

공공임대주택에서 주거하는 정책고객은, 최초 입주시에 필요한 보증금과 임대료 등 기초비용과 입주 후에 정기적으로 발생되는 관리비의 비용을 고려해야 한다. 이러한 비용은 주택, 특히 아파트와 같은 공동주택을 주거공간으로 하고 있을 시에는 누구나 발생가능성과 규모를 예측할 수 있는 비용으로, 직접비용에 해당된다.

보증금·임대료·관리비 등은 통상 주거비(장경희, 2003; 설혁, 2004)로 통칭되고 있으며, 본 연구에서도 직접비용은 '주거비'로 통일하여 지칭한다. 주거비에 대한 분석의 초점은, 과연 현재 공공임대주택정책에서는 고객인 입주대상자가 부담할 수 있는 주거비를 산정·제공하고 있는가 하는 점이다. 여기서 부담가능한 주거비(affordability)란 전체 가구소득을 고려했을 때 부담이 되지 않는 범위의 주거비 지출크기를 지칭하는 것으로서 미국에서 모기지대출 등과 관련하여 19세기부터 사용되기 시작한 개념이다. 가족구성원의 수나 소득수준에 따라 비율이 달라지기도 하지만 주거비가 통상소득의 25%~30% 이상이라면 부담 가능한 주거비의 범위를 넘어서는 것으로 보고 있다(Stone, 1993; 설혁, 2004: 98).

주거비란 임대료 이외에도 광열비나 보험료 등 주거에 관계되는 모든 비용을 포함하는 것으로 2004년 본격적으로 도입된 모기지론에서는 부담가능한 주거비의 크기를 30%로 보았으나, 본 연구에서는 대상계층이 생활수준이 낮은 저소득층이라는 점을 감안하여 입주자의 부담가능한 주거비를 입주자의 소득의 25%로 정의하여 판단한다.

먼저 영구임대주택은 보증금 135만원~260만원과 월임대료 3만2천원~5만5천원 수준인 것으로 나타났다. 재개발·주거환경임대주택을 포함한 공공임대주택은 보증금 471만원~1,536만원에 월임대료 5만8천원~22만7천원으로, 보증금과 월임대료는 입주자가 원하는 경우 상호전환이 가능하다.

<표 3-42> 서울시 공공임대주택 보증금 및 임대료 현황

구 분	영구임대	공공임대	재개발임대	주거환경임대	다가구임대
평형 (전용)	7평~12평	7평~15평	8평~10평	7평	6평~25평
보증금 (천원)	1,350~ 2,600	4,710~ 15,360	4,920~ 14,400	5,760~ 5,890	7,500~ 28,500
월임대료 (원)	31,900~ 55,200	65,100~ 227,000	58,000~ 175,500	75,600~ 77,200	42,500~ 237,000

월임대료를 전세로 전환한 평당보증금은 영구임대아파트의 경우 모두 100만 원 이하이며, 50년 공공임대아파트와 국민임대아파트의 경우 200만 원~250만 원, 150만 원~200만 원, 250만 원~300만 원 순으로 높게 나타났다. 평당 300만 원 이상은 2% 정도로 시장임대료에 비해 저렴한 수준이다.

공공임대주택의 보증금과 월임대료는 임대주택법시행령 제12조에 의해 건설교통부장관이 고시하는 「표준임대보증금 및 표준임대료」에 따라 결정되고 있다. 50년 공공임대주택의 보증금은 당해 주택 건설원가의 20%에 상당하는 금액으로 결정되며, 월임대료는 건설원가 10%에 상당하는 금액의 금리(연 8.5%)와 감가상각비, 수선유지비, 화재보험료, 대손충당금, 국민주택기금 이자를 합한 금액으로 결정된다(건설교통부 고시 제1993-399호).

영구임대주택의 경우 보증금은 건설부고시 제97호(1990년 3월)의 장기임대주택 표준임대보증금과 건설부고시 제568호(1990년 9월)의 영구임대주택 표준임대보증금과의 차액의 80%로 결정되며, 월임대료는 건설부고시 제97호의 장기임대주택 표준임대료와 건설부고시 제568호의 영구임대주택 표준임대료와의 차액의 50%로 결정되고 있다(건설부고시 제1992-474호). 영구임대주택의 경우에는 전국을 4급지로 구분하여 동일 급지에는 동일한 보증금과 월임대료를 적용하고 있는데, 서울은 1급지로 표준임대보증금은 ㎡당 50,400원이고, 표준임대료는 ㎡당 1,008원이다.

국민임대주택의 보증금은 당해 주택가격(최초입주자 모집 당시의 주택가격)의 20%에 해당하는 금액으로 결정되며, 임대료는 당해 주택에 대한 감가상각비, 연간 수선유지비, 화재보험료(재해보험료 포함), 국민주택기금 이자, 사업주체의 자체자금에 대한 이자 중 일정비율에 해당하는 금액(자기자금 이자)을 합한 금액으로 결정되고 있다(건설교통부 고시 제2000-146호).

보증금과 임대료 외에 한 가지 더 판단할 수 있는 직접비용 요인은 관리비가 포함된다. 관리비는 아파트 거주에 필요한 건물의 소모와 편의시설에 이용과 관련된 사항으로, 지역별 차이를 보일 수 있다.

〈표 3-43〉 서울시 공공임대주택 권역별 평당 보증금·월임대료·관리비 비교

임 대 구 분	평당 보증금(원)			평당 월임대료(원)			평당 관리비(원)		
	강북권	강남권	강서권	강북권	강남권	강서권	강북권	강남권	강서권
영 구	192,063	183,063	194,571	4,886	4,344	4,435	4,302	4,727	5,271
공 공	605,500	607,253	849,944	8,922	9,376	11,651	3,779	–	5,997
재개발	1,142,444	842,148	845,315	15,473	9,381	11,458	5,087	4,136	4,478
주 거 환 경	963,750	838,000	–	16,663	10,470	–	–	–	–
국 민	926,643	–	–	12,113	–	–	–	–	–

주: 관리비는 2002년 10월분 기준이며, 관리비 중 세대별로 사용하는 전화요금, 전기요금,
가스요금, 급탕비, 난방요금은 별도로 제외함(월평균, 최저5만원~최고15만원).
자료: 장경희(2003), p.21.

현재 모든 유형의 공공임대주택은 보증금과 임대료의 상호전환이 가능하며, 보증금과 월임대료의 증액은 주택임대차보호법시행령 제2조에 의해 1년에 5%를 초과하지 못하도록 되어 있다. 이와 별도로 저소득 영구임대주택 입주자의 관리비 부담을 덜어주기 위해 서울시에서는 국민기초생활보장 수급자 및 국가유공자 약 9천 가구에 대해 가구당 동절기에 2만원, 하절기에 1만 원의 관리비를 매월 보조하고 있다. 몇몇 임대주택 단지에서는 외부차량에 대한 유료주차 등의 사업을 통한 수익금으로 관리비의 일부를 보전하고 있는 경우도 있다.

그밖에 서울시사회복지기금조례 제9조 제2항에 근거하여 공공임대주택 입주 저소득시민(국민기초생활보장 수급자, 차상위계층 등)에 대해 임대보증금 융자 및 임대료 지원정책을 실시하고 있다.

〈표 3-44〉 서울시의 보증금 융자 및 임대료 지원

구 분	대 상	내 용
보증금 융자	● 공공임대주택 입주자 －국민기초생활보장 수급자 및 차상위계층 －재해 철거주택 세입자 －저소득 국가유공자 －저소득 모자·부자 가정 －2001년 3월 14일 이전부터 개발제한구역내의 주거용 비닐하우스 거주자	● 보증금 900만원 미만 가구: 300만원 ● 보증금 900만원~1,100만원 미만 가구: 400만원 ● 보증금 1,100만원 이상 가구: 500만원 ※ 연리 3%, 7년간 매월 분납
임대료 보조	● 차상위계층 중에 민간주택 세입자 －소년·소녀가장 가구 －장애인(4급이상) 가구 －노부모를 부양하는 가구 －모자·부자 가정 －65세 이상 독거노인	● 1인~2인 가구: 32,000원 ● 3인~4인 가구: 41,000원 ● 5인 이상 가구: 54,000원

이와 같은 보조제도에도 불구하고 나타나는, 현행 임대료 체계의 문제점을 몇 가지로 정리해 보면 다음과 같다.

먼저 국민임대주택 주민의 주거비 부담 가능성이다.

입주대상자들은 주택유형에 따라서 10%, 30%, 40%의 표준임대보증금을 부담하며, 2003년 국민임대주택건설 계획사업비 평균을 적용하여 건설비를 계산하면, 국민임대주택 표준임대보증금과 표준임대료는 아래의 〈표 4-36〉과 같이 주어지게 된다. 이에 따르면, 국민임대주택 Ⅰ형의 입주자는 건설비의 10%인 583.5만 원을 임대보증금으로 부담하며, Ⅱ형은 30%인 2,125.7만원을, Ⅲ형은 40%인 3,334.4만 원을 각각 부담해야 한다. 전술한 바와 같이 국민임대주택의 표준임대료는 감가상각비, 수선유지비, 화재보험료, 국민주택기금 이자, 사업주체의 자기자금에 대한 이자를 합한 금액으로 산출되는데, Ⅰ형의 입주자는 월 139,890원을 임대료로 부담하며, Ⅱ형은 169,780원을, Ⅲ형은 199,850원을 각각 부담해야 한다.

표준임대보증금과 표준임대표에 월관리비를 더하여 입주자가 부담하여야 할 월별 주거비를 산정하면 Ⅰ형 248,232원, Ⅱ형은 438,288원, Ⅲ형은

596,140원이 된다.

<표 3-45> 국민임대주택의 유형별 임대조건

구 분 (단위: 만원, 월)	국민임대주택 유형		
	Ⅰ형(14평－15평)	Ⅱ형(16평－18평)	Ⅲ형(18평－20평)
평균주택규모	41	17	20
평균건설비[1]	416.8	416.8	416.8
호당 건설원가	5,835.2	7,085.6	8,336.0
호당 건축비	4,186.0	5,083.0	5,980.0
재정지원[2]	1,816.10	1,102.60	648.60
국민주택기금[3]	1,816.00	2,205.00	2,594.00
임대보증금[4]	583.52	2,125.68	3,334.40
시행자 자체자금[5]	1,619.60	1,652.30	1,759.00
표준임대료[6]	14,788	17.472	20.270
감가상각비[7]	6.2790	7.6245	8.9700
수선유지비[8]	1.3953	1.6943	1.9933
화재보험료[9]	0.0767	0.0932	0.1096
국민주택기금이자[10]	4.5400	5.5125	6.4850
자체자금이자[11]	2.4969	2.5473	2.7118
임대료 환산액[12]	20,6232	38,7288	53,6140
관리비[13]	4.2	5.1	6.0
입주자부담필요 주거비	24,8232	43,8288	59,6140

주 1) 평당 건설비는 2003년 국민임대주택 계획사업비 평균을 적용
   2) 재정지원은 2004년 1월 현재 정부재정지원기준 적용
   3) 기금지원은 2004년 1월 현재 국민주택기금 융자기준 적용
   4) 임대보증금은 국민임대주택 재원부담원칙 10%, 30%, 40%를 각각 적용
   5) 시행자 자체자금은 건설비 중 재정, 기금, 입주자부담을 제외한 차액을 시행자가 부담
      하는 것으로 산정
   6) 건설교통부 고시 제2003-224호(2003. 9. 24)에 따라 산정
   7) 감가상각비＝건물내용년수 50년, 잔존가액 10%, 정액법을 적용
   8) 수선유지비＝건축비의 0.4%
   9) 화재보험료＝실제지급금액
   10) 국민주택기금이자＝실제지급금액으로 대출이지는 연리 3%
   11) 자기자금이자＝주택가격 중 사업주체가 직접 부담한 금액으로, 2004년 4월 현재 국
      민은행 1년만기 정기예금 이자율 3.7% 적용
   12) 임대료 환산액＝표준임대료＋표준임대보증금 임대료환산액(월 1%)
   13) 관리비는 월평균 3,000원 기준.

이는 도시근로자가구의 월평균소득으로 분류한 10분위 중 1~4분위에 해당하는 소득으로 이들의 평균소득과 부담가능한 주거비를 정리하면 〈표 3-46〉과 같다. 국민임대주택 Ⅰ형에 입주가능한 1분위와 2분위 소득계층의 부담가능한 월평균 주거비는 각각 195,472원과 351,050원이며, 국민임대주택 Ⅱ형과 Ⅲ형에 입주 가능한 3분위와 4분위 소득계층의 부담가능한 월평균 주거비는 각각 446,271원과 523,059원임을 알 수 있다.

〈표 3-46〉 국민임대주택 입주대상계층의 부담가능한 월평균 주거비

구 분	1분위	2분위	3분위	4분위
소득범위(원)	0~1,093,045	1,093,946~ 1,594,642	1,594,643~ 1,938,660	1,938,661~ 2,239,567
월평균소득(원)	781,889	1,404,200	1,785,084	2,092,236
부담가능한 월평균주거비[1]	195,472	351,050	446,271	523,059

자료: 통계청, 소득 10분위별 가계수지항목(2003년 평균)
　　　월평균 소득의 평균은 2,939,426원이며 70%는 2,057,426원.
주 1): 월평균소득의 25%.

이상에서와 같이 같은 국민임대주택에 입주한다 하더라도[32], 가구당 부담이 가능한 주거비 액수는 다를 수 있다. 그러나 국민임대주택의 임대조건이 저소득층이 입주해서 생활할 수 있을 정도에 적정한가를 살펴볼 필요가 있으며, 이를 주택유형별로 입주자가 부담해야 하는 월주거비와 입주자의 부담가능한 평균주거비를 비교해 보면 아래의 〈표 3-47〉와 같다.

---

32) 물론, 입주공간의 평수는 다를 것이고, 이에 대한 주거비는 이하에서 계속 논의된다.

〈표 3-47〉 국민임대주택 주거비와 입주자의 부담가능한 평균주거비 비교

구 분 (단위: 만원, 월)		국민임대주택 유형		
		Ⅰ형 (14평－15평)	Ⅱ형 (16평－18평)	Ⅲ형 (18평－20평)
입주자부담필요 주거비		24.8232	43.8288	59.6140
부담가능 주거비	1분위 19.5472	+4.4768	+23.7878	+39.7818
	2분위 35.1050	-11.0810	+8.2300	+24.2240
	3분위 44.6271	-20.6031	-1.2921	+14.7019
	4분위 52.3059	-28.2819	-8.9709	+7.0231

주: 부담가능주거비와 부담필요주거비의 비교표 내에 있는 (+)는 추가부담 필요 금액임.

위의 비교에서 알 수 있듯이 국민임대주택의 현 임대조건상으로는 입주대상자인 1~4분위의 소득계층이 부담가능한 주거비보다 적게는 4만 4,768원부터 39만7,818원까지의 추가 비용부담이 요구되고 있어 1분위의 경우에는 Ⅰ, Ⅱ, Ⅲ형 중 어떠한 유형의 국민임대에 입주해도 주거비 부담이 부담가능 주거비를 초과하고 있다. Ⅲ형의 경우는 1~4분위의 모든 입주대상자의 부담가능 주거비를 초과하고 있어, 국민임대주택의 임대조건이 입주대상의 부담능력에 비해 과다하게 책정되어 있다고 할 수 있다.

국민임대주택의 주거비가 평균적인 입주자에게 매우 과다하게 책정되어 있다는 사실은 무주택 저소득가구의 주택문제를 해결한다는 공공임대주택의 성격과 해당 사업의 정책목표를 무색하게 하며, 이전까지의 공공임대주택 사례와 마찬가지로 국민임대주택 역시 가장 도움이 절실한 고객 계층보다는 상대적으로 여유 있는 계층에게 공급될 수 있음을 시사한다. 더구나 위에서 산정한 결과와, 국민임대주택의 Ⅰ, Ⅱ, Ⅲ형의 실제 건설되고 있는 평형으로 입주자의 부담을 산정해 보면 그 차이는 더욱 크다.

국민임대주택의 실제 건설평형과 부담가능한 주거비를 비교해 보면 다음과 같다.

<표 3-48> 국민임대주택 평형별 건설실적(2003년말 현재)

계	분양 15평 이하	18평 이하	21평 이하	24평 이하
180,081호 (100%)	49,161호 (27%)	55,538호 (31%)	47,329호 (26%)	28,053호 (16%)

자료: 대한주택공사 내부자료.

<표 3-49> 실제 건설평형 국민임대주택 유형별 임대조건

구 분 (단위: 만원, 월)	국민임대주택 유형			
	15평	18평	21평	24평
평균주택규모	15	18	21	24
평균건설비	416.8	416.8	416.8	416.8
호당 건설원가	6,252.0	7,502.4	8,752.8	10,003.2
호당 건축비	4,485.0	5,382.0	6,279.0	7,176.0
재정지원	1,816.1	1,102.6	648.6	648.6
국민주택기금	1,816.0	2,205.0	2,594.0	2,594.0
임대보증금	625.2	2,250.7	3,501.1	4,001.3
시행자 자체자금	1,994.7	1,944.1	2,009.1	2,759.3
표준임대료	15.920	18.475	21.209	24.027
감가상각비	6.7275	8.0730	9.4185	10.764
수선유지비	1.4950	1.7940	2.0930	2.3920
화재보험료	0.0822	0.0987	0.1151	0.1316
국민주택기금이자	4.5400	5.5125	6.4850	6.4850
자체자금이자	3.0752	2.9971	3.0973	4.2540
임대료 환산액	422.172	40.982	56.220	64.040
관리비	4.5	5.4	6.3	7.2
입주자부담필요 주거비	26.672	46.382	62.520	71.240

<표 3-50> 실제 건설평형 국민임대주택 주거비와 입주자의
부담가능한 평균주거비

구 분 (단위: 만원, 월)		국민임대주택 유형			
		15평	18평	21평	24평
입주자부담필요 주거비		26.672	46.382	62.520	71.240
부담가능 주거비	1분위 19.5472	+7.1248	+26.8348	+42.9728	+51.6928
	2분위 35.1050	-8.4330	+11.2770	+27.4150	+36.1350
	3분위 44.6271	-17.9551	+1.7549	+17.8929	+26.6129
	4분위 52.3059	-25.6339	-5.9239	+10.2141	+18.9341

주: 부담가능주거비와 부담필요주거비의 비교표 내에 있는 (+)는 추가부담 필요 금액임.

실제 건설평형 국민임대주택의 입주자 부담필요 주거비와 입주자의 부담가능 평균 주거비의 비교를 살펴보면, 국민임대주택 건설기준대로의 부담필요거주비와 비교했을 때보다 입주자 부담이 훨씬 더 많이 늘어나 15평형에는 2~4분위만이 주거비 부담이 가능하며, 21~24평형은 모든 대상자의 부담능력을 초과하는 것으로 나타난다. 목표했던 바와는 달리 임대조건의 과대 책정 정도가 더욱 심해지고 있는 것으로 나타나, 결국 고객인 입주인에 대한 비용의 가중을 심화시키고 있었다. 특히 고객인 입주자의 소득수준 변화와 무관하게 임대료 및 관리비가 결정되기 때문에 부담이 적은 입주자가 있는 반면에, 부담이 매우 커서 체납하는 경우도 종종 발생하고 있다.

장기체납 시에는 소송을 통해 채권으로서 강제집행을 하거나, 재계약 거부 등의 조치를 취하고 있지만, 상당수가 경제적 능력이 없는 가구여서 이러한 조치들이 공공임대주택정책의 취지에 배치된다는 문제가 있다(장경희, 2003: 22~24).

<표 3-51> 서울시 공공임대주택의 임대료 및 관리비 체납율

(단위: 만원)

구 분		연간부과액	징수액	체납액	체납율
임대료	직영관리	1,169,821	1,076,963	92,858	7.9%
	위탁관리	261,961	230,177	31,784	12.1%
관리비	직영관리	370,601	349,103	21,498	5.8%
	위탁관리	520,571	498,663	21,908	4.2%

주 1: 임대료 체납율은 1999년 12월 31일 이전에 개소한 33개 단지를 대상으로 산출함.
주 2: 관리비 체납율은 서울시도시개발공사의 위탁관리시범사업을 기준으로 관리방식 변경 전·후의 12개 단지를 대상으로 산출함.
자료: 서울시도시개발공사(2001). p.152.

<표 3-52> 서울시내 지역별 영구임대주택 임대료 및 관리비 체납율

단지명	임대료체납율	관리비체납율	단지명	임대료체납율	관리비체납율
하계5	3.6%	2.9%	가양5	4.3%	4.1%
성산	4.7%	5.3%	방화2	4.1%	3.2%
면목	3.7%	2.7%	방화6	5.6%	5.7%
중계3	4.1%	4.0%	방화11	5.3%	4.7%
대치1	3.7%	3.3%	공릉1	4.9%	4.8%
수서1	4.2%	3.5%	신내10	5.4%	3.7%
수서6	4.2%	3.9%	신내12	5.2%	3.9%
가양4	4.8%	4.9%	평균	4.5%	4.0%

국민임대주택은 정책대상을 저소득층(극빈층, 준극빈층 중심)에 정확히 배분되어 저소득층의 주거안정이라는 정책목표를 달성하기 위해서는 단지 입주대상을 저소득층으로 제한하는 것만으로는 부족하며, 국민임대주택의 주거비가 입주대상자들의 소득수준과 비교하여 부담가능한 범위 내에서 책정되어야 한다. 그렇지 않을 경우 1988년부터 1992년에 걸쳐 영세민을 대상으로 공급된 영구임대주택의 경우에서처럼 입주미달사태로 이어지고 차상위

소득층에 배분되는 결과를 낳을 수 있기 때문이다.

이러한 과거의 문제발생 경험에도 불구하고, 우리나라는 공공임대주택의 임대보증금과 임대료는 입주자의 소득분포가 다양함에도 불구하고 소득에 연동됨이 없이 건설원가나 감가상각비, 수선유지비, 화재보험료, 국민주택기금 이자 등에 의하여 일괄적으로 산출되고 있는 점이 지적되었다. 이러한 임대료 산정방식은 그간의 공공임대주택 배분과정에서 정작 입주대상인 저소득층을 소외시키는 한 요인으로 작용했다. 국민임대주택이 입주자격에 소득조건을 포함시키고는 있지만, 주거비 부담에 대한 추가적인 고려가 없다면, 즉 공공임대주택의 주거비가 정책대상자들의 부담범위를 상회한다면 국민임대주택의 정책목표는 실현되기 힘든 것이 된다.

2) 간접비용 분석

정책마케팅에서의 비용 문제는, 반드시 경제적·금전적 문제만을 일컫는 것이 아니고, 시간·육체적 노력·심리적 효과까지도 가격에 포함시킬 수 있다(권중록, 2004: 11~12). 왜냐하면 대부분의 공공정책은 선택가능성이 희박하고, 정책수용에 있어서 항상 경제적·심리적·육체적 비용을 요구하는 경우가 대부분이이서 그 편익이 확실치 않은 경우 실제 화폐비용 보다는 기회비용의 손실이 요구되는 경우가 더 많기 때문이다.

본 연구사례인 공공임대주택의 경우도 마찬가지로 고객인 입주대상자들에게 시간과 육체적 노력, 심리적 비용, 즉 간접비용을 요구하는 경우가 많다. 이와 같은 간접비용이 발생하는 이유는, 먼저 공공임대주택의 건설되는 위치에서 찾아볼 수 있다.

서울시를 기준으로 보았을 때, 공공임대주택이 건설되는 위치는 모두 도시외곽에 위치하고 있으며, 특정한 택지지역을 전체 공공임대주택단지로 건설하는 방식이 가장 널리 사용되고 있다.

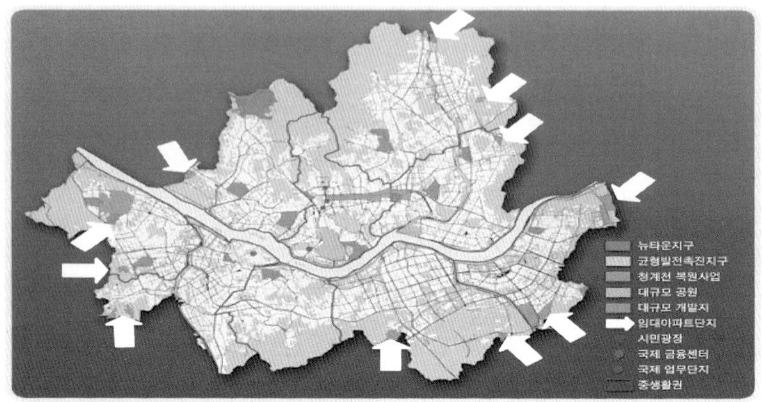

자료: 서울시 도시계획과(2004), 「서울 2020 도시기본계획」, 서울특별시.

〈그림 3-6〉 서울시내 공공임대아파트단지 위치도

　그 결과, 거주민은 경제활동을 위해 보다 많은 시간과 육체적 노력, 좀
더 많은 교통비를 투자하여 도심으로 이동해야 하는 이유가 발생한다. 특히
아래의 그림과 같이 가구주의 연령이 노동의 정점시기인 40대에 가장 높게
나타나고, 직업의 분포상에서도 문제가 나타나는 경우 이렇게 사소한 간접
비용의 문제는 생활비 부담을 가중시키는 요인이 발생하기에 충분하다.

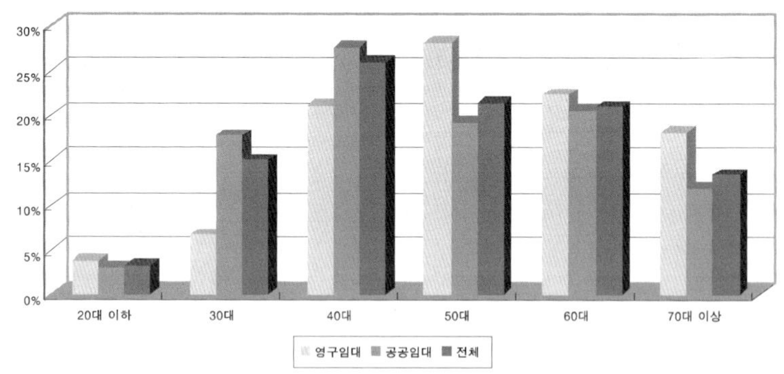

〈그림 3-7〉 가구주의 연령 분포

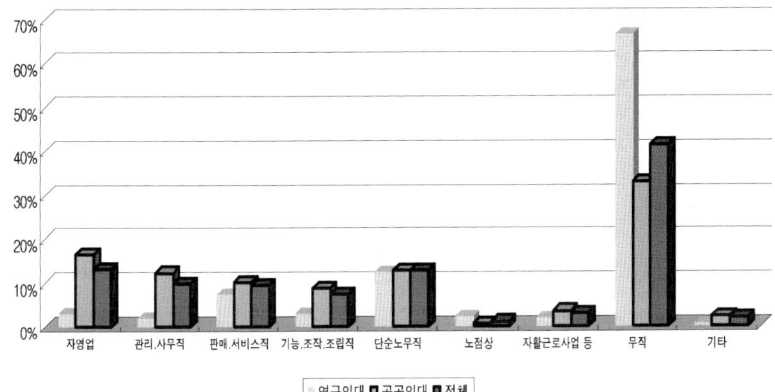

자료: 장영희(2003), p.35 재구성.

〈그림 3-8〉 공공임대주택 가구주의 직종 현황

한편 이와 같은 가구주의 무직상태, 도심외곽의 생활 등은 다른 심리적 비용으로 나타날 수도 있다. 즉 주택은 단순한 건축물이 아니라 생활을 영위하는 공간으로서의 의미를 가지는데, 공공임대주택이 한 지역에 밀집하여 대량으로 건설될 경우 사회적으로 고립되는 '사회적 섬'현상이 나타나 슬럼화로 이어질 수 있는 것이다. 이러한 현상은 저소득층만의 주거밀집지를 만드는 저소득층의 집단화를 초래해, 입주자 자신들을 사회적 낙오자로 인식하게 하여 자신감을 상실하게 하는 결과를 낳게 될 수 있다. 또한 저소득층만이 밀집하여 살기 때문에 자체적인 일자리 생산도 나타나지 않으며, 분위기 역시 침체되어 있어 사회적인 일탈감으로부터 벗어나기가 쉽지 않다(김호철, 2003: 31).

5. 공공임대주택의 촉진 요인 분석

현재 우리나라에서 추진 중인 가장 대표적인 공공임대주택 사업은, 국민임대주택 100만호 건설계획으로, 이는 무주택 서민의 주거안정과 주거복지 실현을 위한 가장 기본적이고 핵심적인 주택정책이다. 하지만 국민임대주택에 대한 이해부족과 부정적인 이미지로 인해 사업추진 지연 등의 애로사항이 발생되고 있어 이를 해소하고자 대국민 홍보를 강화하고 있다.

그 대표적 방법으로는, 국민임대주택 TV캠페인 실시, 인터넷 광고(배너광고)를 통한 홍보, 옥외전광판 광고(5개 도시: 서울, 부산, 대구, 대전, 전주), 국민임대주택 인터넷 카페 개설[33], 「개발제한구역 해제 예정지역내 국민임대주택 건설」 및 「국민임대주택 사업절차와 보상」 팸플릿을 제작 하는 등의 활동이 제시될 수 있다. 그러나 다양한 홍보활동에도 불구하고, 국민임대주택 100만호 건설을 위해서는 많은 재원뿐만 아니라 대규모 택지가 필요하나 공급되는 해당 지자체와 지역주민이 국민임대주택을 비선호시설로 간주하고 있는 문제가 있다. 이에 따라 사업승인이나 그린벨트 등 택지사용에 있어 많은 민원이나 이의를 제기하여 사업추진에 어려움을 겪고 있는 것도 다른 한 편의 현실이다. 이는 중소도시의 지자체는 저소득층의 주거문제에 대한 심각한 인식보다는 지역발전에 관심을 더 기울이는 경우가 많고, 국민임대주택 건설에 따른 개발이익의 혜택이나 세입 확대 등에 있어 부정적인 시각을 갖고 있어 자체의 사업추진이나 사업승인 등을 기피하고 있는 현실에 기인하는 것이다. 특히 과거 저소득층 임대주택단지에서 발생하였던 주변지역 거주민들과 차별과 부정적 시각, 임대단지 거주자의 상대적 박탈감과 소외감, 그리고 반사회적 행위 등으로 지역사회 내 갈등의 증폭, 부동산가격의 상대적 열세 등으로 인해 임대주택단지 자체가 비선호시설로 낙인이 되어 지역

---

33) http://cafe.daum.net/kukmin100.

주민이 지자체나 단체장에게 사업회피의 압력을 가중시키고 있는 상황이다.

아울러 전반적인 택지난으로 인해 국민임대주택 건설에 필요한 저가이면서도 양질의 택지확보 장애를 극복하기 위한 방안으로서 수도권 그린벨트 해제지역 내에 32개 지구의 국민임대주택 단지를 추진 중에 있으나 자연환경 훼손 등을 이유로 사업추진 자체에 반대하는 사례도 나타나고 있다. 이에 최근 국민임대주택 건설에 있어 핵심 이해관계자인 당해 지역주민들의 정확한 인식실태를 파악하고, 의견 수렴을 통해 향후 국민임대주택 건설과 관련된 사회적 갈등을 해소하기 위한 적극적 정책홍보를 지속할 필요가 있다. 이러한 필요에 따라, 요구되는 것은 임대주택 건설에 반대가 발생하는 정확한 이유와 이에 근거한 정책홍보의 원칙 마련이 필요할 것이다.

먼저 임대주택 건설에 반대하는 원인에 대하여 살펴본다.

먼저 지방화와 지방자치제의 강화는 님비현상으로 요약되는 사회적 갈등을 심화시키고 복잡한 양상으로 전개시키는 요인으로 작용하고 있다. 1995년 민선단체장 선출제 도입 이후 지역주민의 발언권이 강화되면서 지방자치는 사회적 갈등을 확대·증폭시키는 주요 변수로서 영향력이 증가하고 있다. 특히 민선단체장 도입 이후 분쟁유형을 분석결과를 보면, 권한 관련 분쟁보다는 입지 관련 분쟁이 2배 이상 많아 비선호시설과 관련된 님비현상이 심화되고 있음을 제시하고 있다. 특히 우리나라의 경우 참여정부 이후 권위주의의 갑작스러운 몰락 등으로 인해 정부 또는 공공부문이 주도하는 사안에 대해 정상적 협의조차 불가능한 상황이 전개되고 있는 상황이다.

둘째, 고도산업화와 도시화의 흐름은 소득 향상과 함께 시민들의 '삶의 질'에 대한 요구를 증가시키는 반면 기피시설의 입지는 삶의 질을 훼손함으로써 입지를 둘러싼 갈등문제를 원초적으로 내재하고 있다. 입지를 둘러싼 갈등은 가능하면 당사간의 협상을 통해 합의로서 해결되는 것이 최상일 것이다. 하지만 님비현상과 같이 사안 자체가 복잡하고 이해관계와 피해집단을 파악하기가 용이하지 않을 때에는 당사간의 직접 해결이 어렵고 제3자의 개입에 의한 중재와 조정이 대안이 될 수 있다. 이와 같이 비선호시설에 대한 사업시행자(국가, 주공, 지자체 등)가 사회적 갈등을 원만하게 해결하고 사업을 마무리하기 위해서는 다음의 조건이 선행되어야 한다.

① 시행주체의 입장에서 시설입지로 인한 손실의 범위와 규모가 어느 정도 인지를 파악할 수 있어야 한다.

② 파악된 손실의 범위와 규모 등의 내용을 관련 이해당사자들에게 전달 내지 설득할 수 있어야 한다.

③ 손실을 보상해줄 수 있는 의사와 실제적인 능력을 보유함은 물론 이를 정확하게 이해당사자들에게 고지해야 함. 통상적으로 공공사업의 경우 시행주체인 정부가 많은 예산과 인원을 투입하여 손실을 보상해줄 수 있을 것으로 막연히 기대하는 시민들이 많으나 실제로는 그렇지 못한 경우가 많음을 인식시켜야 한다.

그러나 비선호시설 입지에 대한 주민들의 통상적인 관심은 '재산가치 하락에 대한 우려', '개인적인 신변안전과 보건상의 위해에 대한 인식', '근린 쾌적성 상실에 대한 염려'로 요약되므로 보상에 의한 접근방법만으로 모든 갈등요인의 해결은 불가능한 것이다.

김종림(2004)의 설문조사 결과에 따르면, 과거 임대주택 거주자에 대한 사회적 낙인, 차별 혹은 소외의 의식, 반사회적 행위, 그리고 이에 따른 주거의 질 저하에 의한 주택가격 하락 등으로 임대주택은 비선호시설로 분류되어 왔다는 점을 밝히고 있다. 앞서 언급된 바와 같이 비선호시설이 사회적 갈등을 야기하는 주된 이유의 하나는 비용과 편익의 불일치성으로서 임대주택은 다른 비선호시설과는 달리 비용은 인근 거주자가 비용을 부담하는 반면 편익은 인근지역 보다는 임대주택 거주자가 누리는 특성을 갖고 있다는 점이다. 또한 임대주택 입지 관련 비용과 편익은 타 비선호시설과는 달리 도시의 계획적 개발로 인해 교통이 편리해지거나 편의시설 확충 등으로 생활여건이 크게 개선되고 주택가격이 상승할 경우 임대주택 인근 거주자의 경우에도 비용 보다는 편익으로 작용할 수 있는 속성도 가지고 있다. 아울러 임대주택은 타 비선호시설과는 시설속성면에서 위험성이 거의 없는 반면 주거쾌적성, 교통편리성, 교육여건의 양호성, 생활편의성, 교통편리성 등이 무형적 가치와 이를 반영한 주택가격의 등락이 비용(혹은 편익)을 좌우하므로 이를 중심으로 국민임대주택의 비용 내지 편익을 조사하여 홍보에 반영시킬 필요가 있다.

　김종림(2004)의 조사결과, 국민임대주택 인근지역 거주자는 국민임대주택 입주로 인해 비용을 지불하기 보다는 편익을 누리는 것으로 지각하고 있는 것으로 나타나고 있었다.

〈표 3-53〉 인근 거주자의 국민임대주택의 비용-편익 평가

평가군	평가요소	평가결과(단위: %)			5점척도 평균 (높을수록 긍정적)
		비용: 부정적 (매우나쁨+나쁨)	중립 (보통)	편익: 긍정적 (매우좋음+좋음)	
이미지 향상	동네이미지	11.0	64.8	24.2	3.14
재산가치	주택가격	14.9	64.2	20.9	3.06
교육여건	자녀의 친구관계	4.8	70.2	25.1	3.21
	교육시설	5.8	64.6	29.6	3.26
주거쾌적성	녹지·휴식공간	6.6	59.4	34.0	3.29
생활편의성	상　가	5.4	60.7	34.0	3.33
	공공시설	3.3	74.9	21.7	3.19
	주민복지시설	4.6	73.9	25.1	3.18
교통편리성	교통시설	9.7	59.6	30.6	3.20

　먼저 재산가치, 교육여건, 주거쾌적성, 생활편의성, 교통편리성, 그리고 이들 요소가 종합적으로 반영된 동네 이미지 향상 등에 대해 국민임대주택 입지 이전과 비교하여 볼 때 모든 평가요소에서 중립적 의견이 가장 많으나 부정적 인식보다는 긍정적 인식의 응답비율이 상대적으로 높아 비용보다는 편익으로 평가하고 있는 것으로 볼 수 있었다.

　한편 국민임대주택의 홍보효과에 대해서는, 조사결과 전체 응답자의 약

84.3%가 국민임대주택에 대해 들어 본 적이 있는 것으로 나타나 외형상의 인지 수준은 높은 것으로 나타나고 있었다. 다만 '자주 들어봤다'는 응답비율이 16.1%에 불과하여 향후 홍보활동 강화는 접촉빈도의 향상에서 필요성을 시사한다고 볼 수 있다. 특히 조사과정에서 홍보활동의 강화를 통해 좀 더 구체적인 정보를 제공할 경우 국민임대주택에 대한 인근 지역주민들의 태도 변화 가능성을 예비적으로 검토한 결과는 매우 흥미로운 것이다. 즉 조사수행 시에 1개 집단에서는 국민임대주택을 소개한 구체적인 팸플릿을 제공하여 실시하는 보조조사를 수행하고, 1개 집단에서는 팸플릿을 제공하지 않는 비보조조사를 수행한 결과, 국민임대주택에 대한 팸플릿을 제공한 보조조사시 국민임대주택의 필요성, 입주의향, 타인에게의 추천의사, 향후 입지시 태도 등에 있어 긍정적인 응답비율이 크게 증가하는 것으로 나타나는 것이다.

〈표 3-54〉 국민임대주택 정보 보조:비보조 이후 국민임대주택에 대한 태도

국민임대주택에 대한 태도	태도평가	응답비율(%)	
		보조 (구체적 정보 제공)	비보조 (정보 미제공)
국민임대주택의 필요성	필요하다	82.4	79.1
	필요하지 않다	1.4	2.9
	잘 모름	6.2	18.0
국민임대주택 입주의사	있 다	79.4	65.6
	없 다	9.9	15.9
	잘 모름	10.7	18.5
타인에 대한 국민임대주택 추천의사	있 다	84.4	72.1
	없 다	3.9	6.7
	잘 모름	11.7	21.2
국민임대주택	상관없다	78.2	68.0
	반대한다	8.3	11.7
	잘 모름	13.5	20.3

　　따라서 향후 국민임대주택에 대한 홍보활동 수행시 국민들에게 보다 구체적인 정보와 메시지를 제공할 수 있는 과정과 방법의 문제에 핵심을 두고 방안이 강구될 필요가 있는 것으로 판단되었다. 한편, 구체적인 홍보활동 효과분석을 위해 국민임대주택 정보에 대한 노출여부에 따른 국민임대주택의 비용－편익 인식정도의 차이를 비교해 본 결과 통계적으로 유의미한 차이를 거의 보이지 않아 실제적인 홍보효과는 낮은 것으로 나타나고 있었다.

　　이렇듯 국민임대주택의 실제적인 홍보효과가 미흡한 원인을 분석하기 위해 국민임대주택에 대한 정보 노출 수준과 국민임대주택에 대한 지식수준과의 관계를 분석한 결과 '임대주택 총건설물량'과 '입주가구의 월평균소득'에 대한 지식수준에 대해서만 통계적으로 유의미하며, 기존 임대주택과 국민임대주택과의 차이점, 국민이대주택이 임대기간이나 주택규모 등 공급조건에 대한 정보 부족 현상은, 이를 목표를 하는 홍보활동의 강화를 필요로 하고 있다.

〈표 3-55〉 국민임대주택 정보 노출수준과 국민임대주택의 지식과의 관계

국민임대주택에 대한 지식	지식인지 내용	사례수	평가결과(%)	
			자주 들어봤다	들어본 적 있다
국민임대주택과 영구임대주택의 유사성	비슷하다	383	41.2	45.1
	아닐 것이다	476	58.2	54.4
	잘 모름 / 무응답	5	0.6	0.6
국민임대주택의 임대기간	10년	382	39.4	45.4
	20년	293	33.3	34.0
	30년	171	26.7	18.2
	잘 모름 / 무응답	6	0.6	2.5
향후 10년간 국민임대주택 총 건설물량	10만호	82	7.9	9.9
	30만호	227	24.8	26.6
	70만호	200	16.4	24.7
	100만호	281	41.8	30.3
	잘 모름	74	9.1	8.4

국민임대주택에 대한 지식	지식인지 내용	사례수	평가결과(%)	
			자주 들어봤다	들어본 적 있다
국민임대주택 입주가구 월평균소득	100만 원 미만	67	8.5	7.6
	100-150만 원 미만	306	30.9	36.5
	150-200만 원 미만	277	30.9	32.3
	200-300만 원 미만	155	26.1	16.0
	300-400만 원 미만	11	1.2	1.3
	400만 원 이상	1	–	0.1
	잘 모름 / 무응답	47	2.4	6.2
국민임대주택 일반적인 평형규모	15평 미만	31	3.6	3.6
	15-18평 이하	216	22.4	25.6
	19-25평 이하	523	63.6	59.8
	26-30평 이하	60	8.5	6.6
	31-35평 이하	14	0.6	1.9
	40평 이상	1	–	–
	잘 모름 / 무응답	19	1.2	–

앞서 언급한 김종림(2004)의 조사결과들은 대다수 국민들이 국민임대주택에 대해 전반적으로 인지는 하고 있으나 과거 임대주택 중심의 막연한 인식과 부정확한 지식을 갖고 있다는 점을 시사하고 있다.

이러한 결과를 살펴보면, 국민임대주택 건설을 둘러싼 입지갈등은 정책홍보의 부족으로 인한 상당부분의 오해와 사실왜곡에서 비롯되고 있음을 알 수 있다. 이에 따라 우리나라 일상적인 국민들에게 그 성격과 효과가 생소한 임대주택정책 수행시에는 구체적인 내용의 홍보와 교육 등의 PR활동이 필요하며, 효과적으로 전달할 수 있는 방법 또한 모색해야 할 것으로 판단된다. 다만 이때는 교육과 홍보 등 PR활동이 해당 지역사회 주민들에 대한 일방적인 의사소통이 아닌 상호 정보와 의견을 수렴 교환하는 쌍방형 의사소통의 형태로 진행되는 것이 고객의 욕구(needs)와 선호(wants)를 사전에 충족시킬 수 있는 방법이며, 보다 고차원의 홍보전략이 될 것으로 기대된다. 아울러 임시방편적이기보다는 지속적인 유대관계를 통해 상호 신뢰성을 제고 해 나가는 기본인식 또한 요구된다.

제 4 장
공공임대주택사업의 정책마케팅 평가

공공임대주택사업의 마케팅적 성과를 평가하는 의의는 고객세분화의 적정성과 이에 근거해 제품·유통·가격·촉진으로 분류된 요인들이 경쟁시장에서와 같이 고객욕구와 필요를 충족시키고 있는가 하는 것이다.

경쟁시장의 고객은 상품 생산자를 퇴출시킬 능력을 가지고 있다. 그래서 경쟁시장에서 기업은 고객의 관심을 끌기 위해 필사적인 노력을 기울인다. 상품을 만들면 고객의 욕구와 필요 충족을 제일 우선순위에 두고 있다. 그러나 경쟁이 없는 정부는 이와 다르며 비능률과 낭비, 부실에 대한 비판을 받아왔다. 이러한 점에서 향후 정부가 수행할 각종 정책에서는 경쟁의 개념을 고려하지 않을 수 없다.

이에 대해 박흥식(2001)은 "기업가적 정부의 제기 이후 정부는 경쟁의 강조, 고객욕구의 충족을 강조"하며, 이와 함께 "M·C, 즉 시장(Market)과 고객(Customer)"에 대한 인식과 함께 마케팅 믹스 요인을 고려해야 함을 주장(박흥식, 2001: 8, 15)하여 마케팅 요건의 전제조건으로서 '시장과 경쟁'의 형성을 검토할 것을 요구했다. 그래서 본 절에서 공공임대주택사업의 마케팅을 평가함에 있어서는 기존에 분석대상이 되었던 요인을 기준으로 하고, 공공임대주택사업의 종합적 시사점에 대해서도 논의하고자 한다.

1. 고객세분화 범위와 수준의 평가

1) 인구통계적 특성에 의한 고객세분화 평가

공공임대주택사업의 고객세분화의 기준은 인구통계적 특성과 지역적 특성에 의할 수 있음은 이미 앞서도 밝힌 바와 같다. 이때 인구통계적 특성과 관련해 보면, 현행 제도상 공공임대주택의 고객은 주로 주택의 유무와 그리고 청약저축의 가입 여부에 따라 결정되며, 가구 특성에 대한 고려는 상대적으로 미흡하다고 평가될 수 있다. 특히 국민임대주택을 제외하고는 가구원 수, 구체적인 소득 수준 등 고객집단의 가구 특성에 대한 명백한 규정이 없어서 대상 고객을 세부적으로 선별하기가 매우 곤란하며, 이로 인해 주택 배분의 적절성을 달성하기 어려운 상황이다. 국민임대주택의 경우도 근로소득자의 소득은 쉽게 파악할 수 있지만, 자영업자의 소득을 정확히 파악하는 것은 현실적으로 불가능에 가깝다. 따라서 소득 외에도 재산기준을 도입하는 것이 대상 고객을 명확히 하는 방안이 될 수 있지만 현실에서는 그렇지 않았다.

공공임대주택을 무주택자 중심으로 공급하는 것은 정책의 목표와 기대 효과를 감안하면 바람직한 것이다. 그러나 청약저축 가입 의무화는 고객 대상의 소득 수준 요인에서 문제가 있다. 현행 제도상 5년제 공공임대주택, 50년제 공공임대주택, 그리고 50㎡를 초과하는 국민임대주택에 입주신청을 위해서는 청약저축에 가입해야 한다. 이는 생계가 어려운 저소득가구에게는 추가적인 부담이 될 수 있다. 이러한 문제는 저소득층 중 최하수준에 해당되는 법정영세민의 경우에 그 부담과 문제의 심각성이 더욱 과중(過重)될 것이다. 이와 같이 최저주거기준에 미달한 가구일지라도 경제적 여건이 곤란하여 청약저축에 가입을 못하였거나 가입시기가 늦은 가구는 공공임대주택에 입주하기 어려운 실정이다. 경제적 여건이 다소 나아서 청약저축에 조기 가입하여 공공임대주택에 입주한 가구와 비교한다면 청약저축 가입을 의무화하는 것은 저소득 계층 내에서도 수직적 비형평성을 초래하는 원인이 될 수 있으며, 명백한 대상 고객을 스스로 제외시켜 나가는 문제를 발생시키고 있는 것이다.

공공임대주택을 공급해야 할 고객이 누구인지 불분명하게 만드는 또 하나의 요인은 공공임대주택 유형이 다양하고 복잡하다는 점이다. 영구임대주택, 50년 공공임대주택, 5년 공공임대주택, 국민임대주택, 사원임대주택, 재개발임대주택 등 유형이 매우 복잡하다. 이는 새로운 정부가 들어설 때마다 새로운 유형의 공공임대주택 공급계획을 발표한 데에 기인한다. 1989년에는 영구임대주택, 1993년에는 공공임대주택(5년제, 50년제), 1998년에는 국민임대주택을 공급하는 계획이 수립되었으며, 2003년에는 국민임대주택 100만호와 10년 장기공공임대주택 50만호를 공급하는 계획을 수립하였다. 그 결과 공공임대주택 프로그램간에 일관된 체계가 없으며, 공공임대주택의 유형별 고객계층이 누구인지에 대한 구분이 불분명하게 되고 실질적으로 고객대상이 중복되어 있다. 공공임대주택은 대상별로 유형의 차별화를 이뤄야 하는 만큼 정부의 정책지원, 임대료 및 임대기간이 상이한 점을 감안하여 고객대상을 특성에 따라 세밀히 구분할 수 있는 기준을 명시화할 필요가 있다. 한편으로는 유사한 속성을 가지는 일부 주택유형을 통합하여 운영할 필요도 제기된다.

2) 지역적 특성에 의한 고객세분화 평가

마케팅에 기반한 정책수행을 위해서는, 각 지역별 특성을 고려해 제품을 고객에게 전달할 때 고객 욕구를 충족시킬 수 있다는 점을 명확히 인식해야 함은 필수적인 과제이다. 그러나 본 연구의 사례인 공공임대주택사업에서는, 현재까지의 과정상 일단 미흡하다고 평가될 수 있다.

그 이유의 첫 번째는, 국민임대주택의 경우 100만호 건설계획이 발표될 당시인 2002년 5월에는 연도별 건설물량 배분은 이루어졌으나, 지역별 배분은 계획이 수립·발표되지 않았고, 2004년 2월 건설교통부에서 「주택종합계획

(2003~2012)」을 수립하면서 비로소 연도별 물량계획과 지역별 국민임대주택의 공급물량 배분의 기준이 수립되었다. 그 결과 국민임대주택 공급계획 물량 100만 호 중 수도권 48만 7천여 호, 지방 51만 2천여 호를 공급할 것으로 계획이 수립되었으나, 실제 수도권에 건설되고 있는 실적과 광역시 등 지방에서 건설되고 있는 실적을 비교해 보면 지방에서는 건설되는 물량 자체의 부족 문제가 발생되고 있었다. 이것은 국가적 서비스 제공을 위해서는 전체물량 계획을 수립한 후 지역적으로 배분하는 절차를 수행할 것이 아니라, 각 지역별 고객 수요와 공급가능성을 파악하고, 이를 근거로 향후 수요량의 추정을 더하여 전체 물량이 결정되어야 함에도 불구하고 공급가능물량 기준이 아닌 계획공급물량만을 내세워 정책이 추진되었기 때문이다. 이러한 문제는 곧 현실에서 나타나는데, 실제 지역별 건설실적에서 상당부분 지역의 추진량이 배분량에 미치지 못하고 있는 것(18개 지역 중 7개 지역)으로 나타나고 있는 것이다.

지역적 특성이 고객세분화 과정에 미흡하게 반영되었다는 두 번째 이유는, 지방자치단체의 정책수용 가능성 검토와 지역대상자 추정시 최저주거기준 미달가구 중에서 1인 가구 및 농촌가구를 제외한 가구소로 파악하여 지역별 공공지원주택 소요량을 계산했다는 점이다(하성규·설혁, 2005: 12).

먼저 지방자치단체의 정책수용 가능성은 사실상 협조를 확신하기 어려운 것이 현실이었다. 한 예로 서울시의 택지확보의 경우를 보면 국민임대주택 건설을 위해 개발제한구역 1,800만여 평(61.4㎢)을 해제하여 2007년까지 20만 호를 건설하고자 사업을 추진 중에 있으나, 이 면적은 국민임대주택을 건설할 수 있는 개발제한구역 해제 허용 면적을 모두 사용한 면적이므로 2008년 이후 필요한 임대주택건설용지 확보는 매우 불투명한 것이 사실이다(하성규·설혁, 2005: 16).

그 밖에도 광역시 외의 시·군이 사업시행 대상에 포함됨에도 불구하고 농촌인구는 고객대상에서 제외시키고 있는데, 농촌 청·장년 인구의 도시유입으로 농촌인구는 사실상 고령화에 진입했다는 점을 고려하면, 이 문제 또한 고객세분화의 기초수요대상을 제한시켰다는 문제가 있다.

2. 정책마케팅 요인에 의한 평가

정책마케팅 요인은 크게 제품과 유통·가격·촉진으로 분류하여 수행하였으며, 그 하위변수는 경영마케팅 요인과 정책마케팅 선행연구, 그리고 Kotler의 마케팅 4C 요인에 근거하여 정의한 후 분석에 활용하였다.

이에 따라 제품 요인은 '정책간 고객·목표의 차별성'과 '정책목표의 정확성', '정책서비스 제공의 신뢰성(일관성)'의 변수로 분석되었다. 다음으로 유통 요인은 '정책에의 접근성'과 '사용의 편리성'의 변수가 활용되었다. 가격 요인은 '직접비용', 즉 임대보증금과 관리비 등 금전적 요인의 적정성을 평가하고, 이와 함께 '간접비용'즉 공공임대주택의 건설 위치와 입지에 따른 직주(職住) 분리의 정도와 시간·교통비의 부가 부담의 정도, 그리고 저소득층 집단주거지 형성으로 인한 입주자와 주변 거주민의 심리적 효과 등에 대해서 검토하였다. 이와 같은 요인 구성에 따라 나타난 결과를 4P의 요인에 의해 평가하면 아래와 같다.

1) 제품 요인 분석의 평가

제품 요인은 차별성과 정확성, 그리고 일관성에 의해 평가되었다.

(1) 차별성 분석 결과 평가

먼저 차별성은 정책간 고객과 목표에 대한 차별성을 평가하였다. 정책간 고객과 목표에 대한 차별성이란 공공임대주택이라는 정책에 포함되어 있는 사업, 즉 영구임대주택과 국민임대주택·5년 공공임대주택·50년 공공임대주택 등 각각의 프로그램이 명확히 대상 고객을 구별하고 있고, 그 대상 고객의 필요에 대응한 달성 목표를 제시하고 있는가 하는 점이다. 특히 공공임대주택은 유형에 따라 입주요건을 달리할 필요가 있다. 각 주택의 기본 평형이 다르고, 임대료가 다르며 건설주체와 지원주체의 차이가 있기 때문이다. 그러나 본 연구결과 저소득층·근로자 및 서민·법정 영세민 등 프로그램에 따라 고객 대상을 설정하고 있지만, 모든 하위자격에 청약저축가입자를 포함시키고 있어 국가 보호대상자 이외의 집단을 광범위하게 설정하고 있다는 문제를 제기할 수 있었다. 이는 근래에 나타난 공공임대주택의 미분양·공가(空家)의 증가에 따라 나타난 대책의 일환이지만 실제로는 저소득층이 임대료 또는 관리비의 부담으로 입주하지 못하는 경우가 있음은 다수의 연구(하성규·설혁, 2005: 19; 장영희, 2003: 17; 김갑성, 2005: 11 등)에서도 문제점으로 제기하고 있는 실정이다. 또한 김근용 외(2004: 41)는 공공임대주택 입주자격과 관련하여 입주자격을 관리사무소에서 조사하고 있는지를 실증분석한 결과 평균 55.4%만이 조사하고 있다고 응답하여 실제로 공공임대주택 프로그램 상에서 얼마나 대상 고객을 명확히 구분하여 공급하고 있는지에 대해 의문시 되고 있다.

<표 3-56> 입주자격 조사 실시 여부

(단위: 응답자 수, %)

구 분		영구임대	국민임대	공공임대(5년)	공공임대(50년)
경 기	있 다	64(66.0)	98(40.2)	33(55.9)	55(55.6)
	없 다	33(34.0)	146(59.8)	26(44.1)	44(44.4)
대 구	있 다	54(51.9)	159(79.1)	51(51.0)	41(48.2)
	없 다	50(48.1)	42(20.9)	49(49.0)	44(51.8)
전 주	있 다	32(64.0)	47(47.0)	24(48.0)	30(61.2)
	없 다	18(36.0)	53(53.0)	26(52.0)	19(38.8)

자료: 김근용·정희남·조판기·박천규 외(2004), p.42.

위 결과에 비추어 볼 때 공공임대주택 입주적격자의 주택 선택권은 심사에 의해 사전에 제한될 수 있는 법적 장치를 갖추고 있으나, 오히려 부차적 대상자인 청약저축가입자는 정책 대상의 범위에 상관없이 자유로운 프로그램 선택이 가능해지게 된다. 이것은 결국 각 임대주택의 보호대상자로 설정하고 있는 주요 고객대상자의 접근 가능성을 제한시키게 되어 고객계층간 구별에 따른 차별화별 서비스 수혜를 저해한 것으로 판단된다.

(2) 정확성 분석 결과 평가

정책목표에 대한 정확성을 분석해 보는 기준은 공공임대주택의 양적 측면과 질적 측면으로 나누어 살펴보았다. 양적 측면은 공공임대주택 공급량이 저소득층 등 고객의 수요량에 합치되는가 하는 것이고, 질적 측면은 공공임대주택이 이를 필요로 하는 고객의 가구특성(가구원 수, 소득 수준, 연령 등)을 반영하고 있는 정도를 의미한다.

양적 측면에 있어서는 현재 추진되고 있는 국민임대주택의 수요량과 공급량에서 검토해 볼 수 있다. 사실상 국민임대주택 100만호 공급은 2003년도부터 건설 목표달성에 실패했다는 사실에서 양적 측면의 문제가 발생되고 있다. 공급 부진의 주된 원인이 택지 확보의 어려움임을 감안할 때 이러한 우려는 현실화될 가능성이 큰 것이다. 특히 중앙정부에서 지방자치단체에게 국민임대주택 건설을 강제할 수 있는 수단을 가지 못하고 있는 현실을 감안할 때, 향후 국민임대주택 공급과 수요량과의 합치는 매우 큰 문제가 될 수 있다. 서울시의 경우 개발제한구역 1,800만여 평(61.4㎢)을 해제하여 2007년까지 20만호를 건설하고자 사업을 추진 중이나, 상기 면적은 국민임대주택을 건설할 수 있는 개발제한구역 해제 허용 면적을 모두 사용한 면적이다. 그러므로 2008년 이후의 임대주택건설용지 확보는 매우 불투명하여 고객 수요량에 현실적으로 대처할 수 있는가의 문제를 제기시키고 있다.

질적 측면에서는 최저주거기준 미달가구가 전체의 23.4%에 달하고 있는 실정이 주목된다. 이중 현대식 부엌 및 수세식 화장실을 갖추지 못한 시설기준 미달가구가 71.3%에 달하고 있는 점을 보면 저소득계층의 주거부족 해소에 도움이 될 수는 있어도, 주거지 내에서의 사회적 박탈감을 심화시킬 수 있고 독신가구의 입주 또한 기피하게 되는 근거가 된다.

(3) 일관성 분석 결과 평가

우리나라 전체적인 주택정책의 특징은 장기적인 주택 수요예측 또는 저소득층에 대한 사회적 책임이라는 관점이 아닌 경기대책이나 물가대책에 종속되어 추진되어 왔다는 점이다. 또 다른 특징은 정부의 정책추진 방식이 정교하고 신중한 계획과 논의에 의한 결과가 아니라, 투기억제책과 투기조장책[34]이 반복적으로 활용된 결과라는 것이다. 또한 사회환경 속에서 일단 일을 시작하고 결과를 본 후 정책을 수정하고 적절한 배합이 나올 때까지 반복하는 스타일이던 것도 제시 가능하다. 마지막 특징으로, 공공임대주택사업은 고객대상자의 욕구에 상대적으로 민감한 지방자치단체의 주도가 아니라, 중앙정부에 의해 통합물량이 설정된 후 지역적으로 배분되어 고객대상자와 상대적으로 지근거리에 있는 지방정부의 참여가 매우 부족하다는 것이다.

이를 종합해 보면 고객의 수요에 근거한 공급체계(중앙정부－지방정부－시행주체)가 모순된 형태를 가지고 있다는 점이 매우 부정적으로 평가된다. 중앙정부의 입장에서는 국가재원을 활용한 전 국가적 사업의 주체로서 위치해야 함을 주장할 수 있지만, 각기 다른 지역적 특성에 둘러싸인 고객의 욕구를 파악하는 것은 지방정부의 역할에 상대적으로 더 큰 기대를 걸 수 있다. 이런 점에서 보면 고객욕구 충족의 1차적 주체는 지방정부가 되어야 하고, 이들의 문제점 파악과 고객수요 충족 필요성의 계획에 근거해 중앙정부의 지원이 이루어져야 할 것으로 보인다. 또한 주택 공급은 추진주체의 재편성에 앞서 장기적인 수요예측과 세밀하게 확립된 공급계획에 의할 필요가 있다. 특히 우리나라의 주택 정책 전반의 비일관성은, 투기로 인한 자산적 부의 불균형 개선을 추구하는 한편, 경기부양, 경제활성화, 내수진작, 고용기회 창출 등을 위한 투기적 수요를 부추기지 않을 수 없는 모순적 구도를 가지고 있다는 점에서 부정적으로 평가되고 있는 사안이다.

---

34) 물론, 정부 정책이 부동산 투기를 조장하기 위해 추진되는 것이라고 보는 것은 문제가 있다. 그러나 부동자금으로 불리는 투기성 자금의 흐름에 주택공급이 크게 의존하고 있는 것은 사실이며, 이를 이용한 주택공급정책이 경기부양책의 일환으로 사용되고 있는 것 또한 사실이어서 부득이 투기조장책이라는 표현을 사용하였다.

2) 유통 요인 분석의 평가

유통은 제품 배포에 관한 것으로 제품 또는 서비스가 구매자에게 전달되는 과정과 방법을 의미하는 것으로, 본 연구에서는 유통의 하위변수는 구매의 접근성과 사용의 편리성을 중심으로 평가하였다.

(1) 접근성 분석 결과 평가

접근성에 대해 공공임대주택 프로그램별로 보면 영구임대주택은 국민기초 생활보장 수급자 등 정해진 조건에 해당하는 신청가구를 대상으로 점수제에 따라 주택을 배정하고, 50년 공공임대주택 또한 하위 프로그램에 따라 철거 세입자의 우선 배정, 청약저축가입자의 신청에 따라 추첨 등이 이루어지고 있다. 또한 국민임대주택 입주대상 계층은 소득을 기준으로 감안하고, 여기에 청약저축 가입회수가 감안된 점수제로 입주자가 선정된다.

이를 보면 공공임대주택은, 그 입주자격의 명시화를 통해 나름대로 고객의 세분화를 이루고 있으며, 고객집단으로 분류될 수 없는 사용자의 접근을 배제하여 적정자격의 고객대상자가 누려야 할 접근성을 확보하고 있다. 그러나 50년 공공임대주택의 하위 프로그램인 재개발임대주택과 주거환경임대 주택은 해당 사업지역의 세입자에게 우선 공급되고 있는데, 그 실행과정에서 소득과 관계없이 50년 동안 입주가 가능하기 때문에 퇴거가 거의 이루어지지 않고 있는 문제가 있다. 이는 곧 차기(次期) 고객대상자에게 공급해야 할 물량을 잠식하고 있어 재고량 확보의 주된 문제점으로 제기되고 있었다. 또한 시장임대료에 비해 월등히 낮은 현행 임대료체계는 민간임대주택 시장형성을 저해하여 임대주택 재고량 확보에 역기능을 초래하고 있다. 뿐만 아니라 이와 같은 임대주택 재고량 확보의 미비는 기존 입주자들이 소득이 상승함에도 불구하고 민간 시장 주택으로의 이주를 하지 않는 상황을 초래하고 있다.

공공임대주택의 지역별 분배 문제는 또 다른 유통상 접근성의 문제를 초래하고 있다. 즉 주택은 입주대상 계층이 입주할 수 있는 생계지역에 건설되어야 한다는 문제이다. 만약 고객인 입주대상 계층이 입주할 수 있는 위치와 실제 건설이 일치하지 않는다면, 고객인 입주대상자들에게 외면당하고 목표했던 정책효과(수혜 참여)를 거둘 수 없기 때문이다. 이것은 만약 경영마케팅의 입장에서 발생될 경우 해당 제품은 접근성과 사용편리성의 문제가 함께 발생되고, 고객의 외면을 받게 되는 중요한 요인이 된다.

(2) 편리성 분석 결과 평가

유통 요인 중 편리성의 정의는 구매와 사용의 편리성으로 볼 수 있는데, 구매의 편리성은 접근성의 정의와도 일치하는 부분이 있어 본 연구에서는 편리성을 사용상의 편리성에 집중하였다. 사용상의 편리성은 선행연구에서도 대부분 주거의 만족도와 연계시키고 있고, 시설 및 관리의 정도와 연관되는 것도 설득력이 높다.

본 연구에서의 분석결과 먼저 주택 및 주거환경 만족도는, 대중교통과 교육여건, 편의시설 등은 만족도가 높은 반면 주택의 면적 및 주방·화장실 등 시설 측면에 있어서는 불만족에 가까운 요인이 많았음을 밝혔다. 물론 고객이 누릴 수 있는 생활환경은 소득수준과 일치하게 된다는 것이 자본주의 경제구조의 기반이라 할 수 있고, 이런 면에서 주택의 면적은 논외의 대상으로 제외시킬 수도 있을 것이나 주방 및 화장실, 수선요청의 대응에 대한 불만족은 사회적 약자인 공공임대주택 입주자의 사회적 박탈감을 심화시킬 수 있는 요인으로 부정적인 평가를 받을 수밖에 없다.

3) 가격 요인 분석의 평가

정책마케팅에서의 가격 요인은, 제품이나 서비스를 구매하면서 고객이 지불하게 되는 경제적 비용인 직접 비용과 심리적·육체적 비용인 간접비용을 고려할 수 있다.

본 연구에서는 직접 비용의 하위변수로 공공임대주택 사용에 따른 임대료 및 관리비 부담을 분석하였고, 간접비용의 하위변수로는 직주(職住)분리 정도에 따른 시간·육체적 부담과 사회구성원내에서 상대적 일탈감을 받게 되는 원인을 중심으로 검토하였다. 연구결과의 내용을 평가하여 보면, 먼저 직접 비용상 임대료는 '부담 가능 주거비(affordability)[35]'를 기준으로 살펴보았는데, 국민임대주택을 볼 때 현 임대조건상으로는 입주대상자인 소득 1분위~4분위 계층이 부담가능한 주거비보다 적게는 4만 4,768원부터 39만 7,818원까지의 추가 비용부담이 요구되고 있어 소득 1분위의 경우에는 국민임대주택의 유형 중 어떤 유형의 주택에 임주해도 주거비 부담이 부담가능 주거비를 초과하고 있었다. 또한 국민임대주택 유형 중 Ⅲ형(18평~20평)의 경우에는 1~4분위 소득 계층의 모든 입주대상자의 부담가능 주거비를 초과하고 있어, 국민임대주택의 임대조건이 입주대상자의 부담능력에 비해 과다하게 책정되고 있는 문제가 있다. 또한 관리비에 있어서도 입주자의 소득수준 변화와 무관하게 결정되어 있어서 소득계층에 따라 부담이 적은 입주자가 있는 반면, 소득수준에 비해 부담이 너무 커서 체납되는 경우도 종종 볼 수 있었다. 이에 대해 장경희(2003)의 연구 결과에서도 임대료는 직영관리부문에서 7.9%와 위탁관리부문에서 12.1%의 체납률을 보이고 있었고, 관리비 또한 5.0%를 전후한 적지 않은 입주자의 체납상태를 확인할 수 있었다.

한편 간접비용 분석에서는 시간과 육체적 노력, 심리적 효과까지도 포함시키고자 하였는데, 이러한 측면에서도 비경제적 손실의 발생은 확인 가능했다. 먼저 서울시를 살펴보았을 때 공공임대주택이 건설되는 위치는 모두 도시 외곽에 취하고 있으며(그림 3-4 서울시내 공공임대아파트단지 위치도 참조), 특정한 택지지역을 전체 공공임대주택단지로 건설하는 방식이 가장

---

35) 가구소득을 고려했을 때 부담이 되지 않는 범위의 주거비 지출크기를 말한다. 여기서 부담이 되지 않는 범위는 통상소득의 25%~30% 이상이라면 부담 가능한 주거비의 범위를 넘어서는 것으로 보고 있다.

널리 사용되고 있었다. 그것을 결과적으로 보았을 때 공공임대주택은 도심에서 가장 먼 지역을 중심으로 건설·입주하게 되었으며, 해당 지역에 거주하게 되는 저소득층 입주민은 생계와 취업을 위해 좀 더 많은 교통비와 시간을 투자하게 되었다. 그리고 저소득층 밀집지역에 거주하고 있다는 심리적 압박을 가지게 되었다.

특히 본 연구에서 활용하고 있는 자료를 분석한 결과 도심외곽의 공공임대주택에 거주하고 있는 입주민 전체의 40%에 가까운 세대주가 무직의 상태였고, 연령대도 40대~50대가 많은 것으로 나타나고 있었다. 그렇다면 이들과 같이 가구 소비가 절정에 달할 수 있는 40~50대의 저소득계층은 보다 많은 취업기회와 경제활동을 필요로 하므로 도심으로의 이동이 필수적인데, 현실은 이를 반영했다고 보기 어려웠다. 또한 공공임대주택이 도심외곽의 특정 지역에 밀집하여 대량으로 건설됨으로 사회적으로 고립되는 '사회적 섬'현상이 나타나 슬럼화의 가능성이 있고, 입주민의 사회적 상실감을 높일 수 있는 상황이다.

4) 촉진 요인 분석의 평가

공공임대주택사업의 촉진 요인, 즉 홍보와 공중관계 형성의 중요성은 사례 정책의 특수성에 기인한다. 즉 공공임대주택에 포함되는 영구임대주택, 5년·50년 공공임대주택, 국민임대주택 하위 평형은 입주대상자가 저소득층을 중심으로 하고 있어, 대외적인 인식상 저소득층 주거밀집 지역이라는 이미지를 형성하고 있다. 특히 1982년 「임대주택 육성방안」이 발표된 후 지속적으로 추진되어 오고 있어, 그 시행 역사만큼이나 일반인들도 그 개괄적 성격에 대해서는 비교적 넓게 인식되어 있다. 그러나 공공임대주택은 저소득층 집단주거지로서의 성격을 가지고 있어 폭행사건·쓰레기 투기·방뇨 및 배변·공공시설 및 기물에 대한 파괴행위 등 반달리즘(Vandalism) 뿐만 아니라 음주, 소란, 고층 낙하물 투척 등 공공생활 침해행위가 빈번하게 발생하여 지역주민들의 우려와 거부감을 나타내게 하고 있었다. 이에 따라 공공임대주택은 공급이 필요한 해당 지방자치단체와 지역주민이 비선호시설로 간주하여 사업승인이나 택지사용에 있어서 많은 민원이나 이의를 제기하여 사업추진에 어려움을 겪고 있는 것으로 평가된다.

여기서 공중관계와 홍보의 중요성은, 비선호시설 입지에 대한 주민들의 통상적인 관심은 재산가치 하락에 대한 우려와 개인적인 신변안전 및 보건상의 위해에 대한 인식, 그리고 근린 쾌적성 상실에 대한 염려로 요약된다. 그래서 사후적인 보상방법만이 활용되는 것은 근본적인 해결책이 아니라는 점에 중요성이 있다. 공공임대주택과 같이 사회적 안전망으로서, 그리고 중산층에까지 확대될 수 있는 주거안정 목적의 사회경제적 의미를 가진 복합적인 정책은 무엇보다 정책의 목적과 하위 세부목표 및 프로그램에 대한 정확한 이해를 도울 수 있는 매체의 활용과 이를 통한 자기 설득 기제(Self Persuasion Mechanism)36)의 활용이 필요하다. 이런 점에서 보면 매체의 활용뿐만 아니라 체계화된 공중관계(PR) 형성이 필요한데, 실제와는 괴리가 있는 것으로 판단된다.

본 연구에서도 제시된 바와 같이 홍보매체를 제시하고 국민임대주택에 대한 태도를 조사한 결과와 홍보매체를 제시하지 않고 국민임대주택에 대한 태도를 조사한 결과는 분명 차이를 보이고 있었다는 점에서 더욱 그러하다. 특히 경영학에서는 잠재구매자의 심리에 초점을 맞춘 마케팅 활동을 위해 촉진과정을 세분하여 활용하고 있는데, 이를 반응단계(response hierarchy)라고 부르며 총 6단계로 세분하고 있다. 즉 반응단계는 인지(awareness), 지

---

36) 자기설득기제(Self Persuasion Mechanism)는 경영학과 심리학 분야 등에서 제시되고 있으며, 타인을 설득하기에 앞서 자신을 스스로 설득할 수 있는 고도의 인식과 믿음을 의미한다. 본 연구에서는 촉진의 요인에서 공공임대주택의 대상자와 주변 이해관계자에게 홍보물 등 매체로서 유용성·필요성을 인식시켜야 할 뿐만 아니라 향후 구전(口傳)효과를 발생시킬 수 있을 정도로 대상자들의 필요 인식과 믿음을 공고화할 것을 의미한다.

식(knowledge), 호감(liking), 선호(preference), 확신(conviction), 구매(purchase)로 나누어지며(오세조 외, 2005: 224), 여기서 선호와 확신의 단계로 진입할 수 있을 때 앞서 설명한 '자기설득기제'의 단계를 적용시킬 수 있을 것이다.

그러나 사실상 기존 임대주택과 국민임대주택과의 차이점, 국민임대주택의 사회적 목적과 효과, 임대기간이나 주택규모 등 공급조건 등에 대해서 이해관계자들이 인식하고 있는 정보 수준은 매우 낮은 것으로 볼 때 촉진요인이 활용되고 있는 정도는 미흡한 것으로 평가될 수 있다.

3. 종합적 결과 및 개선방향

본 사례를 분석하여 평가할 결과 한 가지 지적해 보아야 할 사항은 정책마케팅 믹스 요인에 의한 평가가 신관리주의의 생산성 개념의 강조로 수행되고 있는 '성과평가'를 통해 얻을 수 있는 시사점과 차별이 되는가 하는 점이다. 즉 신관리주의도 대중의 팽창하는 욕구에 대응하고자 분권화와 품질관리, 유인기법의 도입, 마케팅기법의 도입 등을 통해 정부의 성과의 효율성을 제고하자는 주장이었기 때문이다. 또한 한정된 자원을 국민의 욕구에 부합되는 방향으로 집행하여 정책목표를 어느 정도 달성하고 있는가의 문제도 상당히 유사성을 갖는다. 그러나 다음의 몇 가지 사항에서는 성과평가와 정책마케팅 도입은 차이점이 있다.

먼저 주민에 대한 적극적인 대응시기이다. 이종수(2002: 36)에 의하면 성과평가의 지표 중 하나는 주민만족도 조사를 통해 해당기관의 주민대응성을 평가하고 있다. 이것이 분명히 나타내는 바는 일정기간의 정책집행 이후에 사안에 대한 평가를 묻는 것이어서 사후적 조사의 일환임을 알 수 있다. 그러나 정책마케팅은 사전에 고객의 욕구와 선호를 조사하여 정책결정에 반영시킴으로써 만족도의 변화를 파악하게 된다는 점에서 사전적 조사가 중심이 되고 있다.

둘째, '성과'란 특정한 조직단위가 일정한 기간 내에 이룩한 생산성의 증감을 나타내는 것(이종수, 2002: 32)인데, 이것은 투입대비 산출의 비율(능률성)과 목표달성의 정도(효과성)를 통해 파악된다. 즉 성과평가에서의 성과는 예정한 목표치 달성을 위해 한정된 예산을 투입한 결과 얻은 실제 목표달성 정도를 의미하는 것으로 다분히 조직중심적 사고에 근거한다. 이에 비해 정책마케팅에서는 한정된 자원을 통해 목표를 최대한 달성하고자 하는 이념은 동일하지만, 한정된 자원을 같은 정책분야에서도 고객집단에 대한 선택과 집중을 통해 투입하고 전달과정의 장애요소를 제거하는데 목표를 두어 성과평가에 비해 고객중심적 사고에 근거하고 있다.

셋째, 성과평가는 동일 업무영역의 정부조직간 생산성을 평가하여 내부경쟁 체제를 조성하려 하지만, 정책마케팅은 궁극적으로 고객이 산재한 시장에서 민간부문과의 경쟁을 통해 고객의 선택을 받는 것을 산출된 결과로 삼고자 한다.

이와 같은 3가지 사항만을 놓고 보아도 성과평가는 정부조직 내에서 동일한 권력과 자원, 상황을 가진 기관이 어떤 노력을 기울였는가를 평가하는 것이고, 정책마케팅은 불균형한 자원과 상황을 맞아 고객의 편익을 산출하여 시장의 경쟁체제에서 고객의 선택을 받아야 한다는 점으로 비교되는 입장에 있다고 할 수 있다.

한편 공공임대주택사업을 마케팅 믹스 요인을 통해 분석한 종합적 결과와 개선방향은 아래와 같다.

1) 제품 요인의 분석결과와 개선방향

첫째, 공공임대주택이라는 거대 정책의 하위 프로그램간 차별성을 강화하기 위해 각 프로그램이 가지는 특성과 대상 고객의 범위를 명확히 하여 적격대상자가 올바른 접근을 할 수 있도록 보조해 주어야 한다. 그리고 한시적인 분양미달을 막기 위해 무제한적인 청약저축가입자의 입주를 지양하고, 청약저축가입자 중 공공임대주택 입주의 필요성이 절실한 경우를 선별할 수 있는 기준을 마련해야 한다. 또한 공공임대주택을 양적인 주택보급율 확충을 위한 방법으로 사용함을 중지하고 현실적인 지역적인 수요에 맞춤한 공급을 추진해야 한다. 그리고 대상자 중 연령, 가구원 수 등의 특성뿐만 아니라 사회환경 변화에도 기본적으로 충족될 수 있는 관리 및 수선의 대응에도 관심을 기울일 필요가 있다.

마지막으로 전체 주택정책의 동향은 경기대책과 물가대책에 연동하고 있지만, 공공임대주택과 같이 충분한 소비생활을 영위할 수 없는 상태에 있는 대상자의 경우라면 더욱 정책적 일관성을 유지하여 잠재고객의 불안감을 최소화하고 사회안전망으로서 신뢰감 있는 역할을 유지할 필요가 있다.

2) 유통 요인의 분석결과와 개선방향

적격대상자의 입주가능성이 저해되는 요인으로 제기되는 자격탈락자의 전출율을 증대시킬 필요가 있다. 앞서도 살펴본 바와 같이 일반 철거민과 청약저축 가입자가 재개발임대주택과 주거환경임대주택에 입주하여 사실상 소득상승과 관계없이 50년 공공임대입주가 이루어지고 있는 현실은 신규 수요자의 접근가능성을 상당히 저해하는 것이 명확한 현실인 만큼 퇴거절차의 합리화가 요구된다. 한편으로 저소득층에 대한 무조건적인 강제퇴거는 또 다른 사회 불안요인으로 작용되는 만큼 타 임대주택으로의 이전을 권고하되 이전시 발생되는 임대료 상승 등에 대해서는 분할납부 등 단계적 회수 절차의 정립을 통해 충격을 완화하며 입주자격에 적합한 임대주택 거주를 유도해야 한다.

사용의 편리성에 있어서는 주거면적과 시설 등의 문제점이 대두되고 있는 만큼 개선이 가능한 시설측면의 관리를 위해 업무를 대행하는 조직을 설립 또는 위탁시킬 필요가 있다. 한 예로 일본 동경도의 경우에는 전용면적 60㎡ 이상의 임대주택의 공급확대를 위해 '동경도 주택공급공사'가 임대주택의 규모, 설비, 공적자금의 활용여부에 따라 대행 가능한 범위 내에서 임대주택의 관리를 대행하고 있다. 이는 상당한 전문지식과 자격을 갖춘 인재로 구성되며 유지관리의 전문화가 이루어지는 효과를 기대할 수 있다.

3) 가격 요인의 분석결과와 개선방향

임대료와 관리비와 같은 직접비용은 각 임대주택 입주자의 자격수준과 동일한 수준으로 조정할 필요가 있다. 그리고 간접비용은 향후 공공임대주택 건설 당시 도심과의 지리적 접근성을 고려하기 위해 지방자치단체의 도시개발계획과 연동하여 수행해야 할 필요가 있다. 공공임대주택의 가격 문제에 있어서는 직접 비용의 과다책정 문제가 당장의 입주자들에게는 현실적으로 다가오는 문제가 될 수 있지만, 현행과 같이 도심 외곽에 건설되는 공공임대주택으로 인해 사회적 고립감을 심화시킬 경우 수요자의 정책수용 회피 문제뿐만 아니라 수요자들이 소득상승을 도모할 수 있는 기회제공에도 긍정적 영향을 미치지 못할 것이다.

임대료와 관리비는 부담가능한 수준에서 결정되어야 함은 상식에 가까운 문제이지만, 현재까지는 입주자의 소득분포가 다양함에도 불구하고 소득에 연동됨이 없이 건설원가와 감가상각비, 수선유지비, 화재보험료, 국민주택기금 이자에 의해 일괄적으로 산출되고 있는 점이 지적되고 있다. 그러므로 차후에는 소득분위에 근거해 임대료와 관리비를 산정하되, 임대료 문제는 주택 평형과 지역별 차등화에 대한 세부규칙을 시행할 필요가 있다. 그러나 관리비와 같이 지속적으로 소요되는 재원에 대해서는 입주자로부터의 직접적·단기적 충당금 외에 장기적인 재원마련을 도모해야 할 필요가 있다. 이에 대해 일본에서는 건설성과 각계의 전문가가 참석하여 「공영주택의 관리 메뉴얼」을 작성하고 이에 근거해서 관리가 이루어지도록 하고 있다. 또한 일본주택협회는 공영주택의 유지관리비로 임대료의 30% 정도를 예산으로 잡아야 한다고 제안하였다. 실제로 일본의 경우 매월 임대료에 반영되는 수선유지비는 총공사비의 0.1%로 우리나라에 비해서 약 3배 정도 높다(김근용 외, 2004: 171). 주택의 수선비라는 것은 건설당시에는 거의 불필요하지만 세월이 경과함에 따라 점차로 증가하기 때문이다. 따라서 건설시점부터 장래를 위하여 수선비 상당액을 적립하고 있으며, 지방자치단체에서는 이를 위해 별도의 기금을 설치하고 있다. 이를 보면 우리나라에서도 공공임대주택의 관리유지를 위해서는 비용적립기준의 필요성이 대두된다. 그리고 월 임대료에 적절한 수선유지비로 최소 총공사비의 0.1%를 반영할 수 없는 상황이라면 이의 보조를 위해 정부차원의 보조금 제도가 필요하다.

4) 촉진 요인의 분석결과와 개선방향

공공임대주택에 대한 홍보와 이미지 관리, 이해관계자의 공중관계(PR) 형성을 위한 사업시행 주체의 적극적인 노력이 요구되고 있다. 특히 우리나라의 경우 과거 수십 년에 걸쳐 시민에 대한 공공부문의 관여 내지 의사전달이 일반적인 홍보나 선전에 치우쳐진 면이 강해 진정한 의미에 있어 공중관계의 형성이 미약했다고 볼 수 있다. 따라서 입주대상 고객의 정확한 프로그램 이해와 지역 주민 등 이해관계자의 몰이해 · 피해의식을 해결하기 위해서는 공급자와 수요자의 의식이 전향적으로 바뀌어져 서로의 권리와 의무, 그리고 입장에 대한 진정한 이해가 수반될 필요가 있다.

이를 위해서는 기존의 홍보 역량 강화에서 PR(Public Relation)의 강화로 초점이 전환되어야 할 필요가 있다. PR은 서비스 공급 및 수요와 이해관계가 있는 여러 집단(고객, 공급업자, 수요자, 관계기관)들의 욕구를 분석하고 그들과 우호적인 관계를 지속적으로 관리하기 위해서 행해지는 커뮤니케이션 활동이라고 할 수 있다. 마케팅에 있어서 PR의 역할은 기존의 홍보(publicity)가 담당하던 부분에서 좀 더 다양한 기능을 수행할 수 있다.

현재 상황을 보면 촉진의 역할은 아직도 홍보에만 초점이 맞추어져 있는 현실이다. 즉 공중관계 생성 및 강화를 통한 여타 촉진 활동과의 시너지 효과를 형성하지 못하고 오로지 정형화된 홍보 물량 증대에 집중하고 있는 것이다. 이는 중앙정부와 서울특별시의 마케팅 관련 조직구성 및 주요업무만을 살펴보아도 이해가 가능하다. 이하에서는 본 연구와 유관한 건설교통부·행정자치부·재정경제부·보건복지부와 서울특별시만을 살펴본다.

<표 3-57> 중앙정부부처와 서울특별시의 마케팅 관련 부처 및 업무

부　처	조직명	주요업무
건설교통부	정책홍보관리실 (홍보관리관)	●장 차관 인터뷰계획 수립 ●홍보기획, 정책홍보 기획 / 개선 / 발전, 　방송컨텐츠 기획, 정책고객관리(PCRM) ●홈페이지 운영, 인터넷 신문(e-건교뉴스) / 방송 　운영, 국정브리핑 뉴스 운영 ●인터넷방송 제작 및 방송, 뉴스레터 발송 등
행정자치부	정책홍보관리본부 (고객만족행정팀)	●부내 민원업무의 통제 및 총괄 ●민원(국민제안을 포함한다) 관련 제도의 개선 ●고객관리 대상업무의 선정 및 프로세스 개선 ●고객관리 시스템의 관리 및 운영에 관한 사항 ●고객만족도 향상을 위한 계획 수립·시행 ●콜 센터의 운영 지원
재정경제부	정책홍보관리실 (홍보관리팀)	●정례브리핑 등 업무총괄 ●기자단 행사 준비 등 ●보도분석 및 대응 등 ●브리핑실 관리 및 지원 등 ●신문스크랩 작성 및 배포 등 ●일반행정 및 행사지원 ●사진 및 기타 보도 관련 ●TV기자실 운영 및 지원 ●보도자료 배포 및 행정지원

부　처	조직명	주요업무
보건복지부	홍보관리관	● 보건복지 관련 의식 제고 위한 교육실시·지원 ● 교육프로그램·교재의 개발·보급 ● 보건복지에 대한 안내·홍보자료 개발·보급
서울특별시	홍보기획관 (홍보담당관 · 마케팅담당관)	● 언론매체, 인터넷을 통한 홍보 및 이미지 관리 ● 업무계획수립 및 개발 ● 하이서울브랜드 업무 총괄 ● 컨벤션관련 업무 총괄 ● 외신기자 취재업무 ● 영문표기사전 홈페이지 운영 ● 외신홍보물 제작 ● 스포츠마케팅 관련업무추진 ● Light Box 운영관리 ● 한강마라톤대회 추진 ● Hi Seoul 브랜드상품 개발 ● 외국어(영어,일어, 중국어) 홈페이지 운영관리 ● 홍보물갤러리 운영관리

자료: 각 부처 및 서울시 인터넷 홈페이지.

　이상을 살펴보면, 건설교통부가 정책고객관리 등 마케팅 업무 수행을 위한 조직적 정비가 되어 있고, 그 외의 대부분 부처가 홍보와 보도자료 운영에 마케팅 기능을 집중시키고 있었다. 이를 보면 건설교통부의 마케팅 역량은 방향설정과 증진 가능성에서 향후 공중관계 형성을 위한 기반을 조성하고 있는 것으로 평가되나, 그 외에는 공중관계 형성 가능성이 낮아 향후의 개선과제로 제시될 수 있다.

〈표 3-58〉 공공임대주택사업의 고객세분화와 마케팅 요인의 개선사항

구 분		분석 요인	개선여부
고객집단 설정		주택유무	○
		소득수준	○
		가구특성	▲
		청약저축 가입	×
제품 요인 분석 결과	차별성	유형별 입주자격, 구조 및 면적의 특성 강화	★
		공공임대주택 유형 통합	★
	정확성	양적 재고량	▲
		질적 수준	▲
	일관성	장기계획에 따른 예측가능한 공급	★
유통 요인 분석 결과	접근성	공공임대주택 유형별 입주자격	▲
		전대 및 퇴거관리	▲
	편리성	교통·교육·편의시설 등의 연계	○
		주택 내부 시설	▲
		주거지원체계	★
		장기수선계획 및 재원	▲
가격 요인 분석 결과	직접비용	임대료 체계	▲
		관리비 체계	▲
	간접비용	도시내 입지 지역	▲
		심리적 상실감 요인	▲
촉진 요인 분석 결과	홍보	입주자·지역거주민에 대한 정책 홍보	▲
	PR	공공기관·입주자·지역주민간 공중관계 형성	★

○: 현행방식 적합, ★: 도입 필요, ▲: 개선 필요, ×: 폐지 필요

제 4 부

고객지향성 확보를 위한 정책마케팅 적용 방향

　본 연구는 공공정책이 수행되는 진정한 목적이 국민의
필요와 욕구를 해결하는데 있다고 보았다. 이를 현실적으
로 확보할 수 있는 방법은 정책마케팅의 개념을 도입하여
정책과정을 고객지향적으로 변화시켜야 함을 제시하고자
하였다. 본 연구에서의 정책적 함의는, 정책의 성공을 위
해 고객으로서의 국민 욕구와 편의를 충족시킴으로써 적
극적인 지지를 확보해야 한다는 것이다. 이를 위해 고객
의 욕구와 편의 충족, 그리고 제품 신뢰도 향상을 위한 다
양한 기법의 도입이 필요하다. 특히 공공임대주택 사례처
럼 고객의 범위가 현재는 특정집단이지만, 전 국민이 잠
재고객대상이어서 보다 수준 높은 고객세분화와 정밀한
서비스 공급이 필요한 경우, 그리고 비용 부담의 수용 정
도가 집단간 차이가 있는 경우와 같이 정책수용성 확보를

위해 기존 방안과 다른 관점의 접근이 필요한 경우는 더욱 그러하다.

사례연구를 통해 정부가 정책과정에서 고객 욕구와 편의를 충족시킴으로써 정책목표를 달성하려는 전반적인 노력은 미흡한 부분이 많음을 알 수 있었다. 그러한 문제를 해결하기 위해서는 새로운 방안을 모색하여 정책목표를 국민의 필요성 충족 관점에서 수행해 내기 위한 노력을 기울어야 한다. 따라서 정책이 고객지향성 측면에서 적정한 효과를 발휘하기 위해서는 다음과 같은 새로운 접근의 시각에서 추진되어야 할 것이다.

제1장
정책마케팅 적용의 전제조건

1. 경쟁환경의 인식과 대응

현실상 공공정책이 수행되는 모든 분야가 민간부문과 경쟁체제를 구축하고 서비스 구매 경쟁을 시행해야 하는 것은 아니다. 공공정책의 분야에는 민간부문에서 수행될 수 없는 공(公)적인 가치를 확보하기 위한 많은 사업이 존재한다. 하지만 공적 가치를 수행하는 분야는 그 나름대로 중앙정부와 지방정부, 지방정부와 지방정부, 산하기관간의 질적 향상을 위한 경쟁체제가 만들어지고 있다. 결국 공공서비스 수용의 선택은 국민의 권리로 귀속되고 있으며, 과거와 같이 공급권이 우월한 시대는 지나가고 있다.

일찍이 민간부문에서 사업 수행을 위해 각종 마케팅기법을 개발하고, 사업부문에 적용하는 이유는 폭 넓은 경쟁환경이 존재하기 때문이다. 즉 유사 동종업체의 시장잠식을 막고 최대의 고객선택을 이끌어내기 위한 것이다. 경쟁을 통한 고객선택의 확보는 결국 제품과 서비스의 질 향상과 경쟁력의 상승, 기업이미지의 증진을 가져오게 된다.

향후 정책서비스가 폭 넓은 국민의 이해와 지지를 증진시키고, 필요 충족과 욕구만족을 통한 정부이미지를 향상시키기 위해서는 경쟁체제하에서의 서비스 품질 확보에 관심을 기울일 필요가 있다. 특히 현재와 같이 지방자치제의 실시로 지방정부간 정책서비스의 내용과 질이 차이를 보일 수 있고, 주민들이 지역이주를 통한 지방자치단체의 선택 기회가 증진될 수 있는 환경에서는 더욱 그러 할 것이다.

앞서 제2부에서 언급한 바와 같이 고객지향적인 행정서비스를 추구하기 위해서는 정부내부간 경쟁체제와 나아가 정부와 민간과의 경쟁체제 확립이 요구된다. 이 중 공공부문의 외부 환경인 민간과의 경쟁체제 확립이 중요성을 가지는 이유는 공공부문의 서비스 질을 향상시킬 수 있는 동기유발 요인이 강하기 때문이다. 공공임대주택 사례에서는 민간임대아파트 건설시 재원조달의 규제적 환경, 택지조성 가능성에서의 정부와 민간간 불균형[37]이 발생하고 있었다. 민간건설업체가 임대아파트 시장에 참여하여 참신한 디자인과 질 높은 기능, 그리고 저비용고효율의 주택을 제공할 가능성을 저해하고 있는 것이다. 이는 결국 시장상황에서 고객의 선택권을 좁히고 독점적 공급이 가능해지는 구조를 만들어 가는 과정이라 할 수 있다. 이런 구조적 문제를 해소하고 정부부문과 민간부문간의 경쟁을 촉진하여 정부부문에 질적 향상을 위한 자극을 주며, 정책의 효율을 증진시키는 방법은 2가지가 있다.

하나는 지금까지 정부가 독점적으로 수행하던 업무의 일부를 민간으로 이전하는 방법이고, 다른 하나는 민간의 자원을 정부 안으로 끌어들이는 방법이다. 이 2가지 방법은 모두 나름의 장점을 가지고 있는 것이 사실이고 공공부문에서도 오랫동안 고려되어 온 방법이다. 본 연구를 통해서는, 고객의 선택권 강화를 위해 정부의 업무를 민간 이전하는 방식을 통한 외부경쟁체제의 확립이 필요하다고 본다. 지금까지 정부가 독점하는 형식으로 집행하던 업무를 민간부문에 위탁하거나 또는 민영화함으로써 동일한 종류의 공공서비스를 정부와 민간이 경쟁하도록 하자는 것이다. 그동안 우리나라의 공공부문은 오랜 기간 동안 민간의 전문자원을 참여시켜 외부자원으로 활용하는 아웃소싱(Outsourcing)의 개념을 적극적으로 활용하여 왔다. 이를 통해 공공부문은 생산성 향상은 물론 민간부문의 전문성을 체득할 수 있었고, 이는 다양한 방면에서 공공부문에 긍정적 영향을 제공해

---

37) 정부는 임대아파트 건설에 필요한 택지를 토지공사 등 유관기관과의 협조와 지원 속에 비교적 손쉽게 국회의 동의와 집행을 추진하지만, 민간건설업체의 경우는 적법한 절차를 거칠 경우 사업시행을 보장받을 수 없고, 현재까지 이를 지원해주는 현실적인 체계 또한 찾아보기 어렵다.

왔다. 그러나 현대 사회와 같이 국민의 인식 수준과 욕구 수준이 상승하고, 적극적으로 개인과 집단의 욕구를 정책과정에 반영시키고자 하는 경우에는 결국 정부가 직접 해결 프로그램을 제공하든지, 아니면 국가내의 전체 시장을 활성화 시켜야 한다. 이를 통해 각 고객집단의 선호에 맞는 서비스를 정부 또는 민간에서 선택할 수 있도록 다양성을 확보 하는 것이 점차 증가해 가는 국민의 욕구에 대응할 수 있는 길 일 것이다. 특히 지나친 시장개입이 정부실패를 불러 오게 되는 논리를 상기해 보더라도 정부가 모든 국민의 욕구를 해소해 줄 수는 없을 것이다. 다만 국민의 욕구는 서비스의 질과 내용이 다양화된 시장에서 선호에 따라 선택하여 해소하되, 국가는 시장에 적극적으로 참여할 수 없는 사회적 약자를 보호하고 시장의 불완전요인을 견제하며 향후에는 스스로의 경쟁력으로 당당히 시장에 참여해 나갈 수 있는 수준을 지향해 나가야 할 것이다. 이것은 당장의 공공부문 경쟁력으로는 요원한 것이라 할지라도 장기적인 관점에서 볼 때 경쟁을 통한 시너지효과로 공공부문의 서비스 질을 제고하고, 정부 스스로 효율성을 향상시켜 나가게 할 수 있는 충분한 역할을 할 것이다.

2. 정책과정의 고객참여와 합리적 조정 관계

민간부문에서는 신규 제품의 생산에 고객의 의사를 절대적으로 반영하지 않을 수 없으며, 지속적인 고객과의 의사소통이 성공과 발전의 척도로 인식되고 있다. 이러한 인식은 최근 공공부문에서도 활발히 논의되고 있지만, 어떠한 접근방법에 의해야 하는지는 아직 논의가 일치되지 않고 있다. 또한 정부부처마다 시민 참여의 폭과 깊이의 편차가 크고 시스템도 아직 정착단계에 이르지 못하고 있다. 그래서 OECD(2001a, 2002b)는 정책과정에서의 성공적인 시민참여를 위한 기본원칙으로 다음 10가지를 제시하고 있다.

① 정책과정에의 국민참여가 긴요하다는 정부 각 계층의 인식과 강력한 의지, ② 정책과정에의 참여를 위한 국민들의 권리에 대한 법적·제도적 보장, ③ 정책과정에의 국민참여의 목적과 한계, 국민과 정부의 역할과 책임 등에 관한 명확한 제시, ④ 협의와 능동적 참여를 위한 충분한 시간의 보장과 필요한 정보 제공, ⑤ 정책과정에서 정부가 제공하는 정보의 객관성 및 정보에 대한 접근과 참여에 대한 국민의 동등한 권리 보장, ⑥ 효과적인 정책과정에의 참여를 위한 적절한 재정적·인적·기술적 자원의 확보, ⑦ 지식관리의 촉진, 정책 일관성 확보, 중복 방지, 국민과 사회단체의 "협의 피로(consultation fatigue)"의 폐해 축소를 위한 정부기관간의 조정, ⑧ 정부는 환류, 공적 협의 및 능동적 참여를 통해 얻은 국민의 요구를 반영해야 할 책무를 가지며, 정책과정이 공개적이고 투명하며 외부적 검토를 통해 수정가능함을 보장할 수 있는 수단 확보가 중요하며, ⑨ 정부는 정책결정에 대한 새로운 요구와 여건변화에 적응하기 위하여 정보제공, 협의 수행 및 시민 참여에 대한 성과를 평가할 수 있는 수단, 정보 및 역량 구비 필요, ⑩ 정부는 능동적인 시민과 역동적인 시민사회로부터 혜택을 받으며, 시민사회의 역량 증진을 지원할 뿐만 아니라 시민교육 강화, 인식 확산 및 정보제공과 참여 촉진을 위한 시책을 추진해야 한다는 점이다(김상묵·이창원·한승환, 2004: 864~865 재인용).

이러한 원칙을 고려하여 우리나라에서도 현재 시민참여의 방법을 여러 가지로 검토하고 있는데, 행정자치부에서 2004년 5월 '국민참여제도 운영현황 조사'를 통해 수집한 시민참여제도를 유형화 해보면 아래와 같다.

〈표 4-1〉 중앙부처 정책과정별 시민참여 유형

참여방식 정책단계	정보 제공		협 의	능동적 참여
	정부→국민	국민→정부		
의제 설정	● 인터넷 웹사이트 ● 검색 코너 ● 질의 응답	● 열린마당(게시판) ● 기관장과의 대화 ● 대화방 ● 여론수렴코너	● 정책설문 조사 ● 여론조사 ● 온라인 투표 ● 정책포럼	● 정책제안 ● 사이버참여제안
정책 형성	● 입법예고 ● 정책설명회 ● 정책고객관리 ● 정책결정과정 공개 ● 메일링서비스	● 법률안 의견 제출 ● 정책토론방 ● 정책고객관리	● 자문위원회 ● 정책협의회 ● 세미나, 간담회 ● 정책토론회 ● 전문가 커뮤니티	● 공청회 ● 전자공청회 ● 심의, 의결위원회 ● 민관 TF 운영
정책 집행	● 행정정보공개 ● 메일링서비스 ● 정책고객관리 ● 홍보책자 발간 ● 인터넷신문 발간 ● 특허고객 콜센터	● 정책전문가그룹 DB관리 ● 인터넷 의견수렴 ● 시민감사청구제 ● 민원신고센터 ● 제보, 신고	● 제도개선 협의회 ● 정책자문 위원회	● 민간자원봉사자 ● 민관합동정책집행 ● 자율감시체제 ● 민간과 참여협정
정책 평가	● 백서, 연보 ● 평가결과 공개 ● 행정정보공개	● 서비스만족도조사 (고객, 방문객, 수혜자, 이용자) ● 고객평가제 ● 사이버정책평가	● 정책모니터링제도 ● 사이버모니터	● 여론조사 ● 온라인 여론조사 ● 국민만족도 조사 ● 옴부즈만 ● 자체평가위원회

자료: 김상묵·이창원·한승환(2004), p.872.

위와 같이 중앙부처는 다양한 형태의 시민참여제도를 도입·운영하고 있다. 하지만 보다 실효성 있는 시민참여를 위해서는 국민들이 정책과정에 보다 능동적으로 관여하고 토의할 수 있는 기회를 제공하여야 할 필요가 있다. 즉 국민들이 정책이슈에 대하여 진지하게 종합적으로 생각하고 관여할 수 있도록 여건을 조성하여 국민들이 보다 활발하게 정책과정에 참여하도록 하는 방법을 모색하여야 한다(Fishkin, 1995). 시민참여가 의미를 갖기 위해서는 참여 기회가 주어져야 하는데, 단순하게 의견을 개진할 기회만 주거나 각종 위원회에 대표로 참여할 권리만을 주어서는 안 된다(Peters, 2003). 국민이 정책과 프로그램의 설계에 참여하도록 하여야 하며, 이러한 참여는 정책의제와 결과가 미리 정해지지 않은 상황에서 이루어지도록 하여야 한다. 모든 국민이 참여할 수 있는 실질적 기회를 제공하고, 정책문제의 특성에 대한 광범한 정보를 제공하고, 국민이 대표자로서 문제해결 상황에 관여하도록 하는 것이 필요하다. 이러한 참여과정을 통해 만들어진 정책에 대하여 국민들이 수용하고 순응하며 정책목표의 달성을 위해 함께 노력하도록 여건을 조성하여야 한다. 국민들의 참여가 정부, 전문가, 이해관계자들의 개입보다 우선시되어야 하며, 일반 국민들의 의사가 직접 또는 시민대표를 통해 정책과정에 반영되고, 의제설정과 정책형성과정에 국민들이 능동적으로 참여하는 공적 논의가 보다 활성화될 수 있도록 하여야 할 것이다. 이를 개념화하면 정부와 시민, 전문가들간의 유기적인 상호작용을 바탕으로 한 논의를 통해 공익을 발견하고 증진할 수 있는 형태가 되도록 하여야 한다. 단순한 이익의 투입이나 이익의 절충을 위한 협상에 머무르는 수준이 아니라 상호 논의를 통해서 국민의 선호가 바뀔 수 있고, 이를 통해 공익이 보다 확보될 수 있도록 하여야 한다. 즉 논의과정에서의 민간 참여를 통해 공익이 형성되고 신장될 수 있어야만 참여가 실질적으로 정당화될 수 있는 것이다(조현석, 2004; 김상묵·이창원·한승환, 2004: 880).

이와 같이 시민참여를 통해 정책결정을 이끌어 내기 위해서는 합리적인 조정 체계의 수립 방향도 고려하지 않을 수 없다. 민간기업의 경우라면 고객의 의사를 반영한 제품과 서비스를 생산하고, 고객의 선택을 받지 못하였다면 시장에서 철수하는 과정으로 마무리 지을 수 있다. 그러나 정부의 정책이 고객 선택을 받지 못한다는 것은 정책반대집단의 보다 거센 저항과 정책대상자의 지지 실종으로 이어지는 최악의 상황을 맞을 수 있다. 특히 최근 참여정부가 시민사회를 대화의 파트너로 인정하고 정부정책과정에 참여를 적극적으로 유도하는 과정에서 급증하는 사회갈등을 보아도 합리적 조정체계의 중요성은 새삼 주목된다. 그래서 대통령자문 정부혁신지방분권위원회에서 핵심 아젠다로 선정하여 적용방안을 연구하고 있는 것이 '정책공동체(policy community)'이다. 정책공동체는 정부정책결정과정에 이해집단의 참여를 제도화하여 절차적 합리성을 통해 정책의 실효성을 제고하려는 목적을 가지고 있다. 정책공동체는 새로운 정책으로 인한 사회적 갈등을 사전에 예방함으로써 정책의 안정성에도 기여할 수 있다. 또한 다음의 순기능을 얻을 수 있기도 하다.

첫째, 정책공동체를 활용하는 경우 이해집단의 참여를 가능하게 하고, 이는 정부정책결정과정에서 이해당사자와 민간전문가를 충분히 활용할 수 있는 장점이 있다.

둘째, 여론 수렴을 원활하게 할 수 있다. 정부 정책이 마케팅의 단계로 나아가기 위해서는 고객의 의사인 여론 수렴은 반드시 거쳐야 하는 과정이다.

셋째, 이해집단간의 갈등조정이 가능하다. 이해집단간의 갈등이 첨예화될 때 정책공동체 모형을 사용하면 갈등을 사전적으로 조정될 수 있다. 공공임대주택에서 수혜하고자 하는 자의 이익과 자신의 피해를 회피하려고 하는 자(집값하락 등 자산가치를 우려하는 주변 지역민 등)의 갈등은 쉽게 접근할 수 없는 문제이지만, 각 이해집단과 정부간에 사전 정책조정 단계를 거치게 될 경우 보다 접근이 용이해지게 된다.

넷째, 정책평가목적이 있다. 정부가 시행하고 있는 정책을 객관적인 입장에서 평가받고, 보다 명료한 개선목표를 설정할 수 있다.

다섯째, 정책에 대한 시민의 감독과 평가를 가능하게 한다. 시민들로부터 자발적인 감시체제를 가동함으로써 정책의 실효성을 높이려는 목적을 실현해 나갈 수 있다.

여섯째, 정책대상자의 고충을 처리할 수 있는 기제가 된다. 시민들의 현실적 민원과 고충을 청취하는 통로로서 활용함으로써 더 큰 파국을 예방하려는 채널로서 활용할 수 있다.

일곱째, 원활한 정보공개의 목적이 있다. 정책공동체를 활용하게 되면 정부정책을 목적과 대상에 따라 공개를 신축적으로 조정할 수 있는 수단을 갖게 된다(선한승, 2004: 5~6).

그러나 정책공동체는 합리적 조정 체계로서 작동할 수 있음에도 불구하고 매우 형식적이고 부실하게 시행되고 있다는 문제가 제기된다. 각종 위원회와 시민사회단체는 정책결정과정의 들러리로 전락하여 참여의지가 떨어지고 있으며, 탈퇴하는 경우도 발생하고 있다. 또한 참여자의 전문성이 결여되어 스스로의 참여에 대한 동기부여가 되지 못하고 이용만 당하는 경우가 발생하고 있는가 하면 참여자를 편한 상대로만 선정하다 보니 참여집단의 대표성 문제가 제기되어 실효성에 문제를 야기하고 있기도 하다. 여기에다 의사결정방식을 다수결로 하는 경우에는 수적 불균형의 문제가 발생되어 신뢰성 문제를 야기하기도 하고, 일부의 경우 정보가 원활하게 제공되지 않고 있다는 문제도 나타났다.

이러한 현실을 고려하여 고객의 의미 있는 참여를 통한 정책결정, 그리고 이후의 정책지지와 만족도를 도출해 내기 위해서는 정보공개의 수준을 적극 확대하고, 이를 기반으로 여론 수렴의 질과 양을 넓혀 나가야 한다. 그리고 고객의 참여와 합리적 조정을 통한 정책도출방법은 다음의 다차원적인 유형을 정책환경에 비추어 활용해 나가야 한다.

먼저 합의형 조정체계를 고려해야 한다. 이는 정책결정과정에서 중요쟁점 사항을 이해당사자간의 합의를 통해 해결해 나가는 목표시 활용된다.

두 번째로, 심의형 조정 체계를 활용할 수 있는지 탐색해야 한다. 각종 안건을 함께 심의하여 정책결정과정에 절차적 합리성을 기대할 때 활용되어야 한다.

세 번째로, 사이버토론형의 조정 체계를 활용해 볼 수 있다. 사이버 공간에서 전문가와 네티즌을 대상으로 여론청취와 함께 이들의 정책 아이디어를 활용하고자 할 때 적용해 볼 수 있다.

네 번째로, 정책자문평가위원회가 있다. 정책결정과정에 직접 참여하고 조정해 나가는 주체는 아니지만 중요정책의 전문적 자문을 제공한다.

마지막으로는 옴부즈만 제도와 간담회의 활용이 있다. 옴주즈만 제도는 민원고충처리와 여론모니터링 과정을 통해 국민의 불편과 필요를 수집해 줄 수 있고, 간담회를 통한 조정은 각종 정책간담회를 개최하여 문제를 풀려하는 의도를 가지고 있다(선한승, 2004: 5 재정리).

이상과 같은 각종 조정 체계의 활용은 각각 처한 정책상황을 명확히 고려하여 활용하여야 한다. 이를 통해 실질적인 고객의 참여뿐만 아니라 조정 체계 확보를 통해 고객욕구가 반영되고 저항은 완화된 정책도출을 기대해 볼 수 있게 된다.

제 2 장

고객세분화 전략의 수립과 적용

고객세분화 전략의 기본 과정

- 고객이 추구하는 편익(사용목적)을 기준으로 사용시기(언제) → 사용장소(어디서) → 사용방법(어떻게)의 과정을 통해 '누가'고객인가를 명시해야 한다.
- 이를 기준으로 제품(서비스)의 기능에 관심을 가지는 집단, 가격에 관심을 가지는 집단(이상 직접고객) 등으로 고객을 분류해야 한다.
- 분류된 고객집단에게 차별화된 홍보와 커뮤니케이션 과정을 거쳐 수용여부와 욕구충족 정도를 판단한다.
- 제품(서비스)에 대한 접근성과 커뮤니케이션의 접근성을 월등히 확보한 유통(접근)망을 구축한다.

정책마케팅에서의 고객세분화는 국가정책의 효과가 도달하는 범위를 하나의 경쟁이 있는 시장으로 설정하고, 서로 다른 틀에 의해 또는 그 이상의 하위집단으로 대상을 분할하는 것을 의미한다. 이는 고객들과의 교환의 효율성을 향상시키기 위해서 이루어지는 것이다. 개인마다 서로 다른 욕구를 가지고 있음을 인정하고, 이를 원칙에 따라 각각의 집단으로 분할함으로써 각 집단에 적합한 마케팅 계획을 수립할 수 있기 때문이다.

물론 엄밀히 따지면 이러한 전략은 맞춤양복을 주문하는 경우에나 가능할 것이고, 불특정다수의 잠재고객을 대상으로 하는 경우에는 불가능한 경우도 많다. 따라서 불특정다수의 잠재고객을 대상으로 하는 고객세분화는 고객이 가진 이질성을 분석하여 비교적 동질적인 하부집단(subgroup)을 파악하고, 이러한 하부집단들 가운데서 표적고객을 도출함으로써 실현가능성을 점차 높여나가는 것이다. 그러므로 고객세분화는 일종의 고객욕구의 이질성

분석이라고 할 수 있고, 그런 의미에서 고객세분화는 고객욕구세분화라고 할 수 있다. 그리고 이는 마케팅 전략 수립을 위해 유사한 욕구를 지닌 고객집단을 구분하는 작업이라고 볼 수 있다.

1. 고객세분화의 접근방법

경영마케팅에서 제시하고 있는 고객세분화의 접근방법은 4가지의 교환단계[38] 중, 사용단계를 중심으로 욕구의 형태(혜택, 잠재적 혜택, 문제, 잠재적 문제)와 욕구의 발생 원천(왜, 언제, 어디서, 어떻게)를 기준으로 하고 있다(유필화·김용준·한상만, 2005: 139; 오세조·박충환·김동훈, 2005: 133). 고객집단을 규명·선정하는 것은 욕구근원의 기준을 활용하여 편익과 비용의 측면에서 세분화된 고객을 규정한 후, 그 시장에 해당하는 고객이 누구인가를 고객특성에 따라 묘사할 수 있다.

〈표 4-2〉 욕구근원의 기준을 활용한 고객세분화의 형성

구분	사용목적 (왜)	사용시기 (언제)	사용장소 (어디서)	사용과정 (어떻게)	사용자(누가) ● 지리적 특징 ● 인구통계적 특징 등	세부고객군
편익	왜 사용하는가?	언제 사용하는가?	어디서 사용하는가?	어떻게 사용하는가?	누가 사용하는가?	왜, 언제, 어디서, 어떻게, 누가의 다양한 결합에 의하여 세부고객 1, 2, …… 형성
비용	어떤 문제점, 불만이 있는가?	언제 문제점, 불만이 있는가?	어디서 문제점, 불만이 있는가?	사용과정 중 문제점, 불만이 있는가?	누가 이러한 문제점, 불만을 갖고 있는가?	

---

38) 구매 전 단계 → 구매단계 → 사용단계 → 처분단계

위의 표에서와 같이 '사용자(누가)'는 특정한 편익(사용목적)과 특정 사용 상황(사용시기, 장소, 과정)의 욕구를 지닌 고객들이 구체적으로 어떠한 지리적 특징, 경제적 특징, 인구통계적 특징(성·연령·소득·직업 등)을 지니고 있는지를 나타내는 것이다.

〈표 4-3〉 고객특성차원에서의 세분화 기준

지리적 기준	인구통계적 기준	경제적 기준	사회심리적 기준
인구분포 (국가, 지역, 도시, 소도시, 지방) 기 후 토 양 지 형	성 별 나 이 인 종 민 족 신 앙 교육수준 결혼여부 건 강 신체특성(장애 등)	개인소득 가계소득 직 업 수입원 저 축 자 산 가 격	사회계급 영향집단 라이프스타일 가족수명주기 단계 개 성

이것을 가령 공공임대주택의 고객세분화에 대한 접근방법에 도입한다면 다음과 같은 세분화된 고객집단이 산출될 수 있다.

〈표 4-4〉 공공임대주택의 고객세분화: 욕구근원의 기준 활용

사용목적 (왜)	사용시기 (언제)	사용장소 (어디서)	사용과정 (어떻게)	사용자 (누가)	세부고객군
내구성 편리성 저렴함(□) 주거마련(●)	시급함(●) 계획있음□) 관심있음 관심없음	광역시(□) 시 군 지방(●)	독신주거(□) 부부주거 가족주거(●) 노인독거	**인구통계적** 남성(□) 여성 가족(●) 장애 **경제적** 고소득층 중산계층(□) 저소득층 기초생활수급 (●)	고객 1(●표 결합) : 지방소지역에 거주중인 기초생활수급 가족으로, 비용부담이 적고 가족이 거주할 수 있는 규모의 임대주택 마련이 시급한 집단. 고객 2(□표 결합) : 광역시에 거주를 원하는 남성으로 비용을 부담할 능력이 있으며 향후 독신주거용 소평형 임대주택 입주를 계획 중인 잠재고객 집단

위와 같이 공공임대주택의 고객에 대한 세분화 과정을 거치게 되면, 그것은 곧 고객욕구조사의 과정과도 일치하며 이 중 시급한 서비스 제공을 원하게 되는 고객집단의 구별과 그들이 추구하게 될 서비스 유형(가족주거 가능 규모)까지도 탐색할 수 있게 된다.

2. 고객세분화의 전략적 실행방법

1) 구체적인 세분 고객의 확인

마케팅이 실행되기 위해서는 세분화된 고객이 하나의 제품이나 서비스를 선택하는 이유를 명확히 확인하여야 한다. 통상적으로 제품은 다양한 디자인, 브랜드, 가격 등 여러 가지 속성을 가지고 있으며, 서비스의 경우 질(質)과 범위, 강도 등의 속성을 가진다. 여기서 고객의 편익을 확인하기 위해서는 우선 어떠한 속성 차원에서 고객이 만족하거나 불만족한 점이 있는지, 그 속성의 상대적 중요성이 어느 정도인지를 정확히 분석해 내야 한다. 위와 같이 고객이 고려하는 속성들이 확인되면, 이를 토대로 그들을 추구 편익별 세분시장으로 분류하는 작업을 수행하게 된다. 이때 사용되는 방법은 일반적으로 편익세분화라고 부른다(오세조·박충환·김동훈, 2005: 136). 즉 주어진 제품범주(product category)로부터 고객들이 추구하는 구체적인 편익들에 따라 그들을 몇 개의 유형집단, 즉 세분시장으로 분류하는 것이다. 예를 들어 공공임대주택과 같은 경우에는, ① 주된 관심이 가격에 있는 세분집단(segment), ② 주거면적을 중요시하는 가족적 세분시장(familish segment), ③ 삶의 편의를 중시하는 독립적 세분시장(independent segment) 등이 그것이다.

2) 세분고객의 고객특성프로필 개발

주어진 하나의 시장에서 고객의 편의와 사용상황에 근거하여 2개 이상의 세분화된 고객집단이 확인되는 경우, 경영마케팅에서는 둘 중 하나를 선택하거나(집중화 전략), 각 세분시장을 별개로 기업의 표적고객으로 겨냥하거나(차별화전략) 해야 한다. 표적고객에 대한 서술은 비록 그 목적이 단순히 확인을 위한 것이지만 고객의 위치를 정하고 접근하는데 있어서 필수적인 매우 중요한 사항이다(오세조·박충환·김동훈, 2005: 136). 아래의 그림에서 보듯이 고객세분화는 고객의 특성을 기초로 할 수도 있고 또는 고객의 핵심욕구를 기초로 세분화 할 수 도 있다.

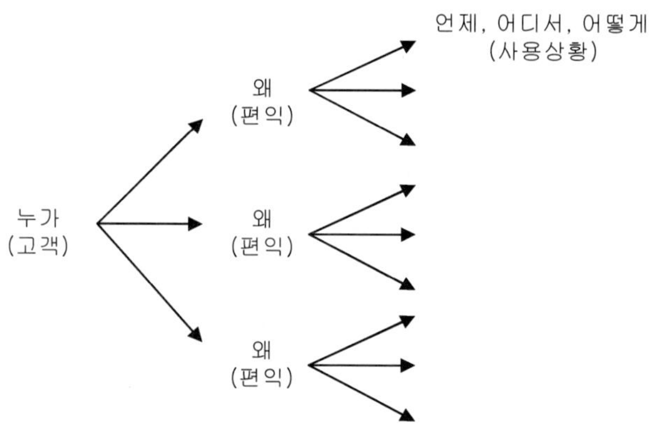

〈그림 4-1〉 고객특성에 의한 세분화

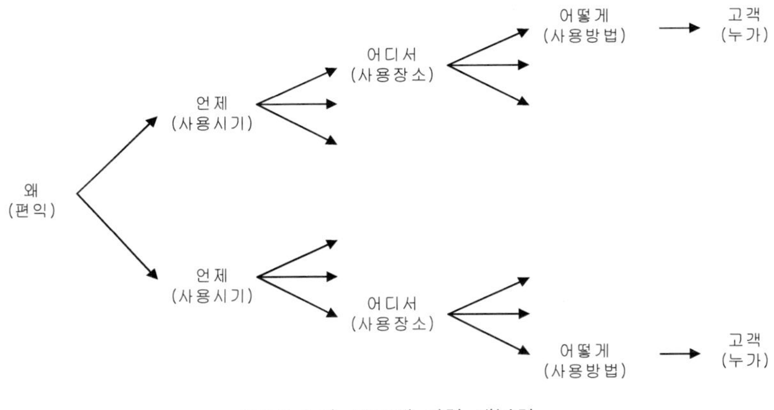

〈그림 4-2〉 욕구에 의한 세분화

그러나 일반적으로 인구통계적 변수를 이용하여 '누구'를 먼저 정의하는 방법은 오류를 범할 가능성이 높다. 왜냐하면 고객의 욕구는 상황에 따라 다르기 때문에 한 개인이 하나의 세분시장에만 속해 있지 않을 수 있다. 최근의 주택시장을 보더라도 그렇다. 공공임대주택 중 국민임대주택은 대부분 평수가 중소형으로 소가족 규모의 가구가 거주하기 부족함이 없어서 기존 무주택서민들의 관심이 증가하고 있었다. 그러나 올해인 2005년 10월부터 시행된 '생애최초주택마련대출'은 연평균 수입이 2000만 원 이하인 가구에 최대 1억5000만원까지 장기저리로 대출되기 때문에 저소득 무주택자라 하더라도 이제는 선택의 가능성이 넓어지며 시장 내에서 고객의 이동을 촉진시키고 있다.

바꿔서 민간기업의 입장에서도 그렇다. 예를 들어 어느 신문사에서 신문시장을 세분화 할 때 20대 남성이 주 고객이라고 판단하여 그들이 왜, 언제, 어디서, 어떻게 신문을 보게 되는지를 분석하기 보다는 전체 고객 중에서 같은 욕구를 가진 사람들이 어떠한 사람들인지를 파악하는 것이 더 바람직하다고 하겠다. 왜냐하면 20대 남성이라고 하여 항상 같은 편익과 같은 사용상황에서 신문을 구매하는 것은 아니기 때문이다.

마지막으로 인구통계학적인 변수를 기준으로 세분화할 경우 고객의 욕구가 정확히 분리되지 않아 실제로 다른 세분고객간에 중복될 수 있으며, 고객의 마음속에 잠재되어 있는 새로운 욕구를 발견하기 보다는 기존 고객들이 요구하는 사항에만 맞추게 되어 새로운 환경의 변화를 파악하지 못할 수도 있다. 즉 '누구'와 관련된 변수들은 고객의 욕구(why, when, where, how)가 정의된 후에 그러한 욕구를 가진 사람들이 누구인지를 확인하는 방법을 사용하는 것이 바람직하지, '누구'라는 개념으로만 고객을 세분화하는 것은 지양해야 한다.

제3장
정책마케팅 전략체계와 목표의 정립

정책마케팅의 실행 전략 과정

- 고객의 욕구에 따라 정책프로그램을 제공하기 위해서는 다음의 과정을 거쳐야 한다.
- 제1단계로는 고객욕구와 선택기회에 변화를 발생시키는 시장환경의 변화에 주목한다.
- 제2단계, 시장의 환경과 변화를 이해하고 고객의 욕구에 기준하여 표적고객을 명확히 결정한다.
- 제3단계, 고객집단이 가진 욕구의 성격을 파악하여 마케팅 목표가 '개념전달활동'에 있는지, 또는 '구매촉진활동'에 있는지를 판단한 후 홍보 및 커뮤니케이션 전략·구매 과정의 장애물 제거 전략 중 선별 적용한다.
- 제4단계, 이상의 내용을 통합하여 제품·유통·가격·촉진 수단의 믹스(mix) 방안을 모색하여 마케팅 활동에 투입한다.
- 그리고 이를 조직의 전략체계에 반영하되, 외부고객 이외의 내부고객에 대한 고려를 포함하여 조직사명을 실천해 나가는 구조를 구축한다.

고객지향적·마케팅지향적 사고에 의해서 제품이나 서비스의 관리를 하기 위해서는 반드시 해당기관과 고객, 그리고 시장환경의 변화간의 상호관련성을 고려해야 한다. 본 절에서 정책마케팅 적용을 위한 방안을 소개하고자 하는 핵심은 고객지향적 정부경영을 위한 운영체계에 있다. 다시 말해서 행정기관과 고객간의 성공적인 거래관계를 원활하게 하기 위하여 요구되는 효율적인 마케팅 전략은 수립과 운영에 초점을 맞추고 있다.

1. 정책마케팅의 실행 전략 체계

고객의 욕구를 분석하고, 이를 해결할 수 있는 정책프로그램을 제공하기 위한 정책마케팅 전략수립 1단계는 무엇보다 시장환경의 변화를 이해하고 그것이 고객의 욕구와 정책마케팅 전략에 미치는 영향을 파악하는 것이다. 앞서 고객세분화의 전략적 실행방법에서도 언급하였지만 주택관련 정책의 실행은 타 영역에 있던 고객집단의 이동을 촉진시켰다. 이와 같은 상황에 대처하기 위해서는 정책의 환경요소에는 무엇이 있으며, 그들의 변화가 어떻게 고객욕구와 시장기회의 변화를 발생시키는지를 분석해야 한다.

정책마케팅 전략 수립의 2단계는 새로이 나타나는 고객욕구가 무엇인지를 정확히 파악하고 욕구에 근거하여 고객을 세분화하여 각 세분시장에 정부가 개입해야 할 충분한 이유가 있는지를 확인하고, 여러 세분화된 고객집단 중에서 정부의 마케팅 활동을 집중할 표적고객을 명확히 결정하는 것이다. 이를 위하여 시장의 환경을 명확히 이해해야 하고, 고객의 제품 구매 및 사용상황, 고객 특성에 따라 시장을 세분화하여야 하며, 고객집단의 크기·경쟁관계의 유무·운영상의 시너지효과를 발생시킬 수 있는 지원관계성립의 유무를 고려하여야 한다.

정책마케팅 전략 수립의 3단계는 고객집단들을 위해 그들 욕구의 성격을 파악하여, 고객들에게 그 제품이나 서비스의 개념을 어느 정도 신속하고 정확하게 알려줄 것인지를 명확히 하고(개념전달활동 목표), 나아가 실제 접촉상의 어떠한 장애요인들을 어느 정도 제거시켜주며 접근을 효율적으로 할 수 있게 할 것인지를 정하여야 한다(구매촉진활동 목표).

4번째의 정책마케팅 전략수립 단계는, 마케팅 목표달성을 위해 사용가능한 전략 수단들, 즉 제품·유통·가격·촉진과 관련된 수단들을 어떻게 설정하여 통합적으로 추진할 것인가를 계획하는 것이다. 이를 위해서는 상기한 제3단계의 요소들을 고려하여야 한다. 이 모든 단계는 환경과 고객의 욕구 변화에서 출발하므로, 이러한 변화에 대하여 지속적으로 관심을 가지고 대응해 나가야 한다.

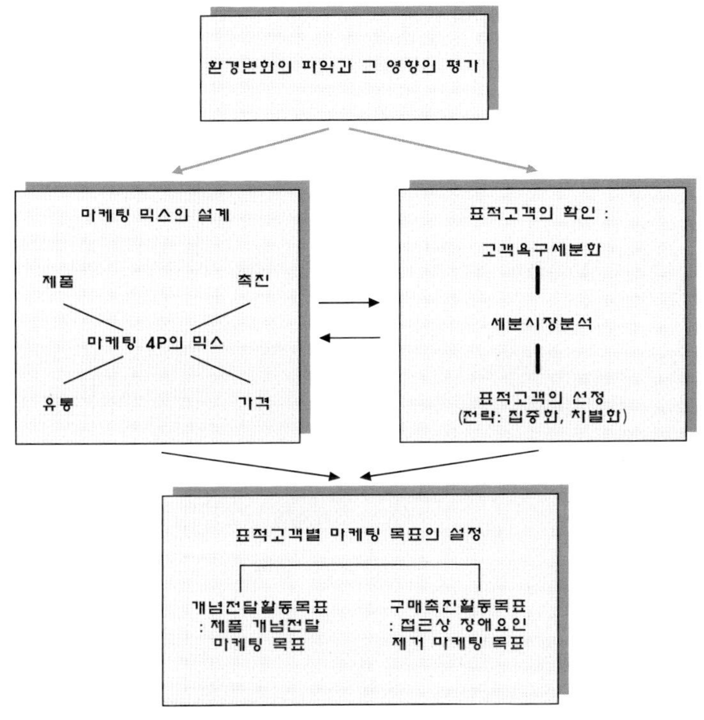

〈그림 4-3〉 정책마케팅 실행 전략체계의 도식

　여기서 한 가지 명심해야 할 사실은, 위와 같이 외부고객(정부조직 외부의 고객: 국민)의 편익증진을 위한 활동은 결국 정부조직의 내부에서 기반하여 발생된다는 것이다. 즉 정부조직이 고객중심의 전략을 수행해 가기 위해서는 정부조직내의 전략체계 변화에 관심을 기울여야 하고, 고객관계 형성에 적합한 프로세스 확립에 주의할 필요가 있는 것이다.

　여기서 정부조직내의 전략체계 변화와 고객관계 형성에 적합한 프로세스를 확립하기 위해 심층적으로 고려해야 하는 사항은 내부고객(조직구성원·의회·유관기관 등)에 대한 인식과 일반국민(고객이 아닌 일반납세자)에 대한 인식, 그리고 마케팅믹스 요인의 적용이다. 물론 이 모든 사항이 각기 개별적인 차원에서 관심을 가져야 한다면, 이는 전체 조직적 차원에서 집중의 비효율성을 초래하게 되기 때문에 종합적 관점은 차후에 제시하더라도 이해의 편의를 위해서는 아래와 같이 분류하여 설명될 수 있다.

먼저 내부고객과 관련된 정부조직의 관점은 조직구성원의 학습과 성장에 따라 마케팅 믹스 요인에 대해 적절히 배치·적용하며, 정부와 관련된 내부고객의 지원과 사회적 지지를 이끌어 낼 수 있어야 고객지향적 행정에 도달할 수 있음을 의미한다.

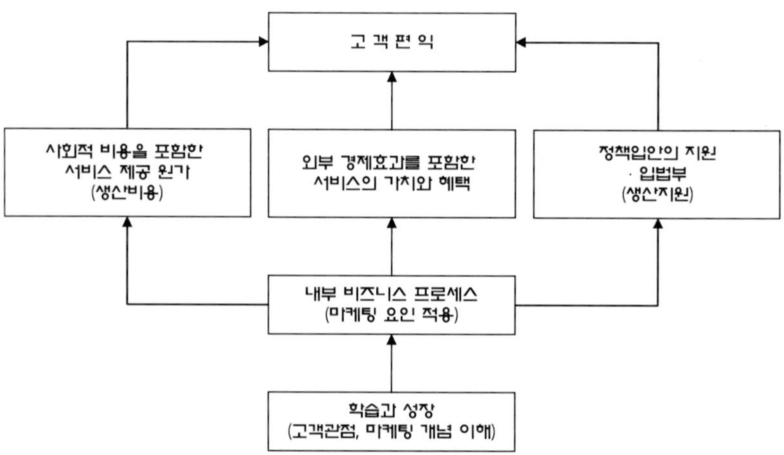

자료: 이재욱·정대형 외 역(2001), 「전사적 전략경영(SEM)을 위한 SFO」, 한언출판, p.184 재구성.

〈그림 4-4〉 내부고객 관련 고객중심 전략 체계

다른 한편에서는 정부의 프로그램이 표적고객에의 욕구충족뿐만 아니라 재원의 확보와 관련된 일반납세자의 권익과도 관련이 있는 만큼 그들의 판단을 고려할 수 있어야 한다.

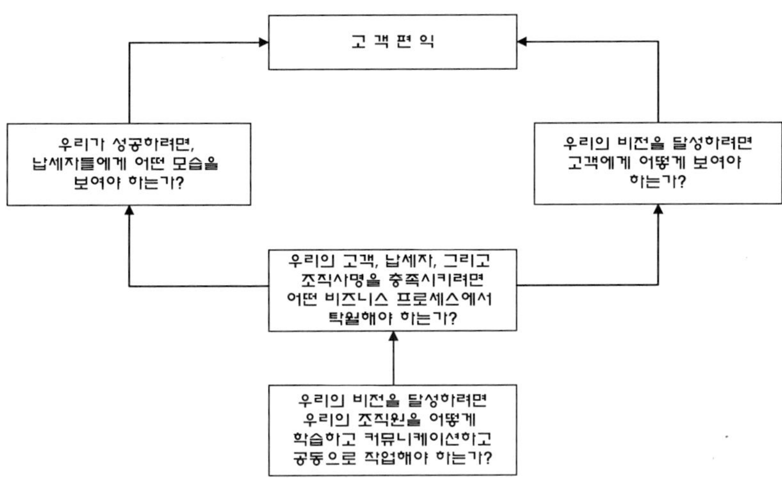

자료: 이재욱·정대형 외 역(2001), 「전사적 전략경영(SEM)을 위한 SFO」, 한언출판, p.185.

〈그림 4-5〉 일반국민을 고려한 고객중심 전략 체계

이와 같은 과정을 전체 조직의 하위집단이 모두들 고려할 수 있는 환경이 조성된다면, 정부조직 내부의 다양한 부서단위에 걸친 통합적 사고를 통한 시너지 효과를 얻을 수 있을 것이다. 특히 정부조직의 경영기법 적용을 통한 고객지향성 확보와 질적 향상을 위한 방법으로 최근 BSC(Balance Score Card)에 대한 관심이 높아지고 있는데, 이는 민간기업에서는 서비스의 질을 향상시키기 위해 고객관점과 내부비즈니스프로세스를 개선하는 작업에 관심을 기울이는 것이며, 마케팅믹스의 요인이 결합된 고객지향적 전략체계 수립에 목표가 있는 것이다.

이와 같은 새로운 경영기법 적용에 대한 관심은, 정책을 마케팅하기 위해 필요한 조직 내·외부의 변화를 추구할 수 있는 전략적 틀을 모색하기 위한 것이다. 그래서 향후 정부조직에 정책마케팅을 적용시키기 위해서는 전체 조직의 변화가 어떠한 방향으로 진행되어야 하는가를 한눈에 알 수 있는 전략적 틀의 마련에 관심을 기울여야 한다.

한 예로, 미국의 노스캐롤라이나에 있는 샬롯테 시(City of Charlotte)는 고품격 서비스를 샬롯테 시민들에게 제공하기 위해, 시의 비전 달성에 가장 많은 영향을 미칠 수 있는 요인과 내·외부 고객의 욕구 및 상호관계를 파악한 전략적 틀을 제시하고 있다. 특히 그 중 샬롯테 시 교통국(Charlotte Department of Transportation)은 고객 관점의 목표에 맞춰 안전하고 편리하게 교통을 이용할 수 있도록 서비스의 질을 높이는 것을 목표로 삼고, 내외부의 고객관리와 재정·내부비즈니스프로세스·조직구성원의 학습을 하위변수로 하여 전략적 조직체계 구성을 추진했다.

이를 정책마케팅 적용의 이해를 도울 수 있는 전략체계로 재구성하여 제시해보면 다음과 같다.

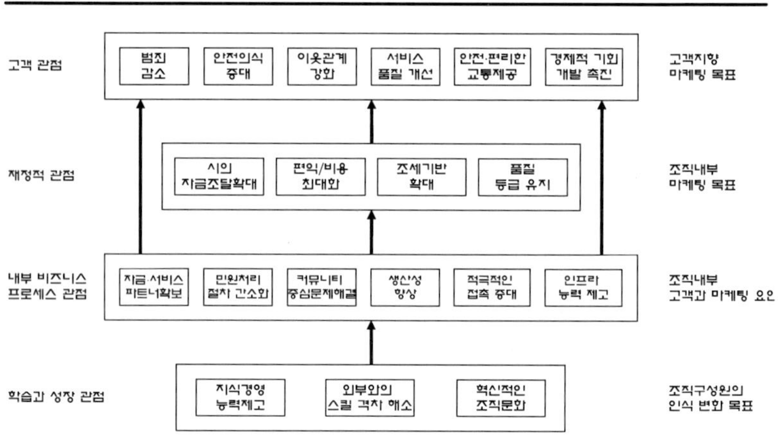

자료: 이재욱·정대형 외 역(2001), 「전사적 전략경영(SEM)을 위한 SFO」, 한언출판, p.240을 정책마케팅 믹스 전략요인으로 재구성.

〈그림 4-6〉 샬롯테 시의 교통국 조직전략체계

2. 정책마케팅의 목표 정립

정책마케팅의 목표 정립

- 정책마케팅은 상기에서 제시된 조직 전략체계를 중심으로 실행되며, 정책마케팅의 목표가 정립되었을 때 정확한 효과를 산출해 나갈 수 있다.
- 정책마케팅의 목표는 크게 2가지로 나누어지는데, 정부조직은 각 상황에 따라 다른 목표에 의한 하위전략을 수립·추진해야 한다.
- 개념전달차원의 정책마케팅은, 정책목표를 올바로 전달하고 이해시키며 행태와 인식의 변화를 가져오기 위해 활용되며, 사전홍보·정책결정홍보·쟁점관리·목표대상별 메시지전달·홍보활동 평가의 과정을 통해 진행되며 커뮤니케이션 통로 확보와 원활화에 중점을 두어야 한다.
- 구매촉진차원의 정책마케팅은, 개념전달활동으로 확립된 고객의 인지를 실제 교환관계로 전환시키기 위하여 추진되며, 핵심적인 활동은 제품 또는 서비스를 고객이 이용하기에 장애가 되는 요소를 확인하고 제거해 나가는 과정이 포함된다.

앞서 정책마케팅의 전략체계에서 제시되는 표적고객별 정책마케팅 목표의 정립은 고객에게 어떠한 변화를 촉구하려 하는 것인가와 관련이 있으며, 어떠한 마케팅 목표를 추구할 것인가를 명확히 할 때 기대한 효과도 정확한 방향에서 산출되게 된다.

먼저 개념전달차원의 마케팅목표는 제품이나 서비스가 고객의 욕구와 선호에 일치한다는 것을 나타내는 활동이다. 정책마케팅의 목표가 개념전달차원에 있다면 행정기관의 입장에서는 고객욕구의 2가지 차원에서 대응할 필요가 있다. 첫째, 기능적인 제품개념전달은 고객들이 가진 환경에서 야기되는 각종 물리적이고 기능적인 문제들이 해결될 수 있음을 알리고 설득하는 과정이다. 공공임대주택의 편리성과 기능의 장점을 직접 입주할 고객에게 전달하는 과정이 이에 해당될 수 있다. 둘째, 상징적인 제품개념은 현재적·잠재적 고객에게 원하는 역할이나 자아상(현실적 혹은 이상적)과 연결

시켜주는 것이다. 즉 공공임대주택의 경우에는 그 긍정적인 사회적 효과와 의의를 일반국민들에게까지 전달하여 협조를 촉구하고, 입주를 원하는 저소득층의 고객에게는 희망을, 입주와 관계가 없는 주민들에게는 정책의 수용이 사회적 효용증진에 일조하고 있다는 만족감을 주게 된다.

이와 같은 개념전달차원의 마케팅 목표 활용은 적극적인 구매활동 이전에 올바른 정책목표를 전달하고, 이를 통해 얻을 수 있는 긍정적인 사회적 효과와 기능을 대중에게 설득하여 대중의 참여와 지지를 획득한다는 과정에서 일종의 홍보전략에 해당된다. 홍보전략은 지금과 같이 모든 정책결정과정을 마치고 정책집행과정에서 정책순응을 위한 수단으로 작용하는 소극적인 개념에서, 정책의제형성단계부터 대상집단의 의견을 청취한 후 향후의 홍보전략을 추진해 나가는 적극적인 수단으로 활용함이 바람직하다. 특히 신호창(1999: 102)은 국정홍보를 국민의 의견을 수렴하여 정책을 결정하는 사전홍보로부터 시작하여, 정책을 집행하기 전 문제관리 및 위기 예방 차원의 홍보, 정책집행을 효과적으로 수행하기 위한 홍보프로그램 수행, 그리고 정책집행 홍보를 거쳐 효과 평가에 이르기까지 단계적으로 수행되어야 한다고 하였다.

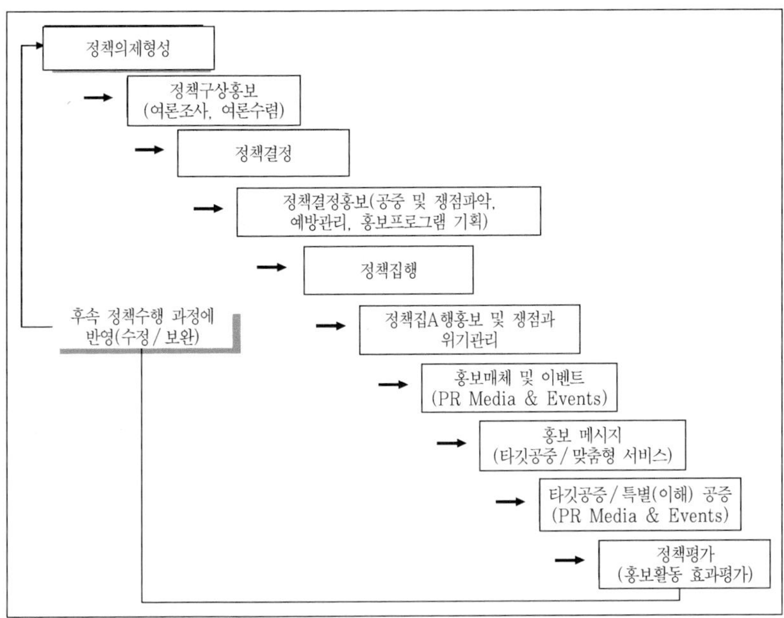

자료: 신호창(1999), p.102 재구성.

〈그림 4-7〉 정책과 홍보의 상호작용 및 홍보프로그램의 커뮤니케이션 흐름

둘째, 구매촉진차원의 마케팅 목표는 개념전달활동을 통해 확립된 고객의 인지를 실제 교환관계로 전환시키기 위해서 추진하여야 한다. 즉 잠재고객이 제품이나 서비스의 개념에 대해 이해를 하더라도 적시 · 적소에서 구매할 수 없거나 구매능력을 벗어날 정도로 높은 가격이라면 고객의 접근은 더 이상 발생할 수 없게 된다. 그러므로 구매장애 제거차원의 마케팅 목표는 마케팅 믹스 요소의 대부분과 관련되며, 구체적으로 보면 시간 · 장소 · 소유 · 지각 · 기능 · 감각 등에 의해서 발생된다(오세조 · 박충환 · 김동훈, 2005: 4). 이는 본 연구사례인 공공임대주택을 분석한 마케팅 요인 중 유통과 촉진의 개념과 상당히 일치하고 있다.

① 장소(제품근접성): 적절한 장소에서 고객들에게 제품과 서비스를 제공할 수 있도록 하는 것은 중요한 구매촉진활동의 하나로서, 교통이 불편

하고 고객을 유치시키기 어려운 환경에서는 장소장애의 제거를 위한 노력을 기울여야 한다.

② 시간(제품구입가능성): 적시에 제품이나 서비스를 제공하는 것은 마케팅믹스의 주요 활동이다. 고객이 제품이나 서비스를 필요로 하는 때에 즉각적으로 반응하지 못한다면, 그 제품이나 서비스는 사실상 고객이 활용하기 힘든 것이다. 이러한 문제의 제거를 위해서는 즉각적인 대응성과 일관되고 신뢰할 수 있는 공급체계(유통망)를 갖추어야 한다.

③ 소유(이용가능성): 소유장애는 제품이나 서비스를 소유하거나 이용하는데 관련되는 장애이다. 공공임대주택과 같이 입주자격이 있음에도 불구하고 실제로 입주가 불가능하다면 접근성은 현저히 하락한 것이다. 이 밖에도 구매능력을 초과하는 가격 그리고 제품의 질을 보장받을 수 없을 때 소유장애가 발생하게 된다.

④ 지각(확인성): 지각장애는 고객들이 관련제품을 필요로 할 때 그 이름을 기억하기 어려울 경우나, 그 효과나 기능에 대한 지식을 전달받지 못해 인지하고 확인하기 어려운 경우를 말한다. 공공임대주택 사례에서와 같이 주변 지역민조차도 임대주택의 기능과 효과에 대한 안내를 제공받았을 때와 제공받지 못했을 때의 인식에 큰 차이를 보이고 있는 것은 정책에 대한 지각이 매우 떨어진 상황을 의미하며 홍보 등 다각적인 커뮤니케이션 활동을 통해 장애를 완화시켜 나갈 수 있을 것이다.

⑤ 기능(사용편의성): 기능장애는 고객들이 해당 제품이나 서비스를 사용하는데 있어서 그들이 원하는 수준의 기능을 갖추고 있지 않거나, 해결이 곤란한 경우에 발생한다. 즉 이것은 공공임대주택의 제품 요인과 관련해 나타난 문제점으로 지속적인 접촉을 통해 욕구와 불만을 접할 수 있는 커뮤니케이션 통로의 확충과 행정기능과 신속한 지원체계의 확립을 통해 해결을 기대해 볼 수 있다.

⑥ 감각(감각적 혜택): 고객들이 제품에 대해 느끼는 오감(미각, 시각, 청각, 후각, 촉각) 즉 감각적인 것으로부터 거부반응을 느끼는 것도 하나의

장애요인으로 작용한다. 따라서 제품의 색깔, 발음, 디자인 등을 고려하여 고객들에게 더 가까이 다가갈 수 있도록 감각적 혜택을 증진시키는 것이 중요하다. 공공임대주택의 한 예로, 서울특별시 도시개발공사는 기존에 건설·관리 중인 「서울도시개발아파트」를 「SH Ville」로 2004년 명칭을 변경하여 저소득층 집단주거지역의 이미지를 발음과 디자인으로 해소해 보고자 노력한 사례가 있다.

　이상과 같은 구매과정의 장애요인을 제거해 나가는 마케팅 목표는 실제 시장상황에서 많이 사용되는 과정이지만, 정책마케팅에서는 그다지 고려되지 못했던 실행 목표이다. 특히 최근 정책과정에서는 마케팅 용어를 사용하지 않더라도 개념전달을 위한 각종 광고와 홍보기법이 등장하고 있다. 하지만 구매와 수용 등 실천과정에서 활용하기 위한 체계적인 접근을 보인 경우는 없어 앞으로 정책마케팅 믹스 요인을 중심으로 상기의 구매촉진활동 마케팅 목표의 활성화에 관심을 기울일 필요가 있다.

제 5 부

결론: 함의와 제언

마케팅은 고객의 욕구를 충족시키고 조직의 목적을 달성하기 위해서 교환을 촉진시키는 일련의 활동으로서, 민간기업에서는 기업경영의 매우 중요한 분야로 자리잡고 있다. 정책분야에서도 이와 유사하게 1980년대 이후 '고객지향성'이 새로운 이슈로 제기되고 있다. 과거의 권위주의적 정책문화에서의 정책은 공급자인 정부의 입장에서 일방적으로 결정되고 시행되었다. 그래서 수요자인 국민의 의견이나 입장을 적절히 반영되지 않는 경우가 빈번했다. 이런 경우 정책은 국민의 적극적인 참여와 지지가 미흡하여 수많은 갈등과 불편 속에서 성공적인 정책이라고 규정되는 경우가 적었다.

사례로서 분석된 공공임대주택사업에서도 국민들의 욕구를 적극적으로 반영한다거나, 문제가 제기되는 사항들에 대해서 정부가 조치하는 사항이 미흡한 부분이 많았다. 그 결과 정책 자체는 당위적인 정책목표임에도 불구하고 실제 수혜해야 할 국민들이 제외되거나 수혜대상에 포함되었다 해도 지속적인 불만이 제기되고 있다. 또한 설득과 커뮤니케이션 체제의 부재는 이해관계자인 지역주민들에게도 집값하락과 주변환경 악화 등의 이유로 지지를 받지 못하는 상황에 이르고 있다. 따라서 정책의 성공을 위해서는 고객의 의사를 최대한 반영시켜나가는 과정을 통해 정책목표를 달성하려는 노력들이 필요하다. 이에 정책분야에도 마케팅 도입의 필요성이 제기되는 것이다.

본 연구에서 논의된 내용을 요약하면 다음과 같다.

첫째, 고객집단 선정에 있어서 지리적·지역적 배분과 인구통계적 특성 중 가족구성 유형·자산 정도가 적절하게 고려되지 못함으로써 지리적 접근성 문제로 인한 현실적인 입주의 문제, 경제적 부담의 가중과 생활편의의 저하를 발생시키고 있었다.

둘째, 마케팅 믹스 요인 중 제품을 분석한 결과 공공임대주택의 유형에 따라 입주자격자간 차별성이 유지될 필요가 있었다. 그런데 이 부분에서는 분양과 입주 미달을 예방하기 위해서 거의 모든 부분에 청약저축가입자를 포함시키고 있다는 문제가 지적되었다. 실제로 경제적 수준이 매우 열악하여 청약저축가입의 불가능하고 최소평형의 공공임대주택 입주라도 희망하게 되는 영세민의 접근을 막고 있었기 때문이다. 또한 제품이 고객집단에게 적시에 충분히 배분될 수 있는가의 양적 정확성 문제와 주택의 질적 수준에 있어서도 개선의 필요성이 제기되었다.

셋째, 고객이 공공임대주택에 입주하고자 할 때 접근의 편의성과 사용의 편리성이 보장되어 있는가를 판단하는 유통의 문제 있어서도 문제가 제기되고 있었다. 즉 공공임대주택의 유형별 입주자격은 고객집단의 상이성 만큼 세분화되어 있지 않고 각각의 유형이 있음에도 불구하고 입주자격은 포괄적으로 유사한 자격사항을 갖추고 있었다. 또한 공공임대주택에의 입주자격이 말소된 후에도 적절한 퇴거관리가 이루어지지 않아 신규입주자격자의 진입을 막고 있는 문제가 발생하였다. 한편 사용의 편리성에 있어서는 주변환경의 편의시설 연계 등은 현재 적합한 수준에 도달해 있음을 의심할 근거가 없었지만, 주거시설 개선지원, 주거민 중 보호가 필요한 집단에 대한 주거지원체계는 사실상 신규 도입이 필요한 상태였다.

넷째, 가격 요인을 분석한 결과 직접적인 금전부담 비용에 해당되는 임대료와 관리비 체계는 부담가능한 수준을 넘거나 소득수준을 적절히 반영하지 못한 경우가 발견되기도 하였다. 간접비용이라 할 수 있는 심리적 상실감 등은 일제히 도시외곽에 건설된 지리적 입지와 공공임대주택을 블록형의 단지로 구성하여 저소득층 밀집주거지역을 만듦으로서 상승시키고 있다고 할 수 있다.

다섯째, 홍보와 커뮤니케이션 등을 확인한 촉진 요인에서는 공공기관과 입주자·지역주민이 참여하는 지역주민자치회 등 공중관계를 형성할 여지가 없어 집단간 커뮤니케이션이 유지될 통로를 찾을 수 없었으며, 주변 지역거주민에 대한 공공임대주택사업의 올바른 이해를 도울 수 있는 홍보 수단이 있었는지를 의심케 하는 연구 결과를 제시할 수 있었다.

이상의 논의를 종합해 보면 정부는 정책과정에 대해서 국민의 입장에서 국민 욕구를 충족시키기 위한 노력들을 적절하게 수행하지는 못한 것이라고 판단된다. 그 결과 국민들은 아직도 정책(공공임대주택)의 긍정적 목표를 인식하지 못하거나 참여에 적극성을 보이기 어려운 상황이 존속되어 가고 있다.

이러한 문제를 해결하기 위해 본 연구는 다음과 같은 제안을 도출하였다. 먼저 정책마케팅 적용의 전제조건으로서 국민의 참여와 합리적인 조정 체계를 수립하여 고객욕구의 범위와 목표를 명확히 인식한 후 정책에 반영시켜야 한다. 또한 현재 공공정책은 정부내외간 경쟁환경에 직면해 있음을 인식하고 고객인 국민의 지지와 만족을 이끌어 내기 위해서는 경쟁환경에 대응해 나가기 위한 인적·조직적 구조를 만들어 나가야 한다. 보다 구체적으로 정부 외적으로는 공공임대주택에 민간건설기업의 참여 가능성을 확보하고 구매를 희망하는 국민들에게 양적 충족과 질적 향상을 가져 올 수 있도록 해야 할 것이다.

둘째, 고객세분화의 전략적이고 정밀한 실행방법을 인식하고 활용하여 지리적·인구통계적·경제적 요인뿐만 아니라 편익 추구의 특성에 따른 고객세분화를 이루어야 한다.

셋째, 정책마케팅은 고객세분화의 결과와 환경변화에 대한 지속적인 관찰에 따라 마케팅 믹스를 구성하고 활용하되, 정책이 추구하는 효과에 따라 개념전달 마케팅과 구매촉진 마케팅으로 방법을 구분하여 사용해야 한다는 것이다.

본 연구가 수행되며 가장 아쉬운 점은, 정책마케팅의 도입이 명확히 이루어졌거나, 성공적으로 도입되었다는 사례가 아직 존재하지 않아 비교분석방법 등 여러 유용한 연구방법을 활용할 수 없었다는 점이다. 그러므로 향후에는 본 연구의 미흡한 결과를 통해 제시된 요인과 분석방법을 보완하여 타 정책유형으로 적용해 나갔으면 한다. 그리고 아직도 논의의 일치를 보이지 못하고 있는 정책과정에의 고객(국민) 참여 방법과 의견 수렴 및 반영방법을 어떻게 적용할 것인지를 밝히는 것이 중요하다고 할 수 있다. 마지막으로 마케팅의 목표, 즉 개념전달형 마케팅과 구매촉진형 마케팅을 구별하여 각각의 사례를 분석함으로써, 보다 실천적이고 구체화된 결과를 제시하기 위한 노력도 필요하다고 생각된다.

참고문헌

Ⅰ. 국내문헌

1. 단행본

건설교통부(2003), 「건설교통통계연보」.

건설교통부(2003), 「주택업무편람」.

건설교통부(2004), 「주택종합계획(2003~2012)」.

김규정(1998), 「행정학원론」, 법문사.

김근용·정희남·조판기·박천규 외(2004), 「공공임대주택 배분체계 및 관리제도 개
        선방안 연구」, 국토연구원.

김정호·김근용(1998), 「주택정책의 회고와 전망」, 국토개발연구원.

노시평·박희서·신문주·오세윤(2000), 「(신공공부문)행정서비스마케팅」, 법문사.

대한건설주택사업협회(1997), 「주택사업편람」, 대한건설주택사업협회.

소진광(2003), 「지방분권과 공공재정」, 경원대학교 출판부.

오세조·박충환·김동욱(2005), 「마케팅원론」, 박영사.

유두석(2003), 「신규주택시장 유통구조의 변천과 발전방향」, 국토개발연구원.

유필화·김용준·한상만(2005), 「현대 마케팅론」, 박영사. 경기개발연구원.

윤영진·김태룡 외(2002), 「새행정이론」, 대영문화사.

윤훈현 역(1995), 「마케팅관리론」, 범한서적.

이내영(1990), 「부동산경제론」, 기공사.

이유재(2002), 「서비스 마케팅」, 학현사.

하성규(2000), 「주택·도시·공공성」, 박영사.

하혜수(1999), 「고객지향적 행정서비스를 위한 시민헌장제도에 관한 연구」,

2. 논 문

1) 학술논문

고철(2000), "공공임대주택의 공급효과 및 공급확대 방안", 「주택·도시·공공성」, 박영사.

권중록(2004), "공공캠페인 형태로 나타난 공공정책의 사회마케팅적 분석: 새마을 운동을 중심으로", 「광고학연구」Vol.15 No.2, 한국광고학회.

김갑성(2005), "민간건설 공공임대아파트 관리 정상화 방안", 「민간건설 임대아파트 제도개선 대토론회 자료집」, 국회의원 김동철·주거복지연대.

김광주(2000), "고객지향행정을 위한 도시정보시스템의 발전방안", 「한국지리정보학회지」제3권 제4호, 한국지리정보학회.

김상묵·이창원·한승환(2004), "중앙정부 정책과정과 시민참여", 「한국행정논집」제16권 제2호, 한국정부학회.

김태룡(2003), "공무원의 정보격차구조가 고객지향적 행정에 미치는 영향에 관한 연구", 「한국행정학보」제37권 제2호, 한국행정학회.

박병호·조형지(2000), "고객만족의 개념 재정립과 척도 개발에 관한 연구", 「마케팅연구」제15권 제3호, 한국마케팅학회.

박세정(1996), "지방행정의 경영혁신 방안에 관한 연구", 「한국행정논집」제8권 제1호, 한국정부학회.

박신영(2004), 「저소득층 주거복지 향상을 위한 주거급여 개선방안 연구」, 한국보건사회연구원.

박천오(1997), "고객지향적 행정: 실천상의 의문점과 한국관료의 시각에 관한 탐색적 연구", 「한국행정학보」제31권 제2호, 한국행정학회.

박천오(1999), "고객지향적 행정과 한국관료제의 대응성", 「한국정치학회보」제32집 제3호.

박흥식(2001), "21세기 미래사회의 변화와 정부마케팅의 수요", 「중앙공무원교육원 명강의 선집」제19집, 중앙공무원교육원 편.

박흥식·오경민·이동기(1999), "정부마케팅 연구: 내용과 성과, 그리고 한계", 「중앙행정논집」제13권 제1호.

박희서(1999), "공공마케팅에 관한 연구", 「생활지도연구」, 조선대학교.

선한승(2004), "정책공동체의 운영실태와 정책과제", 2004년 동계학술대회 논문집, 한국행정학회.

성도경·장철영(2005), "행정서비스의 고객지향성 평가", 「한국행정학보」제39권 제2호, 한국행정학회.

신종화(1999), "행정서비스 품질에 관한 고객욕구조사", 「한국행정학보」제33권 제1호, 한국행정학회.

신호창(1999), "정부의 홍보 정책에 대한 고찰 및 발전적 국정 홍보 모델의 제시", 「홍보학연구」제3호, 한국홍보학회.

임서환(1999), "주택공급의 민영화: 공공주택공급체제 전환의 과제", 「주택연구」제7권 제2호, 대한주택학회.

오세윤(2000), "SERVQUAL 척도를 활용한 행정서비스 만족도 평가", 「정책분석평가학회보」제10권 제2호, 한국정책분석평가학회.

유필화·박대현·곽영식(1996), "판매원의 고객지향지수 개발 및 판매원 성과와의 상관관계 분석", 「소비자학 연구」제7권 제2호, 한국소비자학회.

윤혜정·장성수(1997), "수도권 임대주택 활성화를 위한 실태조사 연구", 「사회과학연구」창간호, 평택대학교 사회과학연구소.

이종범(1996), "고객지향적 정부의 이념과 가치", 「고객지향적 정부구축을 위한 민관합동 대토론회」, 국민고충처리위원회.

임재만(2002), "영구임대주택의 문제점과 해결방안에 관한 연구", 「사회과학연구」제10집 제1호, 대구대학교 사회과학연구소.

장성수(2005), "민간건설 공공임대아파트 건설·공급 정상화 방안", 「민간건설 임대아파트 제도개선 대토론회 자료집」, 국회의원 김동철·주거복지연대.

정윤수·박경효(1999), "서울시 정보화정책의 고객지향성에 관한 분석", 1999년도 하계학술대회 발표논문집, 한국행정학회.

정철현(1999), "공공정책 마케팅에 관한 연구", 「사회과학논집」제30집, 연세대학교 사회과학연구소.

진미윤(2001), "영구임대주택의 관리현황과 문제점", 「주택」제70호, 대한주택공사.

진미윤(2003), "국민임대주택 100만호시대의 주택정책 과제", 「주택도시」78호, 대한주택공사 주택도시연구원.

천병호(2004), "한국 주택정책의 공과", 「주택도시」제80호, 대한주택공사 주택도시

연구원.

최준호 역(1999), "고객지향적 정부를 위한 행정대응성 연구", 「지방자치정책세미나 자료」.

최준호(1997), "공공서비스정책의 주민만족을 위한 행정대응성 연구", 1997년 동계 학술대회 발표논문집, 한국행정학회.

하성규·설혁(2005), "국민임대주택 공급정책의 과제와 개선방향", 「주택연구」제13권 제1호, 한국주택학회.

하혜수(1999), "행정서비스헌장의 고객지향성분석에 관한 연구", 「경기연구」제4호, 경 기개발연구원.

2) 학위논문

구재태(2000), 「고객지향 경찰서비스 개선방안에 관한 연구」, 동국대학교대학원 행 정학 석사학위논문.

김동수(1998), 「고객만족이론의 행정서비스 접목에 관한 연구」, 국민대학교 대학원 경영학 박사학위논문.

문희옥(2003), 「한국의 임대주택정책에 관한 연구」, 성균관대학교 행정대학원 행정 학석사학위논문.

백승만(1998), 「지방정부의 행정서비스 마케팅전략에 관한 연구」, 건양대학교 경영행 정대학원 경영학 석사학위논문.

안희순(1997), 「행정서비스 마케팅에 관한 연구」, 동아대학교대학원 행정학 석사학 위논문.

유승현(2002), 「의약분업정책 집행과정의 정책마케팅 요인 분석」, 성균관대학교대학 원 행정학 석사학위논문.

장성수(1994), 「1960~1970년대 한국아파트의 변천에 관한 연구」, 서울대학교 대 학원 박사학위논문.

II. 국외문헌

Crompton, J. L. and C. W. Lamb.(1986), *Marketing Government and Social Services*. N.Y.: John Wiley & Sons.

Cupps, D. S.(1977), "Emerging Problems of Citizen Participation." *Public Administration Review. 37(5)*.

Dilulio, Jr., John. J., Gerald. Garvey. and Donald. F. K.(1993), *Improving Government Performance*. Washington D. C.: The Brookings Institution.

Doyle, P.(1991), "Managing the Marketing Mix."In Baker, M. J.(ed), *The Marketing Book*. Oxford: Butterworth Heinemann.

Fine, S. H.(1981), *The Marketing of Ideas and Social Issues*. New York: Praeger.

Frederickson, H. G.(1991), "Toward A Theory of the Public for Public Administration."*Administration and Society 22. No.4*.

Hambleton, R.(1988), "Consumerism, Decentralization and Local Democracy." *Public Administration. 66*.

Jenkins, B. and Andrew. Grey.(1992), "Evaluating and the Consumer: The UK Experence." In J. Mayne et al.,(eds), *Advancing Public Policy Evaluation: Learning from International Experences*. Elsevier Science Publishers B. V.

Kotler, P.(1994), *Marketing Management(8th)*, Englewood Cliffs, New Jersey: Prentice Hall.

Kotler, P. and G. Armstrong.(1996), *Principles of Marketing*. Englewood Cliffs New Jersey: Prentice Hall.

Kotler, P. and S. J. Levy.(1969), "Broadening the Concept of Marketing." *Journal of Marketing. 33*.

Kotler, P.(1972), "A Generic Concept of Marketing."*Journal of Marketing 36*.

Lawrence, B. S. and T. R. Kenneth and George Fallis.(1988), "Recent

Developments in Economic Models of Housing Markets", *Journal of Economic Literature. Vol. XXVI (March).*

Lowi, T.(1979), *The End of Liberalism.* New York: Norton.

Marcus, Alfred(1980), *Promise and Performance: Choosing implementing an environmental policy,* Westport, CN.: Greenwood Press.

McCarthy, E. J.(1960), *Basic Marketing.* London: Prentice Hall.

Mokwa, M. P.(1981). *Government Marketing-Theory and Practice.* New York, NY: Praeger Publishers.

Mueller, D. C.(1979), *Public Choice.* Cambridge: Cambridge Univ, Press.

Murray, C.(1975), *Losing Ground.* New York: Basic Books, Inc., Publishers.

Osborne, David and Ted. Gaebler.(1992), *Reinveting Government: How the Entrepreneurial Spirit in Transforming the Public Sector.*

Ostrom, V.(1989), *The Intellectual Crisis in American Public Administration.* 2nd edition. The University of Alabama Press.

Parasuraman, A. and L. L. Berry. and V. A. Zeithamal.(1985), "A Conceptual Model of Service Quality and Its Implications for Future Research." *Journal of Marketing 49.*

Potter, J.(1993), "Consumerism and the Public Sector: how well does the coat fit?"In David McKevitt & Alan Lawton.(eds.), *Public Sector Management.* London: Sage Publications.

Salamon, L. B. and Gary. L. Wamsley.(1975), "The Federal Bureaucracy: Responsive to Whom."Rieselbach. Leroy N. ed. *People vs. Government: The Responsiveness of American Institutions.* Bloomington: Indiana University.

Saltzstein, G. H.(1985), "Conceptualizing Bureaucratic Responsiveness." *Administration and Society 17. No.3.*

Saltzstein, G. H.(1992), "Bureaucratic Responsiveness: Conceptual Issues and Current Research."*Journal of Public Administration and Research 2. No.1.*

Scrivens, E.(1991), "Is There a Role for Marketing in the Public

Sector?"*Public Money & Management, Summer.*

Seidle, F. Leslie(1995). *Rethinking: The Delivery of Public Services to.* IRPP. Motrial. Quebec.

Sharp, E. B.(1981), "Responsiveness in Urban Service Delivery: The Case of Policing."*Administration and Society 13. No.1.*

Skelcher, C.(1992), *Managing for Service Quality.* London: Longman.

Snavely, K.(1991, December), "Marketing in the Government Sector: A Public Policy Model."*American Review of Public Administration, 21.*

Stewart, J.(1988), *Understanding the Management of Local Government.* Harlow: Longman.

Stewart, John and Michael. Clarke.(1987), "The Public Service Orientation: Issues and Dilemmas." *Public Administration 65.*

Swiss, J. E.(1992), "Adapting Total Quality Management(TQM) to Government."*Public Administration Review. 52(4).*

Wageheim, George. D. and John. H. Reurink(1991), "Customer Service in Public Administration." *Public Administration Review 51.*

Walsh, K.(1989), *Marketing in Local Government.* Harlow: Longman.

Walsh, K.(1994), "Marketing and Public Sector Management." *European Journal of Marketing 28(3).*

Wilson, W. J.(1987), *The Truly Disadvantaged.* Chicago: University of Chicago Press.

김세훈(金世勳)

경희대학교 대학원 졸업(행정학 박사)
서울시정개발연구원 도시경영부 연구원(2003~2005)
경희대학교 사회과학연구원 행정문제연구소 전문연구원(2005~2006)
경희대학교, 성결대학교, 수원과학대 등 외래교수

주요논문으로는 『고객세분화를 통한 정책홍보 적용 방안 연구』, 『메타분석을 통한 정
책홍보 연구경향 탐색과 실천과정의 정향』, 『정책마케팅 활성화를 위한 전략체계와
추진방향 연구』, 『사회적 규제 품질제고 방안에 관한 연구』 등 다수가 있음.

공공부문의 고객지향성 확보를 위한 정책마케팅

• 초판 인쇄	2006년 11월 30일
• 초판 발행	2006년 11월 30일
• 지 은 이	김세훈
• 펴 낸 이	채종준
• 펴 낸 곳	한국학술정보㈜
	경기도 파주시 교하읍 문발리 526-2
	파주출판문화정보산업단지
	전화 031) 908-3181(대표) · 팩스 031) 908-3189
	홈페이지 http://www.kstudy.com
	e-mail(출판사업팀사업부) publish@kstudy.com
• 등 록	제일산-115호(2000. 6. 19)
• 가 격	16,000원

ISBN   89-534-6006-9 93350 (Paper Book)
        89-534-6007-7 98350 (e-Book)